都市行政と地方自治
【昭和2年初版】

菊池慎三 著

地方自治法研究
復刊大系〔第二六五巻〕

都市行政と地方自治

〔昭和二年初版〕

日本立法資料全集 別巻 1075

信山社

東京府
内務部長 菊池慎三著

都市行政と地方自治

東京
崇文堂出版部

序

一　本書に收めた私の論策は、概ね兩三年間に起稿したものである。此の間私は帝都復興院復興局ご東京府に勤務し、復興事業帝都自治行政が常に念頭を去らなかつたので、論策の內容は何れも時々當面した問題を動機として研究論議したものである。私にとつては此等の論策が內容自體に於て意義價値があるに止まらない、其の思想に基づいて私の主掌する公務を遂行し又は遂行せんとした因緣を有つて居る。

二　人事行政殊に市吏員に關する私の意見は、發表當時東京市長であつた中村是公さんも『君の意見を讀んだよ』と謂つて、之に對する感想を洩され、其の他東京市役所に於ける前途多望なる學士其の他の少壯吏員諸君の中に熱心なる共鳴者あることを知つた。又地方議會に關する私の意見は意外にも東京府會東京市會の諸君の中に精讀者あることを知つて、私は起稿の勞の大半は酬ゐられた感がした。其の外の論策にも或は貴族院に或は地方の名譽職員の中に意外の所に私の知己があることを知り得たことは、私を自惚れしめて、本書公刊の價値ありと信ぜしめる原因となつた。

三　選擧爭訟根絶論は私の郷里愛地縣に於て、高山佐々木二代議士に對する選擧訴訟が相次ぎ、宇和島市會議員選擧が全部無効となつた外、東京府内に於ても大正十四年大正十五年に亘る町村會議員選擧區會議員選擧に對する異議訴願訴訟續出し、隣接大町村及市内の區に於て選擧又は當選の效力不安定に脅かされるもの十數を以て數へ、自治體の平和を害すること甚だしいものがあつたので起稿したのである。其の後或は郡長區長町村長地方有力者の斡旋に依つて和解し、異議訴願訴訟の取下となつたり、或は私の意見の一部は地方制度の改正に依つて將來に於ては目的を達したものもあるけれども、尙爭訟の根本原因は除かれて居らないので徹底的に改善の目的を達成したいと思ふ。

四　バーミンガムの市政調査は『井上博士の遺風を偲びつゝ』の中に書いた樣に、私の官吏生活最初の收穫である。原書も原著も私は忘れてしまつたが、世界の模範的都市と謂はれるバーミンガムの概況を要說し、都市各般の事務の內容を具體的に說明したものとして、今日に於て尙參照するに足る。殊に最後の節は都市計畫の本義を盡して居る。文語體の筆路暢達として居るのは、地方局の紫海矢田君の添削に因るのである。十五年前の地方局の空氣が如何にも懷かしく感せられる。

五　或は私の意見は過激であり急進に過ぎると謂ふ。官僚の徒は舊習に泥み形式に囚はれ時運の大勢に往々にして遲れる憾がある。政黨の弊を云々し、自治觀念の薄弱を歎じ、我地方自治不振の原因を地方名譽職員に歸するもの滔々なる中に立つて、私は却つて官僚の方面に責任の少からざることを指摘した。勿論滔々たる時運の變遷に推し流されるが如きは適當ではないが、守舊移らざるも亦度し難い次第である。普選陪審の時代となり民衆的傾向の澎湃たる大勢の下に、自治に關する官僚の思想や監督の態度が、舊態依然たるべきものではあるまい。多少の進境を見て然るべきであらうと思ふ。官僚大多數の反對不賛成に拘らず郡役所は廢止せられた。地方長官公選の如きも或は實現することゝもならう。私は是非得失の見地は別として此の如き大勢に鑑みて、地方行政の前途は相當工夫考慮の要あることを思ふ。又私は群小法律家の弊害と形式的抽象的解釋法學を排して、歴史的比較法制的見地に立つべきことを主張した。私の見地に幾何の共鳴者を得るかは知らない所であるが、私は肯て悲觀すべき理由を發見しないのである。

昭和二年七月十五日

芝山内東京府内務部長官舍に於て

著者誌

目次

都市行政と地方自治

菊池慎三著

第一章　地方行政と人事行政

一　地方行政と人事行政

一

今日の行政は組織秩序が整つて居り、萬般の事柄は汗牛充棟も啻ならない法令、訓令、内規、通牒の類を以て、規矩準繩が定まつて居るのでありますから、個人的の工夫獨創を容れる餘地の少ないことは爭へない事實であります。從つて概して申せば、官公吏個人の開拓し得る新天地乃至行政の新機軸は、限られて居ると云つて差支ないと思ひます。此の故に頭腦明晰なる官公吏は徒に抽象的な法理の論爭や、揚足とりの理窟や、左顧右眄如何にして過失誤謬を指摘せられざらんかに汲々として、事柄の實質と興善除害の根本を遺却する嫌なしと致しませぬ。併しながら今日に於ても人に依つて爲政の事績に、多大の相違を來すことは決して往時と異なる譯ではありませぬ。世運日に進み人事益々複雜を極めます。殊に社會思想の變遷、世界政局の推移、人口增加、都市集中等に基因する所の、現代的社會不安は、爲政の各方面に於て確乎たる信念に基づく適正の對策を以て、之に善處することを必要とします。敢て燥急の徒に誤まらず、守舊移らざるの思想を抑えて、時勢を明察して適正の施措を講ずるには、行政各部の要路に經世達識の士を擢用することを必要と致します。『夫れ政は蒲盧なり。故に政を爲すは人に在り』と云ひ、『其人存すれば則ち其の政擧り、其人亡すれば、則ち其の政息む』と、中庸にある孔子の言は、私共の依然として朗誦すべき千古の金言で御座います。

二

將に來らんとする世界的の社會不安及び動搖に對して、根本的な解決をすることは、一朝一夕の事ではないのであります。單に少數の英才俊傑に依つて爲され得べきものではありませぬ。將に絕頂に達せんとする社會的難關を打開し、怒濤洶湧せんとする社會運動に善處するが爲には、既往に於ける社會主義及び社會改良に關する一切の奮闘努力に關する組織を、整頓し組織立てる必要があると云ふ趣旨を、マックスビーアは其の名著英國社會主義史に載せて居りますが、洵に其の通りでありまして、廣く國民中の最も進歩したる識見と賢明なる判斷に從ひ、國民全體の最も眞面目なる協力に依つて、始めて健實なる國歩の進轉を見得るのであります。昔から政治は哲人に依つて指導せらるべしと云ふ思想があります。聖人賢者は王者の師であると云はれます。周公の輔相となり其の賢を見るに急なるや、一食に方つて三たび其哺を吐き、一沐に方つて三たび其髮を握ると傳へられて居ります。三たび草廬に訪れて僅に出馬を促すことが出來たのであります。野に遺賢なきを期し廣く人材を天下に求むと云つた所で、古人の歎ずる如く千里の馬は常に在れども、伯樂は常に在らずであります。燭を秉つて天下に人材を求めても、燈臺下暗く容易に尋ね當らない。如かず請ふ隗より始めよと云ふ手段方便をも講ずるを要するのであります。眞に人材を羅致するが爲には行政の各方面乃至地方自治體に於ては、完備した制度慣例を作り、終始徹底的の努力を必要と致します。

三

官公吏の任務は既往に於て然りし如く、將來に於ても、一國の花である。(The civil service should

he in the future, as it has been in the Past, the flower of the nation))大學卒業者が續々官吏生活に入るの風潮は、將來に於ける國政の指導に重大なる影響を及ぼすべき事柄であると英人キーンスは述べて居ります。最高の教育を受けた優秀の人材が常に率先して官公吏となることは、將來に於ても常に維持せられる必要があります。或は法科萬能の弊があると云はれ、或は官學に偏する云はれ、試驗制度に改善すべきものがあると云ふの類は、夫々補正するの途があります。唯私の遺憾とする所は、自治體吏員に第一流の人材を招致するの制度慣例の出來て居らない事であります。全國的に廣く活動する範圍があり、國運の進轉と共に地方各般の自治施設を大に振興すべき必要あるに拘らず、自治體事務に從事すべき吏員に、將來ある一流の人材を招致するの用意と慣例のない事は我國の行政上最大の缺陷であると思ひます。人を得ずして地方自治の振興發達の期し難いことは言を要しませぬ。官吏の任用制度、試驗制度の改正を問題として居る際、地方自治體吏員の任用制度試驗制度に寸毫の注意を拂はないが如きは、斷じて私の與し得ない所で御座います。

四

人事行政を組織的に整備改善して、適材適所の實を擧げ、遺憾なく行政の實績を擧ぐるには、尙多くの論議すべき題材があります。專務職名譽職相提携して地方公共の事業に參畫貢献するの本旨を徹底するが爲には、名譽職員の職司本分に鑑みて地方議會と理事者との關係を改善すべき必要があります。或は適材を得るが爲、或は信頼すべき人物を得るが爲、選擧制度の本旨を貫徹するが爲にも講ずべき途が多々あると思ひます。官民一途地方行政の振興に努め、最善の方法を講じ、名譽職員をして十分に其志を遂げしめて、人心を倦まざらしめるには、私は一大改善を講ずるの急務であることを思ふものでありますが、之は他の場所に述べて置きましたから、玆には繰り返しませぬ。私は玆には專務職と云はず、名譽職と云はず、互に相協力して地方行政の振興發達の爲、一層眞劍に全力を傾注して之に盡す如き制度慣例を作る必要あることを痛言するに止めて置くのであります。而して行政の眞劍味を圖るが爲には、人事行政の合理化に努める必要があることを言ひ添へて置きます。複雜なる社會に於て一流の優秀なる人材を擢用するには、廣汎なる組織的任用登用の制度慣例を必要とするのであります。

五

社會局の勞働組合法案第十一條に、雇傭者又は其の代理人は勞働者が、勞働組合の組合員たる故を以て之を解雇することを得ずと規定して居ります。今日は理由なき解雇解職を容認しないのであります。勞働組合の組合員たることを解雇の理由とは爲し得ないと云ふ規定は、當然過ぎる程當然の規定でありますが、我國の實際は解雇の理由を示さない風習であるので、此の規定の適用に困難を來すであらうと、資本家側は反對の一原因として居ります。文官分限令第十一條第一項第四號は、官廳事務の都合に依り必要あるときは休職を命じ得ると云ふ規定でありますが、何が官廳事務の都合なりや不合理の事例が甚だ多いのであります。官廳事務の都合に非ず某政黨の都合に依る休職は、僂指するに遑がないではありませぬか。米國には能率以外の理由に基く免官休職を許さない規定になつて居ります。或は免官休職は文書を以て其の理由を說明すべしと規定した例も御座います。某政黨の都合や郷黨の關係や、情實奮緣に基く詮衡は、國家公共團體の公器公職を私するものであります。虎の門事件に謹厳剛直、行政上の手腕經驗當代無比の人材を。官吏法上の極刑たる免官處分に附し、我官場に責任の法理を辨へず、懲戒令の誤用に基く不當の懲戒處分の惡例を作つた所の、理由不備の文官懲戒委員會の決定に對して、斷じて服するを得なかつた私は、人事行政の合理化に一層目覺めて行く必要があることを痛言したいのであります。

二　都市人事行政の改善に就て

一

『政を爲すは人に在り』、『其の人存すれば則ち其の政擧り、其の人亡すれば則ち其の政息む』（中庸）と謂つて哀公の問に答へた孔子の言は、爲政の要訣を道破した至言であつて、苟も行政の實績を擧ぐるを念とする者は、居常人を得るに腐心すべきは當然の事である。我國都市が公共團體としての職能を完うし、時代の必要に基づく各般の施設を爲すに十分なりや否やと云へば、何人も之を肯定するに躊躇するであらう。我國都市行政機關の能率は甚だ低いものであつて、之が改善の急務であることは識者の認むる所であらうと思ふ。現在の都市行政機關は都市の機能を盡すに於て遺憾ながら能率十分でない。即ち都市行政の現狀を改善するの根本問題は都市人事行政の改善に在る。此の點に關する調査の一端と卑見を具して敢て江湖の批判を仰がむとすを所以である。

二

行政の整理改善は國の各般行政に關して、現内閣は一大英斷を爲したのみならず、更に系統的に行政改善の調査を開始すると傳へられる。即ち行政の整理改善は政界當面の時事問題の一であるが、整理改善の必要は獨り國の官廳に止まるのであらうか。市民の實生活に直接する都市行政機關の整理改善の必要は一層の急務ではあるまいか。東京都制の制定も亦當面重要の時務である。併し折角都制が出來ても都の行政に當るべき人物が、舊態依然たるものであるならば、制度の完備も其の效果の大部を沒却する虞なしとしない。臨時大都市制度調査會の答申した都長官選案は、或る人々からは時代錯誤の感を以て迎へられ、頗る人氣が惡いに拘らず、尙棄て難いとせられるのは、單に官僚の舊式思想のみとは謂はれない。大都市行政機關の現狀に鑑みて、果して東京都の行政事務が民選都長の下に遺憾なく遂行せられるか否かを顧慮するものも少しとしない。英國に於て先年炭鑛問題を調査したサンキー委員會に於ては、現在の行政機關が國有後の炭鑛經營の任に堪ゆるや否や乃至行政機關の能率如何が炭鑛國有如何を決すべき要項の一なりとして、特にハルデーン鄕の現在行政の能率如何に關する意見を徵して居る。都市行政機關の組織宜しきを得、之に當るの人物に各方面有爲の人材を羅致し得るが如き傳統成例が出來て居るならば、特に自治體なるが故に民選なるが故に能率劣れりと貶せられる理由はない。都市行政機關に有爲有望なる人材の競つて就任せんとする風潮を馴致するは如何なる方法を以てするも、一朝一夕の事業ではない。特に我國都市行政機關に對する現在の空氣は甚だ好ましからぬもので、都市行政機關は甚だしく有難からざる名譽ならざる地位なりと一般に見られて居る。

三

米國テキサス(Texas)州のガルヴエストン(Galveston)市は一九〇〇年九月八日暴風に伴ふ海嘯に依つて、三萬七千の總人口中災害に基因する死者六千乃至八千に上り、五人中一人の割合の死者を出し、財産の損害亦莫大なるものがあり、慘害激甚全市殆ど衰滅に瀕したのであつたが、其の災後復興の施設を斷行するには、從來の常時機關を以てしては運用遺憾なしとしない。卽ち市民中の特に有力なる上流者五人が委員となつて、市長を委員長とする委員會組織に依り、全責任を以て非常時の復興施設を着々遂行して好成績を擧げた。延長三哩半高さ一丈七尺底部幅員一丈六尺頂部幅員五尺の大防波堤、之に接續する幅員三十餘間の沿海大遊歩道を築造し、更に市內建築敷地の全部に付て十尺の大盛土工事を遂行し海嘯の慘害を再び受けない施設を完了した。加之棉花羊毛穀類の南部諸州重要輸出港としての將來の發展に備ふるの積極的復興の施設も引續いて斷行せられ、パナマ運河の開鑿と共に市勢の發展は顯著なるものがあつた。ガルヴエストン市の委員會行政の事例は米國市政上極めて重要なる影響を及ぼし、市政首腦部の組織に付て。從來の市長市會制度（Mayor Council Plan）から委員會政治（Commission Government）やシティ・マネージャー（City-Manager）制度の成長發達を來すの原因を成した。此等の制度組織の由來特質は更に詳細の解說を必要とするが、一言すれば超然內閣から政黨內閣に發達すると同樣の趨勢であると見ることも出來やう。或は又米國特有の問題たる委員會政治及びシティ・マネージャー制度は敢て之を異にするに足らず、其の淵源は前者は英國市會の各種委員會の行政に、後者は堪能有爲の市書記に市政實際の運用を一任するの成例に求めることが出來るとする見方もあらう。ガルヴエストンの往年の慘害に比すれば其の程度に於ては劣れるものあるにせよ、生命財産の損害前古東西未曾有の大震火災の善後施設に付て我國當該都市は何等格段なる組織を見るに至らない。國に於ては臨時震災救護事務局、帝都復興審議會、帝都復興院、帝都復興院評議會、參與會等の組織を見、可なり大規模の施設經營に努めつゝあるに拘らず、當該都市自體は舊態依然、例によつて恒例の如く黨同伐異、市高級幹部の更迭を見たり、一黨一派の勢力の消長が唯一の市會の關心事であり、或は其の間に不正事件を傳へらるることすらある。復興の施設に付ても機關整備せず、復興の大業を市自體に於て處理し遂行するの能力を疑はしむる狀況に在る。

四

元來都市行政の健全なる發達振興を企圖するには都市行政機關の組織如何に付て深甚なる注意を拂ひ、其の最も適當なる制度成例の實施を促進するに努むべきが當然である。然るに我國都市行政の監督官廳はあらずもがなの監督や無用なる掣肘干渉を事として、地方自治の敵なるが如き感を懷かしめるが、地方自治の發達公共施設の振興の根本なる行政機關に關しては、何等の意見なく何等爲す所がない。市制第百七十三條には特に市制第六條の市即東京、京都、大阪の三大都市の有給吏員の組織に關し必要なる事項は勅令を以て規定する途を開いて居るが、爾來十數年草案すらも出來て居らない樣である。昨年東京市長の職務を管掌せられた堀切氏の東京市行政機關の組織に關する意見に依て見るも、東京市行政機關組織を改善するの必要大なるものあることが分る。一方に於て地方待遇職員の制度があつて、官吏と吏員との中間に待遇官吏なるものを作つた。道路行政や河川行政や産業行政も教育行政も一定の國法の下に執行するものは國家事務なりとは舊式官僚常套の説明である。之に從事する職員が自治體の費用を以て設置せられ支辨せられても國の官吏たることを失はない。唯國費を以て設置せられないから官吏たるの待遇を受けしめると謂ふのである。道路管理職員制、地方土木職員制、地方産業職員制、廳府縣衞生職員制、公立圖書館職員令、地方待遇職員令等の制度は此の如くして制定せられ、自治行政の範圍を限局し、自治體吏員の官僚化を企てゝ居る。

（註一）道路管理職員中府縣に置く道路主事、道路書記、道路技師、道路技手は待遇官吏でありながら、市町村に置く者は待遇官吏としないことは不條理な規定である。地方産業職員卽産業主事、産業主事補、産業技師、産業技手は市に置く場合にも待遇官吏である。

我國の現狀に於ては此等の制度あるに由つて他の公共團體に廣く轉職の道が開け、又官吏の待遇を受ける道があり、更に恩給制度の利益を受ける等此等の制度の存在は過渡的のものとして意義なしとしない。併し之が爲例へば東京市役所中圖書館職員が待遇官吏であり、市立各學校職員亦同樣でありながら、市視學其の他學務課の職員は純然たる市吏員である如き、許すべからざる不公平沒條理な待遇を爲すことゝなるのであつて、市吏員制度の徹底的改善を斷行するは當面の急務であると思ふ。

曾て赤池内務監察官は東京市政を監察して、市長に委任せられた東京市に關する國家事務を處理する市吏員が其の功績勤勞に對して國家より何等酬ゐられる所のない事態を指摘して、市吏員優遇の必要を痛論せられたことがあつた。大正八九年頃市町村吏員優遇の議頗る盛であつたが、中途有耶無耶となり僅かに永年勤續町村長の叙位叙勳丈でお茶を濁したが、市町村吏員に對する國の待遇如何を考究することは現在及將來の中央當局の重要なる任務の一である。達識聰明な當局者は之を喜んで解決するであらうと思ふ。官吏の地位に在れば能否如何に拘らず叙位叙勳其の他の榮典があるに拘らず、地方公共事務又は自治體に委任せられた國家事務を處理する自治體吏員の功勞に對して、何等顧慮しない所の賞勳行政の現狀は不當であり不條理である。賞罰其の當を得るは爲政の要道である。更に國の行政事務と自治體の行政事務とは同樣の實質を有するもので、行政の經驗手腕は其の何れにも同樣に養成し得られるのである。然るに現行文官任用令官等俸給令等には地方自治體吏員の地位に在ることを以て、任用陞等昇級上何等の利益を賦與しない。辯護士から司法官に任用せられる場合に付ては特に法令の規定があつて、辯護士の實務三年を以て官吏在職二年に比例せしめる制度があるが、之と同趣旨は地方自治體吏員には認められない。此の制度の存しない爲官界の少壯有爲の人材は自治體に轉じない。

（註二）辯護士たる者を判事檢事に任用する場合に於ける官等に關する件、大正九年勅令第百五十八號。

官界の老朽者將來なき者落伍者の如きが續々自治體吏員となり、苟も將來ある官吏は自治體吏員となることを肯んじない。延て自治體吏員の素質を低下せしめること甚だしいものがある。先年後藤東京市長は政府を動かして右の點に關する勅令案が樞密院に諮詢せられる迄の運になつたが、如何なる都合か容易に進捗せず、後の內閣は之を撤回したと云ふことである。一體我中央當局は都市自治行政の發達振興を嫉視し、之を妨害掣肘するを念として居るものではあるまいか。有爲の人材が市吏員となることを嫌つて居るのではあるまいか。然らざれば何等か施設する所あつて然るべきである。

六

都市行政が發達し各般の文化施設や公共事業が遂行せられる樣になるには、都市に人材が雲の如く集る必要がある。都市行政機關の地位は人に依つて更に一層重きを成すに至らなければ、到底都市行政の發達振興を望み難い。政府の各部局には一億以上の經理を必要とする場合には、一局を設置して勅任官を配置するのが通例である。巨億の歲計の編制經理は東京市では一財務課一經理課の掌理する所である。行政部局各課長の地位と東京市各課長の地位とは、物質的待遇は略々同じ位であらうが、社會的に見て大差ありと見られて居る。官界の將來を見限つた者か、其の他特殊の理由ある者が僅に市吏員に轉ずるに過ぎない。從つて官界に於ては奏任階級が常に勅任階級に代つて行政に當り得べく常に順次榮進すべき人材雲の如き觀があるが、都市吏員中に將來社會の第一線に立ち得べき見込ある人は殆ど求め難い。市吏員は之を三井、三菱、日本銀行の其の他民間事業に比べても人材は遙に見劣りがある。大學其の他高等教育を受けた有爲の青年であつて、市吏員となることを欲する者は殆ど皆無に近い。滿鐵の如き天下の人材が入社を志望する傳統慣例は我大都市には望み得ないのであらうか。大都市の行政上社會上の意義を考へ、大都市の各種施設事業の規模を見れば、男子の手腕を試むべき餘地は頗る多い。市吏員の素質及其の將來の榮進事業遂行上の顧慮等にして改善せられるならば、大都市行政機關に事務技術何れたるを問はず一流の人材が競つて其の衝に當らんとする時代が來なければならない筈である。都市行政に關係ある人士は如何にして此の風潮を助長すべきかを常住考慮すべきである。昨年以來內務省採用の新法學士數人を東京市、橫濱市に配屬する例が開けたが、此等の新人材の將來に付ては都市當局者は十分なる考慮腹案あつて然るべきである。

七

文官任用の制度を改正して廣く門戸を開放して人材を登庸すべしとは、政界常套の論議であつて、近く又其の調査を始められるであらうが、此の點に付て市吏員任用は市長の自由に定め得る所である。單に門戸開放が優秀なる人材招致の途であるとすれば、市吏員の素質は現在の如き低劣貧弱な者ではない筈である。尤も東京市の如きは市吏員任用制度、市吏員分限制度があり、一定の制規の下に銓衡委員の銓衡を經べき事になつて居るが、世間の市吏員を輕視するの風潮は牢として拔き難い。或は尚市吏員は市會議員其の他名譽職員から婢僕の如く待遇せられ、進退待遇に容喙せられるからして男子の就くべき地位に非ずとせられる傾もある。市長の任免權行使の實況と市吏員對市會の關係と市吏員の素質如何とを考慮して見ると、市吏員の地位素質の改善向上に關して大いに工夫施設すべき必要があると思はれる。而も多年の陋風容易に改め難いであらうから堅忍持久卑屈なる市吏員の現狀を漸次改善するに努むべきである。而して官吏に付ては任用の條件を輕くすること、市吏員に付ては寧ろ之を重くすること、尚進んで官吏と市吏員との轉任市吏員は全國を通じ、府縣吏員、町村吏員等との轉任を容易にして、適材を活用する範圍を廣くすることが適當であると思はれる。

八

天慶の昔攝政藤原忠平に檢非違使に任ぜられんことを求めて容れられなかつた平將門は憤懣の極下總に走つて亂を作した。一八八一年七月二日未だユニオン停車場の出來る以前で、ワシントンのとある停車場に、去る三月四日就任式を擧げた新大統領ガーフィールドは、ウイリヤムス大學の始業式に臨まんとして姿を現はした。其の時早く一彈飛び來つてブラットフォームは大統領の鮮血に塗られた。超えて九月十九日ガーフィールドは重傷の結果死去した。犯人はチャールス・ジェー・ギトーと呼ぶ者で、新大統領の下に或官職に就かんとして獵官運動をし狂奔要請したけれども、ガーフィールドが之を容れないので、之を怨んで兇行に及んだのである。米國憲政史上政黨員の獵官熱を煽り、分捕品が勝者に分捕せられる(To the victor belong the spoils)は當然なりとし、選擧の結果多數を占めた黨派は、合衆國政府、各州政府、市政各廳の官公職務は多數黨又は其の庇護する者に分配するの風潮は次第に昂まり、ジョンソン大統領(一八二九年乃至一八三七年)の時に至つて極度に達した。所謂官職分捕制は米國政治行政の全體を痲痺せしめるに至つた。行政部監督の地位に在る上下兩院議員は各自官職の周旋分捕を本職と心得、行政全體の弛緩浪費腐敗甚しきに至つた。ガーフイールド大統領は『上下兩院議員の時間の三分の一以上は、官吏任免に關する運動に浪費されて居る。此の陋習を矯正し官吏任用制度を確立したならば各行政部の經費は現在の半額以下に節約し得るであらう』と謂つたと云ふ(J.Bryce, The American Commonwealth, Vol. I)リンカーンの暗殺の後を承けて南北戰爭後の經營施設に汲々とした、ジョンソン大統領は、官吏任免に付て屢々上下兩院と抗爭するの外はなかつた。兩院は重要なる官吏の任免は上院の意見を聞くことを要するとする法律を制定し、或は官職任期法を制定して、大統領の官吏任命權に干渉して其の意を達せんとした。其の極遂にジョンソン大統領は兩院の制定したる官職任期法の精神を無視して、其の官吏の辭職を餘儀なくせしめたと云ふ理由の下に、大統領罷免の動議が議會に表はれるに至つた。憲政史上空前の出來事である。動議贊成者は多數を占めたが、憲法所定の三分の二に聊か足らなかつたのでジョンソン大統領罷免は成功しなかつた。

九

朝野次第に官職分捕制度の弊害に苦しみ、之が矯正を圖らんとするに至つた。ガーフイールドの前任大統領ヘーエスは官吏任用制度の改正に資する爲イートンを英國に出張せしめて文官制度を調査させた。ガーフイールドの横死は更に米國朝野の輿論を動かして、其の死後二年一八八三年所謂ペンドルトン法の制定となり、大統領の任命に係る文官試驗委員を置き、公開競爭試驗制度を確立するに至つた。前記イートンは第一回の委員長に任ぜられた。ガーフイールドの横死は米國行政史上官吏任用制度改革の直接原因を成したのである。爾來中央政府のみならず州政府市廳等も次第に公開競爭試驗制度を採用して、所謂官公職分捕制度に代て能率標準制度は米國行政組織の上に動かすべからざる基礎を成すに至つた。(Robert Moses The Civil Service of Great Britain)更に能率標準の主義は進んで能率を理由とせざる官公吏の罷免を禁止し、殊に政治上の理由に基く罷免を嚴禁し、或は官公吏の罷免は文書を以て詳密なる理由を附することを要件とする法制を見るに至つた。ヴエルサイユ會議の後ウィルソン大統領と國務卿ランシングとの間が圓滿を缺き、ランシングの退職となつたが、其の間の顚末は新聞に公開せられた交換文書に依つて、公人進退の理由が公明にせられた。ロイドジヨーヂ内閣は地方政務院總裁保健大臣として住宅政策を樹立したアヂソンの住宅政策に大斧鉞を加ふるに決すると共にアヂソンは野に下つてロイドジヨーヂと議會に於て其の是非を論難して、其の進退の理由を明かにした。嘗て英國警視廳の高等課長の免官に對し下院の一議員は其の理由に關し滿足すべき說明を政府に要求した。一身を捧げて一意國家公共の利益の爲に最善を盡したとの確信ある公人の進退は、社會國家に極めて重大な關係がある。官公吏進退の理由は公明正大公開し得べきものであることを要すると謂ふ考方である。

一〇

英國の官公吏任用制度の確立は文豪マコーレー卿の功績である。印度の統治を任務とする東印度商會の社員採用に付て、始めて情實因緣に依る採用方法に代へて、優秀なる高等教育を受けた者を採用する爲試驗制度を創始した。其の後數次に亘る官吏任用制度に關する調査會審議の結果、廣く官吏任用公開競爭試驗制度は一八五五年を以て確立し、高等官判任官に高等教育普通教育を以て資格要件とする制度を採つて今日に來つて居る。英國に於ても從前は官公吏の任免に政黨員議員が干涉容喙した。地方行政に關する雜誌には每號地方公共團體の吏員志願者募集公告があるが、中に、直接間接を問はず名譽職員に請託し、就任運動を爲したる者は採用せずとか、任用せずとか、任用資格を有せずとか（Canvassing, either directly or indirectly, any member of the Council will be deemed a disqualification Any canvassing of member of the Authority by or on behalf of an appli cant will entail the application being ignored）云ふ一項がある。自己の實力技能に賴らず請託運動又は因緣情實に依つて任用を僥倖せんとする者に到底優秀な人物がある筈がない。都市行政の樞機を握る人々は、如何にして人を得るか適材を求めるか有爲の人材風を臨んで市廳に勤めるに至らしめるかに付て層一層の工夫考慮を凝らすことは當面の要務である。

三　虎の門事件の懲戒處分に就て

事は重大である。畏れ多い事である。併しながら事件其の事と之に對する責任者の懲戒問題とは別個の事である。懲戒處分其のものに付て將來御警衞の重責に任ずるものが、幾分にも不安疑虞の念を懷くことがあり、又廣く官吏の奉公心に累を及ぼすが如きことあらば一層畏れ多い次第である。然るに處分發表後何等論議を聞かないけれども不敏にして諒解する事が出來ない、敢て官界の爲に一言するの止むを得ないものがある。

文官高等懲戒委員會の議決に依ると「畏くも兇漢が突如鹵簿を犯し奉り御召車に近づきて杖銃を發射したる事件に付其の職務上責を免れざるものなり」と云ふ、例によりて舊式官僚の卑怯なる態度で殊更に言辭を簡にし、舌足らずの言方を爲して責任を回避し樣として居るが、之では決議の理由を成さない。事件の發生に對して職責を盡すことの如何に拘らず責に任ずべしとするのか、天災不可抗力にも責任ありとするのか、無過失責任を認むるのか不條理な文言である。

一體官吏が懲戒せらるる場合は文官懲戒令第二條に列擧してある。懲戒處分を爲す以上は其の何れに該當するかを明示しなければならぬ。本件は勿論官職上の威嚴又は信用を失ふべき所爲ありたる場合には該當しない。職務上の義務に違背した場合でもない。歸する所は職務を怠りたる場合に該當するの外はない。然らば如何に職務を怠つたのであるか。御警衛の重責に任ずる當局者が御警衛の手段方法其の他此の如き事件の發生を絶對に豫防防止すべきに拘らず、其の措置手段に遺漏があつたとするのか。果して然らば忠愛なる國民は其の顚末を明かにして其の上で責任者を處分し、更に將來の御警衛方法を改善することを要望期待するのである。若し然らずして警察當局の措置に間然すべき所はない。何人を局に當らしむるとも避け難かりしものだとするならば懲戒處分は不當である。委員會の決議は此の點に何等解決を與へない。さりとは事件後旬日に亘つて愼重熟議を凝らした委員會の決議とも覺えない。新時代の官吏は此の如き理由を示さざる決議には到底心服するを得ないのである。

傳ふる所に依ると文官高等懲戒委員會では只管事件の重大なるに恐懼錯駭して、湖南事件に際して滋賀縣知事警部長を免官した先例があるので、一も二もなく免官に決したと云ふ。當時とは時代を異にして居る。最近東京驛頭の事件に原首相身邊警護の任に在つた警察當局の處分の例が却つて參酌すべきものではあるまいか。固より一般警戒の爲には涙を揮つて馬稷を斬るの必要ある場合もあらう。併し夫が爲には情理を盡すことが肝要である。被處分者にも官吏一統にも十分納得の行くべき理由を具へることが必要である。理由不備の決議は官吏の奉公心責任心を滅却する大害を成すのである。

之を被處分者に付て見ればすまじきものは宮仕へと云ふ。身を火中に投ずるの慨を以て身を挺して災後の難局を引受け、治安の維推秩序の回復に夙夜傾倒し、人物識見手腕に關して內務部內無數の敬慕者を有するの人である。或は又警察界の第一人者たること世間定評のある人である。其の功勞酬ゐらるる所なくして不慮の事件に官吏法上最極度の處分を受ける。賞罰の當否頗る疑なしとしない。一體難を避け易に就き懸案難問の解決に努めずして。偏に辯解偸安を事とし、一身の榮辱利害の打算に依つて進退するもの滔々風を成すの中に立つて、利害榮辱を顧みず挺身難局に當り國務の重責に任ずる寥々たる正義廉直の士に對して、兎角黜陟賞罰の忽にせられることは洵に官界の將來を暗黑ならしむるの虞あるものである。連座法や威嚇主義の時代新律綱領時代の處分ならば不問にも附せられやう。現代に於て此の如き無理解なる文官高等懲戒委員會の議決を見ることは正に官界の汚辱である。

或は傳ふるものがある、湖南事件に免官になつた知事警部長は其の後間もなく大赦になつた。聖恩洪大本件の免官者も近く恩赦の恩命が下らうかと。今日に於て委員會の議決を矯正するの途は一に恩赦大權の發動に待つの外はない。此の事は會々委員會議決の不條理不都合なることを裏書するものである。

追記

一虎の門事件に關する私の意見は別段の反響も無かつた。當時之を讀んで呉れた知人も賛否の意見は保留して居る。尤も私は事件當時の感興に乘じて筆を呵したので、說いて盡さゞるものが、多いが、私は人事行政の根本の問題として、今日尙私の意見を改める理由又は必要を感じない。此の機會に二三の追記を加へて置く。

二御警衞の方針警察力配置其の他に付、人力の及ぶ限りを盡し、萬遺算なきを期すべきは勿論である。虎の門事件の當時は大震火災に因る人心の動搖、戒嚴令撤廢後日も尙淺い事情から、一層周密なる措置を講ずべきものであつた。懲戒委員會の議決は此の點に付て、當時の責任者が最善を盡し遺憾なかりしや否やに言及して居らない。私は委員會としては當時の警察施設が、人事としては遺漏なかりしことを認定し、而も臣子の分として尙何等が事件勃發を阻止すべき手段を講ずるの可能ならざるや否やを問題とし、此點に付適確なる判斷を下し難きも我國狀は尙之を望まざるを得ずと謂ふの趣旨を以て、議を進めたならば、情理を盡し得て多少は優つて居るであらうと思ふ。

三虎の門事件に對する引責は內閣の更迭となり、且懲戒に付せられた責任者も恐懼措く所を知らず引責自決は各人の覺悟して居る所である。此の如き場合に文官懲戒令に依る免官の極度の處分が、決して當を得たものでない又唯一の途ではないと思ふ。古來の武士道は責任を感ずる武士には切腹自裁せしめることを當然とした。縛り首獄門打首とするは破廉恥罪其の他武士として待遇しない場合の處置である。文官懲戒令の明文から云つても職務怠慢を理由とするのであるから、懲戒免官の處分をするのは御警衛の職務の上に大なる遺算ありしことを認むる譯である。而も此の如く論理を正し得るや否や、夫れが文官高等懲戒委員會の本旨なりや否やは甚だ疑はしい。私は我古來の武士道に反し、武士の情誼を知らず謹嚴無比忠醇高潔なる模範的大官を打ち首縛り首とした様なものであると思ふ。我國古來の良風美俗に反し、文官懲戒令の精神に悖る議決ではないかと考へる。

四恩赦に因つて懲戒免官の效力は消滅し、湯淺さんが內務次官に任ぜられたに付て、私は衆議院に於て祚りに野黨から質問續出するの狀況を興味を以て眺めた。形式論理からすれば攻撃は筋が立つて居る。併し天下萬人は實質を見て居る。職務怠慢を原因とし、官界から排除懲戒し、二年間就官を禁じ恩給權を剝奪するの不名譽なる懲戒の極刑處分なりと見ないのであつて、事件に對する引責處決と考へるに過ぎない。從つて攻擊は輿論の何等共鳴するものが無かつた。私は若槻內相が恩赦に因つて懲戒處分が效力を失つたこと、殊に湯淺さんの人格に對する賞讃信賴の言葉に依つて應酬せられるのを面白く眺めた。賞罰當を得るは治務の要道である。男子進退の大義は一層條理の明確なることを要すると思つたのである。

五或は懲戒免官の處分を受けた者が恩給權を喪失することを以て、甚だ不條理であると云ひ、恩給法を改正すべしと主張する。恩給法は毫も不可は無い。文官懲戒令は官吏の許すべからざる失態に對して、極刑處分として免官制度を置いたのであつて、此の如き者に恩給權を賦與せざることは當然であり正當である。文官懲戒令を濫用誤用せざる限り、恩給法の適用は毫も不都合な結果を來すものではない。虎の門の責任者多年の勤續警察功勞者の恩給權を剝奪して、不條理なる結果を來し國家をして薄恩苛酷ならしめたのは、文官高等懲戒委員會の諸公である。斷じて我國法の不備では無い。

六天下を聳動した朴烈事件に付て、何が故に責任者たる立松判事を懲戒裁判に訴追せざりしかの問題があり、監督者たる東京地方裁判所長の懲戒裁判が開始されたのであるから、朝野共に立松判事を懲戒裁判に訴追しなかつたことを不當と認めたのであらう。當初政府側は此の如き場合に自決辭職の申出ありたる以上、之を聽許するは官界の慣例であると云ふ趣旨の辯明をしたかに聞くのであるが、事案を目出たぬ樣に隱蔽して始末するの當否は別として、懲戒處分の外に引責自決の公明正大な進退の途が開かるべきものではあるまいか。私は尙考究を續けたいと思ふ。

四　プロレタリアの世になるまで

王侯將相なんぞ種あらんや、天下を支配する人材は、決して或る階級殊に貴族富豪などから出るとは限りません。人材は貧乏のどん底からでも、山間の僻地からでも崛起して、風雲を捲き起すものであることは、昔も今もかはりはありません。プロレタリアの新勢力が勃興するにつれて、之を率ひて天下を治める人材も、雲の如く輩出するでありませう。

プロレタリアが政權を掌握し、勞働黨が內閣を組織するといふ時代が到來するまでには、必ずやそこに、一定の順序の階段がなければなりませぬ。矯激なる運動や、一時の機によつて、プロレタリアの時代が、突然にやつて來るものではありません。マルクスが認めて居るやうに「一の社會組織は、總ての生產力が其の組織內で餘地ある限り、その發展を爲し遂げた後でなければ決して顚覆し去るものでなく、又新なるより高度の生產關係は、そのものの物質的存在條件が、古き社會の胎內に孕まれ了る以前に於て、決して發現し來るものではない」。プロレタリアが政權を握るまでには、必ずや其の實力と知識とが具滿さるべきであります。

我々が當面する幾多の社會問題の解決を急ぐためには、全國民中の最も進步した知識と、聰明なる判斷とに從ひ、民衆全體の協力を必要とします。プロレタリアかその第一線に立ち、かかる重大なる任務を遂行するためには、いふまでもなく多大の修養と準備を必要と致します。

露國でも、獨逸でも、英國でもプロレタリアが執政するに至つたのは、識見に於て、學問に於て、實力に於て、人格に於て、社會第一流の人材がプロレタアの間に輩出したからであります。レーニンの社會經濟に關する知見は世界學界の敬服する所であり、獨逸のカウツキーやベルンスタインが世界の思想界に獨歩の地位を占めて居ることは申すに及びません。英國勞働黨內閣の商務院總裁となつたシドニー・ウエッブは、英國の地方行政に關する精緻なる研究調査によつて、世界のお役人たちを驚嘆さしたのであります。

勞働黨や社會黨は、世界の何處でも極めて熱心に、眞面目な研究調査に力を注いでをります。英國勞働黨は、地方自治體に於ける勞働黨議員のために、地方行政參考書を編纂してをり、獨逸の社會民主黨は、その政綱主張を詳細に說明して選擧民に訴へて居ります。勞働黨、社會黨の調査研究は他の如何なるブールジョア黨の夫に比べても嶄然傑出してをると云はれます。所屬の國會府縣會市町村會議員も、常に國會府縣會市町村會で精緻眞面目な態度で議事に參與してをると申します。これまでの經驗によると、勞働黨や社會黨の議員は各國ともに何時も大に積極方針を以て國家公共の施設經營を主張してをります。

普選の時代になると共にプロレタリアの時代が來ました。プロレタリアの任務が重大になると共にその識見も、學問も一世を指導する權威あるものとなる必要があります。政權を執るまでには、政權を運用し得る實力と修養を積まねばなりません。未來社會を背負つて立ち得る自信を持ち、社會の大部分が是に信賴し得るに至つて、始めて勞働黨又は社會黨の內閣組織を見るのでありませう。夫が何時の事であるかは、私どもの遽かに予測し得ない所であります。

第二章　地方議會の刷新改善に就て

一　選擧制度を改善して爭訟の因を根絶すべし

一

選擧は公事である。其の爭ひは何處までも正々堂々たるもので所謂君子の爭たることを必要とする。法規の缺陷に乘じて區々の爭訟を事とし、一片の小理窟の爲に平地に波瀾を起し或は落選者の腹イセの爲の紛爭を生起する餘地あるが如きことは、國家の不祥事であり地方自治の大害である。吾人の見る所を以てすれば我が國の如く各種選擧の效力の不安定であり、選擧訴訟當選訴訟續出の虞多いことは、恐らく世界第一であらう。最近普通選擧法の制定に際して努めて選擧爭訟の因を除き再選擧又は補闕選擧の煩を避けることゝしたことは政府當局の議會に於ける說明に依つて明かである。併しながら尙幾多の缺陷を殘して居ることは既に與黨の中に之れを指摘する者があり、或は多額納稅者互選の實行に依つて其の一端を暴露した。選擧制度の立法技術は尙多大の改善を必要とする。選擧制度の改善は將來に於ける政治道德地方自治の發達を圖るが爲に、緊急の要務である。

地方制度就中地方議會の選擧制度改正の議あるに際して所見を述べて敢て當路當局の參考に供したいと思ふ。

二

茲に議員數人乃至十數人を選出する選擧區があるとする。選擧區を設けない市町村會議員の選擧は概ね議員多數を同時に選擧する。當選者次點者の得票數の差異は極めて僅少であることが常例である。然るに一方に於て選擧權者として名簿に登載せられた者の中選擧權を有せざりし者は、今日の行政狀態を以てすれば如何なる選擧區に於ても、常に相當數を指摘し得る。從つて現在の市町村會議員選擧に付ては、其の效力に付て無資格者が選擧に參加したことを理由とする選擧無效の爭訟は、之れを提起し得ることを常態とする。我が地方制度は地方議會議員の選擧の效力を常に不安定の狀態に置くものと云ふことが出來る。當選者次點者の得票數の差異以上の數の無資格者が選擧に參與した場合に付て、行政裁判所は大正四年以前に於ては選擧の結果に影響を及ぼすべき議員に付てのみ選擧を無效としたが、大正四年以後判例を變更して當該選擧區の選擧全部を無效とするに至つた。此の判例に對し美濃部博士の反對意見がある。博士は之を當選爭訟として實際の結果に於て大正四年前の判例と同樣に選擧の結果に影響ある議員のみに付再選擧を爲すべしと主張して居られる。併しながら美濃部博士の見解に對しては夙に淸水博士の駁論があり。挾間學士も亦反對の見解を表明した。吾人は結論に於て大正四年以前の判例に贊成するものであるが玆には論議する餘裕がない。唯此の如き判例に依つて攪亂せられる地方行政の平和を恢復し、政治道德を向上せしめ穩當なる結果を得るが爲に地方議會の議員選擧制度を改正するの急務なることを力說したいのである。

三

『選擧ノ規定ニ違反スルコトアルトキハ選擧ノ結果ニ異動ヲ生スルノ虞アル場合ニ限リ其ノ選擧ノ全部又ハ一部ヲ無效トス』とある法文は、行政判例を變更せしむる爲之を改めて『選擧ノ結果ニ異動ヲ生スルノ虞アル場合ニ限リ選擧ノ結果ニ異動ヲ生スル範圍內ニ於テ其ノ選擧ノ全部又ハ一部ヲ無效トス』と爲すべき筋である。正當に選擧が行はれ正當に當選した多數の議員の當選の結果をも動搖せしめることは、美濃部博士が既得權なりと說明せられる如く、如何にも不都合である。以上の補正に依るも再選擧の範圍を局限し、地方自治政治道德の向上に益する所甚大であるが、之れだけでは不十分である。更に無資格者の爲したる投票が何人に歸屬したか不明であるから其の數に依つて選擧の結果に影響する範圍の當選者に關する部分を再選擧すると云ふことも不合理千萬である。元來選擧は極めて多數の人々の意見を綜合一致せしめる方法である。多數選擧有權者中に資格を逐一調査すれば問題なる者の少からざることは寧ろ當然である。選擧人の各人の資格を精査すべしとする我が國制度の如く理窟に走つて實際の結果の不條理の甚しきものはない。無資格者の爲した投票が各候補者に歸屬すべき蓋然數は各候補者の得票數に正比例することは、當然の理數である。選擧の如き大量事務に付ては大體の歸結が正確であれば、夫れで滿足すべきものである。偶然稀有の變動あり得べきことを理由とする選擧爭訟を認めるが如きは甚だしく理由無き所である。更に選擧人の資格に付ては選擧人名簿に對する縱覽異議の制度に依つて、既に十分審査し盡されて居る。殊に選擧に際しては各候補者共に各選擧人に運動競爭して居りながら選擧後に至つて、其の選擧人の無資格を理由とする爭訟を提起するが如きは非紳士的態度と云ふべきである。

四

我が現行制度は小理窟に捕はれて實際の結果に於て大なる不都合を來すことを知らない。選擧人名簿の制度を認める以上之れに絶對公信力を賦與することが何故に不合理であらうか。選擧資格を有する者と雖選擧人名簿に登載せられざる者は選擧を爲すを得ない。其の反面に選擧人名簿に登載せられたる者は選擧資格を有する者と看做すことが、何故に選擧制度上考へ得られないことであらうか。選擧は極めて多數の人々の意見の綜合である。其の中に僅少の無資格者が加はつて居つた所で選擧の效力を左右せしめるが如きは多數意見綜合の原則を知らないものである。蓋然の理數大局の法理を辨ぜざる者である。選擧人名簿確定の原則を規定する以上確定期間内は選擧權ある者と確定して何等不可はない。況んや此の事は既に我が國に立法上先例のある所である。大正四年春の總選擧に際し大隈内閣の下岡内務次官は營業税法改正の結果衆議院議員選擧權者の資格に影響を來し缺格者續出の結果選擧訴訟の原因を作ることを慮れ、一大英斷を以て緊急勅令を制定し、大正四年の選擧に限り税法改正に基く納税資格要件に變動を來した場合に於ても名簿に登載せられたる者は依然として選擧權を有せしめることゝした。現行府縣制第六條第三項に『確定名簿ニ登錄セラレタル者ハ其ノ名簿調製期日後選擧權ノ納税要件ヲ闕クニ至リタル場合ト雖其ノ確定名簿据置ノ期間内仍選擧權ヲ有ス』と規定したのは、大正十一年の改正に際し加へられたものであるが、右緊急勅令の先例を踏襲したものである。此の精神を更に擴張すればよいのである。而して『確定名簿ニ登錄セラレタル者選擧權ヲ有セサルトキハ選擧ニ參與スルコトヲ得ス』と云ふ規定を削除すべきである。多額納稅議員の互選名簿調製後所得決定の結果失格者續出し、或は追加申告資格保有の悲喜劇醜態を演出した如きことも名簿公信力制度に依つて救濟し得られる。選擧制度立法技術の拙劣に依つて訴訟爭訟を製造し、政治道德を低劣にし、地方の平和を害するが如きは賢明なる當局者の爲めに甚だ採らない所である。某地方に於ては選擧爭訟の結果が地方の平和を害することを虞れて現任議員の任期中爭訟の訴願裁決を遷延せしめた實例があると云ふことであるが、之は訴願權を無視したと云ふ非難はあるが、現行制度の下に於ては場合に依つて止むを得ない措置であるとも考へられる。

五

投票用紙の紙質如何が重大なる選擧訴訟の問題となつた先例の如きも今更ながら我が選擧制度の缺陷なりと云はざるを得ない。天下の耳目を聳動した石川縣の選擧訴訟の當時各府縣の投票用紙と石川縣の問題の投票用紙を比較蒐集して見た所が石川縣の紙質よりも薄きものは、半數以上の府縣に用ゐられて居つたと云ふ。卽所謂『程村又ハ西ノ內』と投票用紙の紙質を指定した內務省令の規定は大審院の判決する如く嚴格に解する以上、當時全國半數以上の府縣の選擧を無效とすべき原因であつたのである。石川縣には選擧干渉があつたと稱せられる政治的理由があつたであらうが、全國半數以上の選擧が無效なりと判決せられる危險に脅かされて居つた如きことは、洵に恐るべきことである。如何に選擧の結果を左右せんとする不當干渉を敢てする者も、選擧全體を無效とし自他共に再選擧を爲すの煩を來すが如きことは勿論其の豫想する所ではない。法律に『成規ノ用紙ヲ用キサル』投票を無效とするの趣旨を叨りに嚴格に擴張解釋し、更に或は秘密投票の趣旨を叨りに揣摩擴張して選擧長が調製印刷せしめ選擧に關する官吏々員が取扱ひ、投票管理者の手交した投票用紙を以て『成規ノ用紙』に非ずとするが如きは暴擧と斷ずるの外はない。形式萬能小理窟揚足取の跋扈跳梁を恣にせしめる我が國行政司法の弊害恐るべきものがある。府縣制市制町村制には『投票用紙ハ府縣知事(市長町村長)ノ定ムル所ニ依リ一定ノ式ヲ用ウヘシ』とあるが、行政裁判所は府縣知事(市長町村長)の定めた式は必ず告示するを要する云ふ法律以外の法律を作つて、告示せざる式を用ゐた投票を無效とする判例を作つた。地方制度に『府縣知事(市長町村長)ノ定ムル所ニ依リ』と云ふ文字を『府縣知事(市長町村長)ノ定メテ告示スル所ニ依リ』と讀めと云ふのである。本年三月行政裁判所は判例を變更して告示を要せずとすることになつたが、當然の變更であるが本末輕重を顚倒し形式に拘泥して實質を無視するの病根は徹底的に芟除すべきであると思ふ。執法の府が叨りに簡明なる地方制度を難解模稜の法制たらしめ、徒らに法律問題を多からしめ、地方自治健全なる政治道徳の運用を沮害し區々たる法律論を横行せしめることは邦家の爲め利益ではあるまいと思ふ。

六

當選訴訟の大多數は所謂型に依りたる投票無效の問題に基因する。『自ラ被選擧人ノ氏名ヲ書スルコト能ハサル者ハ投票ヲ爲スコトヲ得ス』と云ふ規定と、『被選擧人ノ氏名ヲ自書セサル』投票を無效とする規定とは、敢て選擧の實體に關するものではない。文字を書し得ることを以て選擧權の實質要件とすべしと云ふことは今更何人も考へないことであらう。單に選擧の手續方法に過ぎない問題に付て當選訴訟の原因を續出することを防止し得ないことは立法技術乃至司法技術の恥辱である。歐米の如く投票用紙公給の制度を捨てることも一方法である。候補者をして自由に其の氏名を印刷した投票用紙を選擧人に配付せしめ、之れを投票せしめても敢て支障はない。今日の選擧の實情に依れば候補者の名刺を選擧人に配布することは廣く行はれて居る。選擧人の自由意思を行はしめ選擧の執行を公正ならしめるに付ての用意さへあれば、投票用紙公給を止め、候補者の名刺を直に投票せしめることゝすれば我が國特有の當選訴訟は直に根絶し得るのである。我が國民は文字に苦しめられ毛筆の運筆に數千年大厄を蒙むつて居るが、選擧に付ても常に自書なりや型に依るものなりや敷寫しなりや釘の折れなりやみゝずのぬたくりなりやと選擧會市區町村會府縣參事會行政裁判所に於て、蝸牛角上の愚論を鬪はすべく運命づけられて居ることは、洵に皮肉なる運命の惡戯である。立法技術一擧手一投足の勞で根本的解決が出來やう。司法當局も行政裁判所も區々たる形式に因はれ選擧本來の意義に徹することを知らず、徒に爭訟の原因を多からしめて居るが如きは心ある人の與しない所であらうと思ふ。

七

住所の有無を以て當選訴訟又は議員失格訴訟の原因とする場合も頗る多い。抽象觀念を以て資格要件とすることから起る問題であるが、眞に選擧制度の眞髓に徹せんとする人々は此の如き爭訟の原因をも根絶することを期すべきである。被選擧人又は議員の資格要件に住所の有無を加へることを止めるがよいのである。住所は一人一箇所生活の本據たることを要すとし、之を公民權の要件とすることが抑もの誤まりである。市町村行政に痛切なる利害關係を有する者は住居あれば足りる。生活の本據を有する者より却て住居を有する者の利害が重要なる場合あることは言を竢たない。同一人が二以上の市町村公民權を有した所で毫も不都合はない。明治四十四年の市制町村制改正に際し當局者が一片の空論と抽象論議に累せられて住所を公民權の要件としたことは一大失態である。形式主義實際を無視する書生論の如く我が國各般の制度行政を害するものはない。將來の當局者は因襲舊弊の由來する所を知悉し一大英斷を以て禍根を一掃するの慨あることを要する。

選擧は重要なる公務である。併し其の事務は敢て形式に囚はれることは禁物である。投票所の如きは出來る丈け多數を置くべきである。選擧手續は國民常套の平易明確なるものたることを要する。比例選擧が單に事務訓練足らざるが爲に我が國に行はれ難いと云ふことは我が國民の一大恥辱である。形式に囚はれ堅くなり戰々競々として選擧に臨み、而も其の結果選擧無效當選無效の原因隨所に存し、選擧ゴロ其の他の小人をして乘ぜしめる機會を作り、之れ止むを得ざるなりと謂つて居るが如きは、到底共に我が國將來の自治行政々治道德の向上發達を託するに足らないのである。地方議會議員の選擧制度を改正せんとする當局者に果して何程の用意と決心があるのか、何程の研究と調査とがあるのか、心元ない次第である。此の頃吾人は千九百二十三年の英國地方行政法令通牒集を一見すると英國內務省は選擧關係當局者に對して、一見未成年者たること疑なき者が投票せんとする場合に如何なる處置を講ずべきかを指示通牒して居る。誤まつて選擧名簿に登載確定した者が實は未成年で無資格者である場合に於て其の保護者が强て投票せしめんとするに對し、無資格者たること明瞭である以上は選擧罰則を說明して投票を思ひ止まらしむる如く勸告すべく、尙强ひて投票せしめた場合に於ては之を檢擧起訴すべしと云ふ趣旨であつたかと思ふ。選擧の結果を不安定にし選擧訴訟當選訴訟世界無比の多數であり、而も之を救濟解決するの方案を缺如するが如きは、恐らく我が國當局者の名譽ではない。抑も又我國立憲政治の發達の上に政治道德の向上の上に重大なる影響を及ぼす問題であらうと思ふ。

二 地方議會の會議の道德と法規慣例に就て

一

廣く會議を起し萬機公論に決せらるゝ御方針の決定せられてから數十年を經ましたが、會議の道德及法規慣例に關する我が國民の訓練敎養は遺憾ながら尙甚だ不充分であります。普通選擧法の協賛せられた紀念すべき會期の衆議院の議事の醜體は曾て憲政の神と稱せられた尾崎行雄氏を立たしめて、衆議院は自ら墓穴を堀りつゝあると絕叫せしめました。併しながら衆議院内部にも會議の改善を圖るの機運が熟して各派協議の末、議長副議長の黨籍離脫となつて、公平なる議事の整理進行を期待することが出來る樣になりました。衆議院の議事の改善は極めて憲政の上に重要な事柄であつて、去ぬる議會が果して議事改善の一大轉機であつたとしまするならば、憲政史上普通選擧法の成立貴族院令の改正と共に特筆大書すべき事柄であらうと思ひます。地方議會の議事の改善を促進し地方議會の會議の道德及法規慣例の健全なる發達を圖るに付ては先づ、衆議院議事改善の大勢を想起せざるを得ないのであります。

二

元來船頭多くして船山に登ると申します。小田原評定と云ふ諺のある國柄であります。群衆心理に支配せられ非常識な感情に走り或は黨同伐異の不條理な決議を見るが如き虞がないでもない。此の間に立つて所謂三人集まれば文珠の智惠であつて、會議に依て最も賢明なる意見高尙なる理想が勝を占めて會議全體を指導する樣に仕向けたいのであります。之が爲には議事の指導傳統的に賢明なる善良なる意見に歸結するが如き會議の道德慣例を養成したいものであります。徒に理窟屋や場當りの傍聽人相手の賣名家や厚顏無恥の頑冥者流に左右せらるるが如き惡風を一掃する必要があります。會議の形式や議場の體裁の如きも成るべく親しみ易い熟議を凝らし得るが如きものたることを必要とします。如何に選良として公務に參畫し、地方の實生活上の要求と貴い經驗を基とする意見を以て公務を論議し、腹藏なく胸襟を披いて最も適切なる賢明なる結論に到達することが出來るかを標準として、會議を進めるべきであつて議長の任務も此の根本より出發すべきであります。

三

從來我が國の各種議會の沿革は好ましからぬ傾向が少なくないのであります。到る所理窟屋の跋扈である。理事者の難詰罵倒を能事として居る。或は揚足とりや罵詈讒謗を事とする者がある。顧て國事に地方公共の事業に何の貢獻する所ありや。何を以て後世子孫に郷黨の子弟に地方公共の利益を增進するに盡瘁したりと說明し得るやを考へて見ると憮然たらざるを得ないのであります。政爭に論議に熱中し、論議に醉つてしまつて政爭論議の爲の政爭論議を事とし、空虛な興味を以て地方議會生活を滿たして居るが如き感が致します。此の如くして國家の進運社會の發達に何の寄與する所ぞ、と尋ねて見ると誠に暗然たらざるを得ないのであります。議事の體裁習慣が此の如き惡風潮を助成する事情もあらうと思ふ。或は地方議會の議事は理事者を窮追し、缺陷を摘發するに努め、或は自己に心よからざる理事者に對する報復手段として咆哮し喧騷することに在るかと思はしめるものがあります。虚心坦懐地方公共の事案を討議し如何にして最善の方策を樹立すべきかと云ふ。醇眞なる動機に出づる者は寥々たる晨星の如き感がするのであります。理事者も亦無事通過を専念し、偏に缺陥を衝かれざらんことを心懸ける。議案の説明を簡略にして内容を曖昧にし要領を得しめざるを最善策とする風もある。或は非を悟つて尚固執し、釋然としてより善き意見に従ふの雅量を有しない。是等の悪風潮を改善することは地方議會の改善の上に極めて緊要の事であると思ひます。

四

流石に英國の議會は憲政の母胎であります。議場には演壇の設けもない。閣員と野黨首領と最前の議席に向ひ合つて、咫尺の間に立つて腹藏なく意見を吐露し、討議を重ねて行く。敢て演説家ならずとも其の意を盡すに支障はない。舌端火を發する熱辯もありませう。柄鑿相容れざる政策の相違もありませう。併し議會に於て討議を經たと云ふことは、國内の各種の意見を代表する第一線に立つ首腦者が愼重なる熟議考慮を費したことを意味するのであります。此の間に於て大英帝國の確乎たる意思が形づくられて行く、巨人の如き落着ある意思國策の決定、如何なる世相にも驚かず、如何なる思想にも惑亂されず。確乎たる國歩の足どりは英國議會の議事に現はれる。新らしい事案に付て英國の官憲はよく此の事案は未だ議會に於て討議を經ないが故に未だ官憲の採るべき方策は定まらないと言ふ。討議の結果が豫想し得られるが如き場合に於ても議會の討議考慮の後に於て方策を定めて行かうと云ふのである。社會主義の是非を諄々として討議論難したこともある。資本主義の思想も自由主義の思想も之に慊らない新思想も議會の空氣中に鎔融せられて、其の際に於ける眞の大英國の立脚點が示される感がする。各種の意見に十分なる發表の機會を與へて論旨を盡さしめて、其の際に於ける大英國の結論を形づくる。此の如くして始めて國內の各派各種の人々も安んじて議會に於て大英國の意思が形づくられることに滿足し得るのであります。

五

議長の會議を總理する權限に關する思想も以上の如き廣汎なる見地から之を批判し之を改訂して行く必要があります。會議の紛亂議長橫暴の聲を到る所に聞くのでありますが、議長の職務に關する法律上の見解にも頗る考究を要するものがあります。從來の見解は議長權を絕對無限とし、會議の議決を以てするも會議規則の規定を以てするも議長の職權を拘束するを得ないと云ふのであります。會議の法規の解釋が極めて非デモクラチックであり、專制的であると云ふことは誠に會議制度に對する一大皮肉であり、且如何に我が國中央當局の地方自治に關する思想が、舊式であり時代錯誤であるかを證するものであります。議長の權限を絕對無限として始めて會議を總理し得ると彼等は考へたのでありませうが、從來の歷史は議長權の濫用惡用の弊に堪えないのであります。私は豫て內務當局の議長權に關する見解を以て不條理不適當であり、地方議會の議事の道德慣例を進步發達せしむる所以でないと信ずる者であります。地方制度は議長の權限を規定して『議長は會議を總理し、會議の順序を定め、其の日の會議を開閉し、議場の秩序を保持す』と規定して居ります。又別に府縣會市會町村會は會議規則を定むべきことを規定して居ります。內務當局は多年議長の權限は絕對であつて會議規則を以て法律の規定を左右することを得ないが故に、會議規則を以て議長の會議總理權、會議順序決定權、會議開閉權を制限するは不法であるとする見解を固執して居ります、例へば大正十三年十一月二十六日內務省官地第七四號を以て地方局長より宮崎縣知事宛に左の如き通牒が發せられて居ります。

　將來適當の時期に於て第一條を大體左の趣旨に依り改むる樣御配意相成度爲念

一　第一條中會議の時間は會議の議決に依り伸縮することを得ることに相成居候へ共、會議の開閉は府縣制第五十七條第二項の場合を除くの外、議長の權限に屬する事項に付之を會議の議決を以てするは不可然義に付相當改むること

宮崎縣會から認可を禀請した會議規則第一條は『會議は午前九時に始まり午後四時に終る但時宜に依り議長の意見又は會議の議決を以て伸縮することあるへし』とあるのであります。

六

內務當局の見る所に依れば府縣會市會議長は絕對無上の專制權を有するもので、會議の意向に拘らず會議規則を以て拘束掣肘せられず、其の意の儘に會議を總理し會議の順序を定め會議を開閉し得ると云ふのであります。然るに地方制度は一方に會議規則の制定を認め、會議規則に違背したる場合に於ては議決選擧の取消の原因として居ります。會議規則を制定する以上は議長の職權行使に影響を及ぼすことは當然である。地方制度の穩當なる解釋は議長は會議規則に從つて會議を總理し、發言討議を許否し、會議の順序を定め、會議を開閉すと讀むべきであると思ふのでありますが、內務當局は多年議長の職權に關する規定のみを眼中に置いて、絕對無限會議規則を以てするも會議の議決を以てするも不可侵なりとするのであります。會議の議長に非ずして會議を制御するの專制

者なりとするのであります。其の見解が會議制度の由來本質を沒却する時代錯誤の舊思想であることは謂ふ迄もない。併し議長に內務當局の考ふる如き絕對無上權を與へることに依つて、地方議會が圓滿に議事を進めて行ける事情であれば、敢て內務當局を咎めないのでありますが、事實は議長權無上の故に地方議會の紛亂騷擾は一層烈しさを致して居るのであります。尙內務當局の見解を徹底すれば會議規則を否認することに到達すべき筈であります。發言討議の許否の規定の如きは議長の會議總理權を拘束するが故に不都合である。議事日程の變更追加や三讀會順序の規定は議長の會議の順序を定むるの權限を拘束するが故に不法である。其の日の會議の開閉時間の原則を規定することも、其の限度に於て議長の權限を拘束する。假令伸縮權を留保せしめてあつた所で議長の權限は一定の拘束を受けるのである。最先に發言を要求する者に許可すべしとする規定を適法と認める內務當局は何故に會議の議決あるときは之に從つて會議を開閉すべしとする趣旨の規定を不法とするのであらうか。內務當局の見解は不徹底不條理であります。

七

地方議會の議長權を絕對なりとする見解は我が地方行政史上地方議會就中、府縣會議事の紛亂と醜劣極まる幾多の喧騷の歴史を作りました。殊に中央政局の波動を受けて府縣會の黨派の形勢に變化を來し、議長の屬する黨派が少數となつた場合に於て少數派の戰略は絶對無限の議長權を惡用濫用すること、各地方其の揆を一にしたのであります。甚しきに至つては議長は會議を開かないで會期を滿了せしめ様と努める。或は會議を開いても自派に不利なる問題の議決に至る迄に會議を閉ぢる。就中府縣會議員改選後の役員選擧の議員爭奪戰に於て最も醜惡熾烈を極めたのであります。其の結果明治四十年十月二十一日内務省令第二十六號を以て『改選後の府縣會に於て始めて議長を選擧する場合には、會議の決議に依るに非されは其の日の會議を閉ぢ又は中止することを得す』と規定して、議長權濫用の流弊を防止することとなつたのであります。此の如き事項を省令を以て規定し得るや否やを問題とする人があります。又府縣行政の監督上必要なる命令として府縣制第百二十九條第二項に根據があると説明するのでありますが、監督上の命令としてならば法律の規定を變更し得ると解するは暴論と謂ふの外はありません。此の省令は明治四十四年十月内務省令第十九號を以て、郡會市會及市制第六條の市の區會に準用せられ、次で大正三年の府縣制改正大正十年の市制町村制改正に際して議長職權に關する規定の第二項第三項として、同様の趣旨を追加規定せられたのであります。府縣會に限つて議長副議長共に故障ある場合に於て假議長を選擧する制度を採つたのも、名譽ある歴史とは云へないのであります。最年長者を假議長として其の一時的議事整理に服すると云ふ敬老親睦の良風傳統を守り得なかつた如きは我が國民の會議道徳及慣習の不十分なることを證明するものであります。少數派に屬する議長の職權濫用は専ら議事遷延に在りますから、會議の多數の意見を無視して開會を拒み又は會議の中止若は會議を閉づることを得ざらしむる現行制度に依つて大體其の弊害を避け得られるのであるが、議長權を絶對無限とし會議の順序發言討議の許否會議時間等を議長の專權に屬すとする見解の下に於ては、議長權濫用の機會は尚少くないのであつて、地方議會議事の紛糾喧騷を釀すことは見易き道理であり各地其の例に乏しくないのであります。會議の爲の議長である、會議の多數の意見に從つて會議を進行し整理すべきであると云ふ根本義に目醒めることが必要であります。會議規則を以て會議の總理、會議の順序、會議の開閉に關する手續を規定し得るものとする見解を確立するに非ざれば、地方議會の會議の道徳慣例を改善し向上せしむることは前途遼遠であると思ひます。

八

地方議會の議長は可否同數なる場合の採決權の外、議員としての表決權を行使して可なりとする内務當局の見解は正しいと考へるのでありますが、行政裁判所は多年反對の見解を採つて居ります。判例は單に『府縣知事は府縣制第六十五條に依り府縣參事會員たること勿論なれども、同法第六十七條に依り議長として職務を行ふときは當該議事に關しては參事會員として議決に加はることを得ざるものと解するを相當とす』と云ふ丈で、理由根據を示しませぬ。若し會議を總理する者は嚴正公平に可否の論議を盡さしめて、自ら討議に加はらないことを原則とすべしとする理想から出發したものとすれば意味深遠であつて或は判例を辯護するに會議規則が議長討議に加はる場合は副議長に席を讓り議員席に就て意見を述ぶべしとする規定を援用し、或は討議と表決とは分離すべからざる議事の要件であるとして議長の表決權を否認するが當然であるとする見方もある。併し此等の見解は理想に過ぎて實情に適せず、且解釋の正當なる範圍を超えて居ると思はれる。殊に地方議會の大多數は議員數少數であつて敢て會議總理と表決とを兩立せざるものとすべき立法上の理由が無い。町村長を議長とする町村會議長の場合は明かに採決權のみで表決權を有しない、議員の資格を前提とする市會議長府縣會議長は表決權を有すると見ることが穩當であると思ふ。併しながら判例依然たるに拘はらず數次の地方制度改正に際して、立法を以て適當の解決を講じないことは甚だ不親切な態度であつて、地方議會の健全なる發達進歩を促がす所以でないと思ふ。

九

市會町村會の招集手續に付て行政判例と異なる內務省の見解を地方行政當局者に押賣せんとする內務省當局の態度も甚だ失當であります。市會町村會の招集及會議の事件は開會の日より少くとも三日前に之を告知すべしとする市制町村制の規定は社團法人の社員總會の招集に關する民法第六十二條株主總會の招集に關する商法第百五十六條等の規定を比較し、期間計算の原則及び條理に基いて其の意義を決定し得べきものと思はれますが、內務省議と行政裁判所とが計算を異にし一日の差異を來し、其の結果內務省議に從つて招集した市會町村會の決議が屢々裁判所に依つて取消の判決を受けるが如きは我が地方行政の中樞官廳たる內務省の名譽ではない。私の調査する所に依れば此の點に關する內務省議は獨逸の地方制度の解釋及佛國地方制度の比較よりしても內務省議を誤れるものと斷ずべきものゝ樣であります。獨逸の地方制度は二日前に招集すべしとする規定に付て招集の日及會議の日を算入せずして完全なる二日を中間に存すべしとする解釋であると云ふのである。(Stier-Somlo, Das Kommunale Verfassungsrecht in Preussen P. 337) 佛國の地方制度の會議の招集は會議の日より滿三日前たるべしと明規してあります。(trois jours francs au moins avant celui d e la réunion 市町村制第四十八條）或は內務省議の如何に拘はらず、地方當局は判例に從ふ方が適當であると云ふので、省議の計算方法に從はず判例に從つて招集し會議の效力に爭ひの餘地なからしむべしとする方針を以て地方制度を運用する府縣（例へば靜岡縣）もあります。現在の地方當局の態度としては敢て省議に盲從せず、非議の餘地無き招集手續を履ましむる事が適當であり賢明なる態度であると思ひます。蓋し內務省議は何等之を尊重し推服すべき權威も條理もないのでありますから、有權的なる行政判例が此の問題に付て從ふべき唯一の見解であると思はれます。

三　地方議會の會議法規の改善に就て

一

私は地方自治の發達振興を主張せられる人々が、地方議會の會議の道德と法規慣例に就て、十分なる省察と論究を盡されないことを遺憾とするものである。地方議會は地方自治の中樞機關である。我が國自治政の缺陷を指摘する人々が徒に我が地方議會を漫罵し、我が地方議會の實狀を精査することを怠つて、一切の責任を地方議會に脊負はしめることは私の全然同じ難い所である。地方議會を漫罵する者、地方議會議員を濟度し難しと爲す者其の他有らゆる惡評を我が地方議會に浴せる者がある。我が地方議會は甚だ人氣の惡い評判の好ましからぬ事は爭はれない。私が我が地方議會の現狀の由つて來る所を究め、其の惡評の根源を調べ、之を改善するの方途を講ずることを以て、自治政改善上最も緊要の事と考へるのである。曾て地方議會の會議の道德と法規に就て多少の論議を企て、次で何をか地方名譽職員に期待すると借問したのであるが、未だ盡さない感がするので、三たび地方議會の爲に其の短を訴へ根本的改善の途を考へて見たい。

二

一體從來我が行政部局の合議體に對する考へ方が粗笨極まるものではあるまいか。如何にして多數の人々の意思の合致を圖るべきかに付て不用意千萬なのではあるまいか。先づ第一に合議體を代表し總理するの議長の地位に付て我が行政當路者は間違つた考を懷いて居る。尚合議體の活動形式及合議體の組織に付ても研究十分ならざるものがある。公の議會は宜しく公明正大であつて合議體の意思が遺憾なく統合せられ發揮せらるることを要する。意見の相違あり主張の異なる者ある場合に於ても決する所に服して何等のわだかまりなきことを必要とする。會議の組織及手續に關する法規の如きも、宜しく簡單明瞭疑義を挾む餘地の存せざることを必要とする。區々たる屁理窟や三百代言式揚足取りの横行跋扈する餘地を存せしむる法規は最大の惡法である。然るに地方議會の會議法規は難解模稜普通教養あり常識ある紳士が之を運用するに困難であり、議事妨害又は議長難詰を以て能事とする理窟屋の犧牲たらしむる缺陷歴々たるものがある。地方公共の施設に付て隔意なく討議するの實質を考へず偏へに會議の形式に拘泥する。繁瑣にして不條理難解の法規を墨守するが如きは、我が地方行政の發達を助長する所ではない。東京市の當局者は勿論の事東京府下の町村當局者は全國町村當局者に比して、遙に法規の解釋運用に付知識を有し經驗を有する。然るに尙郡役所廢止後町村會の會議の狀況を府當局として直接監督するの立場になつて見ると、容易に安心し難いものがある。私は之を以て町村當局者が獨り立ちの出來ないものと見るのではない。常識ある國民に平易に理解さるべき會議法規が甚しく難解であり曖昧であり疑義百出するからであると思ふ。地方會議法規改正の急務なることを主張せんとするものである。

三

一に町村會の開會手續が難解至極である。町村制第四十七條に町村會は町村長之を開閉すとある。然るに其の會議の開閉は議長がすることに町村制第五十三條に規定してある。乃ち町村會の開閉と町村會の會議の開閉と別箇であつて、之を爲すべき者が相異なると謂ふのである。然るに町村會の議長は町村長であるが故に町村會の其の日の議事を閉づる場合に於て閉會なりや議事の閉鎖なりや常に明瞭を缺ぐ。議長か又は町村長の議場に於ての宣言は通常『閉會』であり、稀には『散會』の語を用ゐることもあらう。會議錄も亦其の語を用ゐて居るであらうけれども、未了の議事がある場合に於て町村會其のものが、尙繼續するや否やが常に問題となるのである。町村會が繼續するものとすれば、改めて招集の手續會議事件の告知を要せず、翌日でも其の他の日でも會議を開き得るのである。町村會の如き普通和氣靄々たる中に協議し意見を交換すべき性質のものであるから、徒らに形式を主とする招集及事件告知を不便煩瑣なりと考へることが多いのである。之を逐一摥抉して町村制第七十四條に依つて再議に付し再選擧を命じ又は裁決を請はしめ或は議決選擧を取消すが如きは、到底其の煩に堪えないし且必要もないのである。從つて特別の問題であり或は關係者に異論がある場合の外は、不問に付されるのである。大體に於て訴願訴訟の目的となり又は相當の地方問題たる場合の外、事柄は其の儘となるのであるが、問題となつた場合に於て開會手續に難癖を附け得べき場合が非常に多いことを以て見ると、極めて多數の場合に於て我が地方議會の開閉に關しては違法の場合が多く、從つて町村制の規定は守られず行はれない實狀であることが分る。私は開會閉會と議事の開閉とを觀念に於て區別する概念論抽象論を排擊する。事實區別の出來ないものを區別して規定した立法者の形式論机上論を難詰するものである。市制に於ては市會の開閉は市長の權限であり、會議の開閉は議長の權限である。而して所謂萬年市會として改選後の市會を一度市長が招集して置けば、其の後は議長に於て會議を開閉し得るの先例があり、多年行はれ來つて居るから幾らか不便を避け得る。萬年市會を非とする意見もあらうが、私は曾て論じた如く何等差支ない、將來多々益々此の方法を採るべきことを勸告したい。

四

第二に招集及會議の事件は開會前三日目迄に告知すべしとする町村制第四十七條の規定は、我が國市町村會の議決々定又は選擧の效力に關する訴願訴訟の根源となり、頻繁に會議を無效ならしめる裁決判決を見て居る。而も會議其のものが議員全員の出席を見、滿場一致の表決であり、和氣靄々の中に議員の多數意思の合致を見た場合に於ても、法律の規定は毫釐の違背を許さないのである。元々規定自體は多數の議員を洩れなく招集し、且多數の議員をして豫め會議事項を承知して之に對する準備を爲し、輕卒なる表決を避けしむるを本旨とするのであらう。法律の規定は親切なるが如く用意周到なるが如くして、而も事實甚だ有り難からざるものである。地方議會と雖無學無智な者計りの集まりではない。地方議會の職責を自覺し、地方議會の經驗を重ねた現今に於て、或る議題が即決して可なりや、愼重審議すべきものなりや、委員付託を爲すべきやは、如何に我が地方議會が幼稚なりとしても、最早判斷し得べき程度に發達して居る。殊に會議規則には讀會順序の規定もある。單に議題の件名のみを三四日間熟考することを要件とするは、取越苦勞の甚しきものである。論者或は市町村の重大事を匆卒議決するの虞あることを憂ふるであらうが、身旣に議員の職務に在るのである。相當數の議員を控へて町村長が瞞著手段又は誤魔化しを爲し得べきものではない。萬々一奇策を弄し議員を愚弄する事があらうとも、大局に於ては町村長竝町村會は漸次に此等の不正手段に對する豫防手段を習熟するであらう。元來地方理事者地方議會は互に協力して地方公共に盡すべきものである。我が地方制度は兩者を互に相抗爭し互に相警戒すべきものと考へて居るものゝ如くである。蓋し議會制度の創始時代は議會は單に課稅を承諾せしむる爲招集せらるるに過ぎなかつた。專制君主や理事者は唯單に如何にして議會の承諾を得べきかに腐心するに止まつた。兩者は利害を異にし立場を異にする。議會は如何にして課稅額を減少し、原案を削減し修正し得るやを以て唯一の關心事とした。我が地方制度は勿論此の舊思想の遺物である。唯私の大に遺憾とする所は、舊思想の持主が尙少からず我が行政部内に殘存する事である。如何にして地方公共の施設を爲し、地方公共の利福を增進すべきかに付、理事者の鞭撻者となり、協力者となり、共同施治の任務を自覺するに至つた現代に於ては、理事者の會議瞞著籠絡の豫防線は不必要となつたのである。地方議會の發達し經驗を積み來つた現今に於ては會議招集手續の煩瑣なる條件手續は最早不必要である、私は地方議會招集の手續要件に關する規定を改正するの急務なることを唱導したい。

五

茨城縣知事が縣參事會を招集し、縣參事會で縣會議員某の失格の決定を與へた。然るに其の縣參事會の招集は、前の參事會が開かれた日に口頭を以て當日出席して居た縣參事會員に通知したのであつて、參事會員の一人である原告は其の時には列席して居らず、從つて招集の通知を受けなかつた。因つて其の決定は違法であるとして出訴した。行政裁判所は之に對し『府縣參事會の招集は會員各自に對し之を通知するを要するものなるを以て、會員の一人に對し其の通知なかりし以上は、其の參事會の議決は違法にして取消すべきものとす』と判決した(大正六年六月九日)注意すべきことは行政裁判所は口頭招集を妨げないとしたことである。地方議會の招集に付ては、府縣會の招集に付てのみ前十四日目迄に告示すべしと要求して居る（府縣制第五十一條）に止まつて、其の他の議會に付ては招集の形式を規定し居らない。實際は文書を以て招集狀を發するの例であるが、前記行政判例は口頭招集も差支なしと反面に謂つて居る。唯缺席者があつて口頭通知がないから違法であると謂ふに過ぎない。市會及町村會の招集及會議事件の告知も文書を以てするを要せず、口頭通達電話何れにても告知の事實あれば足りる。公法上に於ても意思表示は決して文書を要件としないので、豫て當然の事理と私は考へて居たのであるが、行政判例に此の裁斷を見ることは大に我が意を得たものである。但し茨城縣の右の事案に付ては行政裁判所は許すべからざる誤判を爲して居る。招集開會閉會と會議の開閉を混同して居るのである。各府縣の參事會は其の任期中毎月一回二回例會日を定めて參集し、臨時の議題あるときは隨時參集するのが例である。其の月々の參事會を或は開會閉會と謂ひ、或は月々の開會日を念の爲通知するに當つて、不用意の下僚が招集の語を用ゐることもあらうが、之は毫も事實の本質を左右するものではない。即ち府縣參事會は各府縣共に所謂萬年參事會で常時招集開會せられた狀態にあるのである。其の證據には參事會は往々知事の提案を議了せず次の例會日に延期することもある。或は特別委員に附託して審査せしめることもある。受理した訴願や知事から決定に付された異議申立を參事會議長たる知事の爲に、地方課又は庶務課若は參事會書記に於て調査して居る。或は所謂招集日に非ざる日に於て府縣制第六十九條に依つて委員を選擧して出納檢査を爲して居る。參事會が開會日毎に開閉せられ招集手續を新たにすべく、前後の參事會が繼續しないものとすれば、叙上の事實は到底說明し得られない。又府縣制には異議申立は例へば七日以內に參事會の決定に付すべしと規定してある。若しも參事會が常時開會の狀態にあらざるものとすれば、知事は宜しく異議申立ある每に參事會招集開會の手續を履んで、其の決定に付すべきである。內務省が此の場合に實際上止むを得ずとし、單に參事會議長に送付すればよいと云ふのは、窮せりと雖結論はよいのである。萬年參事會なりと觀念して始めて解決が著くのである。且參事會制度の本旨から考へても常時府縣の小議決機關として、開會狀態に在り、議事如何に從ひ臨時參集議事を開くのであると見るが相當である。之は我が地方行政上多年の慣習であるに拘らず、形式的法律解釋に累せられて主務者自身が誤解して居る。最近東京府參事會に於ても此の點が疑念とせられたが、私は何等の疑點なしと確信するものである。茨城縣の當局者も訴訟代理人も辯護の方法を知らなかつたのであらうが、行政裁判所がウッカリ屬僚の形式解釋に引きずられて、招集せざる縣參事會なりと暴斷したことは、誠に遺憾の次第であつて一大誤判であると信ずる。

六

一體市町村會の招集及會議事件の告知に付て、「三日前」又は「前三日目迄」と規定し、其の期日計算が內務省と行政裁判所と多年に亘つて解釋の相違を來し、年々地方議會の議決々定又は選擧に付て多數の無效判決を見來つた如きは、如何に我が地方制度の立法技術が拙劣であり、法文の曖昧模稜であるかを示すものである。到底此の如きは地方議會の會議の順當なる發達を期待する所以ではない。而も此の如き無用なる形式手續違反を理由とする異議申立訴願又は訴訟を提起する者は、概ね其の前身が役場書記か屬官上りであつて、地方公共の施設の眞の實質的利益の增進の上から主張される場合は極めて稀である。地方議會を無味乾燥なる理窟屋や揚足取りや實益なき三百代言式群小法律家の活動場たらしめ、地方公共團體として名譽職員として常識圓滿なる紳士的行動を爲し、共同緝睦市町村の利福を增進せしめる實質を失はしめたことは、群小法律家の罪であり、從來の內務當局の誤れる法律思想に其の責任は歸する樣である。歐米各國の地方制度の長を採り我が短を補ひ、地方名譽職員をして其の本然の職司天分を發揮せしむるは何時の事であらうか。長大息せざるを得ない。私の見た某國の地方議會制度には單に持廻り會議卽ち參集會議しないで、議員各自に持廻つて同意を得た形の會議を無效とするの規定があるに止まつて居る。或は同一議場內に開かれた故を府會又は市部會議決が無效なりとせられる。議事の進行に關する紛爭は縷指するに遑がない。少數派の欝憤を晴らし、議事の遷延を圖り妨害を爲すの根源は、常に會議に關する法規の形式手續問題を理由とするものであり、法規の疑義と實際に適せざるの條規を引用して議長を窘めることを以て常套手段とする。此の如くして我が國民は形式に束縛され手續に煩はされて、會議の實質內容の改善發達を圖るの餘裕なきかの感がする。而も議會の不成績を云爲し、議員の無自覺を罵る。然るに我か地方議會の健全なる活動を阻碍するの根源は果して那邊に存するか。經世達識の士は私の痛言罵倒する趣旨を諒解せられる事と思ふ。

七

私は地方議會の本質に鑑み、地方自治體の利益增進害惡除去に付て、常住其の議決機關たる本分を盡すべき所以を思ふが故に、府縣會を除くの外の地方議會は總て常住開會即ち所謂萬年市會萬年町村會とすべきであると思ふ。府縣參事會市參事會は全國殆ど皆私の觀る所を以てすれば、萬年參事會である。唯當事者之を自覺しないで、每開會日に招集されるものと誤解して居る者が多からう一體地方制度の立法の主義方針も支離滅裂である。市會町村會と臨時府縣會に付てのみ、付議事件の告知又は告示を要求し、府縣參事會市參事會は要件としない。前三日目迄告知を要件とするは市町村會に限るのである。既に地方公共團體の議決機關として其の職分を盡す、發案權なくとも如何なる事件に付ても公共團體に關係ある以上公益に關する事件としての意見書提出の途がある。議決機關は常住開會してあることが當然である。常住開會されて居る市町村會に對する新議案提出手續も、甚だ不明であるが、會議が開かれてあれば會議に提出して然るべきで、敢て市長町村長から各議員に告知する必要はないと考へられるが、此の點は聊か疑問である。會議の招集及手續が曖昧で疑義が續出する爲、過般千駄ヶ谷町會は紛亂を來して遂に町長は責を負うて辭職するに至つた。會議法規の不備遂に有爲の町長をして引責辭任せしむると云ふべきで、我が會議法規の缺陷が我が地方自治を攪亂するの弊害誠に恐るべきものがある。

八

地方議會内部に於ける選擧手續法規も亦不都合極まるものである。我が地方制度は法律勅令に依り地方議會に於て選擧を執行するときは、一人毎に單記無記名投票を爲すことが原則であり、議會の議決に依り指名推選の法を用ゐることを得せしめて居る。市町村會に付ては連名投票をも認めるが、何の故か恐らくは立法者の氣紛れであらうが、府縣會には連名投票を認めない。勿論何等の辯護すべき理由があらう筈は無い。凡て多數黨萬能主義であつて、苟も地方議會に過半數を占むる者は、凡ての選擧に付て獨占し得るのが原則である。我が立法者はマサカ少數代表の思想や比例代表の思想を諒解し得ない程頑陋ではあるまいが、地方議會内部には多數黨萬能主義を以て甘んじて居る。府縣參事會員市參事會員選擧に付てのみ、同時に單記無記名投票を以て執行し、從つて各派から代表し得られるに拘らず、其の他の選擧に付て多數黨獨占の原則を採つた如きは、誠に奇々怪々の次第である。唯立法者の豫測と違つて、地方議會は多年の穩當なる慣例の結果、地方議會内の選擧は多く議長の指名に待つことゝし、議長は圓滿に各派と交渉し各派に割當決定して、議場に結果を報告するが故に、立法者の採つた方針に拘らず、事實上穩やかな選擧を見來つたのである。然るに東京市會の委員選擧の指名推選有效無效の問題は、はしなくも大波瀾を捲起した。私は東京市會ともあるものが區々たる法律論に解決を求め樣としたことを以て甚だ遺憾なりとするもので、政治道徳の見地から又は各派議員の信望を基礎とすべき議長の地位からも相當考へる所があるが、私は唯今其の點に論及するを得ない、唯法律論としてのみ茲には論議して見る、内務省は曾て『府縣制第五十五條第二項及郡制第四十三條第二項に依り、指名推選を爲す場合に於ては。議長又は議員に於て指名したる被選人を會議に諮ひ、過半數を得たる者を當選者とするの方法に依り將來御取扱相成度」と通牒して居る（明治三十三年一月二十三日地甲第四號）。此の思想は法文に指名推選とあるから單に指名者は推薦して會議が決定すべきであると謂ふ文字解釋に基因するのである。然るに各方面に於ける實際上の事實は內務省の解釋を無視し、議長指名に一任し議長は或は會議に諮ひ或は單に會議を閉ぢたる後に指名するの事例が極めて多くなつた。殊に貴衆兩院の議長指名の事例は之を會議の原則とすべしとする一般的常識觀念が起つて來た。茲に於て內務省も聊か態度を變じ、會議が指名推選を議決するときの意思如何に依り或は全然指名に一任するものとし、或は指名したる者を會議に諮ふべしとするに至つた。而して東京市會の場合は其の意思何れなりやの事實判斷とし、全然一任の意ではなかつたと云ふ理由で議長の指名は無效として取り扱はれた。之は內務省の立場としては當然の論結であらうが、本來地方制度の拙劣なる用語を改むべき筋である。指名推選とあるから指名を議長でも議員でも其の他の他理事者でも委任し得るのであらうが、事實上議長以外に委任した例はない。指名推選の如き不通の用語を避けて議長指名の方法に依らしめればよいのである。而して實際に於ては各議員の屬する各派各團體間に協議を爲し配當數を定め各派各團體毎に候補者を定めて議長に申出で、議長は之に基づいて指名するの常道を發達せしむべきである。道德を無視し偏に形式法理を振り廻す餘地を存する法制は百害の根本である。恰も同じ頃ほひに東京商業會議所の會頭選擧が行はれた。東京商業會議所の會頭選擧は由來紛議の多い沿革を持つて居る。今回の會頭選擧は圓滿に協議會に於て議が纏まり、議長指名に一任し議長が即座に指名して會議を終つた所が後になつて定款を調べて見ると選擧は投票を以て執行すべき規定があつて、指名の方法を認める規定がない。定款違反の問題が起つたが、關係當局者は此の事實を知つて知らざる事として事實上解決した全員何等の異議もない、實質に於て完全に多數意見の一致した選擧を爲したのであるから、單に形式手續の違背は問ふを必要としないと云ふのである。私は雙手を擧げて此の解決を喜ぶものであつて、形式拘泥揚足取りの弊に堪えない間に於て、明白なる定款違背の選擧を有效として取扱つた實例を以て今後大に模範とすべき絕好事例なりと考へる者である。而して行政各方面に於て形式打破手續法規の改善に一層留意する樣になりたいものと考へるのである。斯の如くして始めて我が地方議會が健全に實質的な公共心共同心を發揮し得る樣に進んで行けることゝ思ふのである。

四　高等官參事會員の廢止を悼みつゝ

一

最近の地方制度の改正は道府縣參事會竝市參事會の組織及權限に重要なる變更を敢てした。或は又市參事會廢すべきかと論ずる人もある。道府縣市參事會の職司本分に付何の見る所あつて此の如き變更を提唱し或は議會通過を默認せられたのであるか、殊に地方議事機關の前途に關して如何なる方向に進むべきものであるかに就て自分は相當論難すべき諸點が多々存する樣に思ふ。地方名譽職員の職司本分を如何に考へるかと借問した自分は多數諸君の參事會觀に與するを得ないものがある。東京市長の職務を管掌せられた先輩堀切神奈川縣知事の市政觀は市政關係者市政の首腦部に自治の本旨が諒解されて居らないかの感があると云ふことを直言して居られるが、自分も亦失禮ながら關係當局の首腦者中地方自治の本旨に付て果して徹底した識見を有せられるのであるか否かを疑ひたい氣がするのである。兎も角今回廢止せられんとする高等官參事會員の任務には前後五年間自分は就いて居つたのである。敢て其の經驗は長いとは謂はないが高等官參事會員の職分を盡すこと乃至參事會制度の本旨と實際の運用とを考究するに敢て不足は無いと思ふ。茲に高等官參事會員の廢止を悼みながら參事會制度乃至地方議事機關の問題を考究して見たいと思ふのである。

二

諸君は憲法發達史に於ける二院制の本旨を如何に解せられるか。上院の改革運動上院の權限縮少運動が大に行はれるからとて、上院を單なる沿革上の遺物と見無用の長物と考へることは恐らく正論ではない。沿革が重要なる存立理由であるにしても、全然沿革に因はるゝ必要のない。新に創立せられた共和國に於ても大部分は二院制を採用して居る。二院制は政治史上國法學上深い根柢を有するものである。我が府縣制及市制は議事機關に府縣會市會と府縣參事會市參事會とを對立せしめた、府縣會市會の議決を經る事件は必ず先づ府縣參事會市參事會の審査に附することを要する。府縣會市會の議案先議權は參事會に屬するのである。參事會の議案審査は恰も二院制の如き作用を爲し得たのである。尤も二院制の長所は下院の豫算其の他國民負擔に關する法案の先議權に依つて、上院をして下院の議決の不羈奔放に流るゝことを抑制するの點に存する。反之府縣參事會市參事會の議案審査權は却て一切の議案の先議權の如きものであるから、府縣會市會議決を抑制する作用は望み難い點もある。併しながら現行地方制度の公權解釋は議案の發案は原則として府縣知事市長に専屬すると認める。從つて府縣會市會は其の招集開會を竢つて突如として議案を提議せられる。其の內容に付ても陳情運動の方法に依るの外府縣會市會の希望を達するの途はない。而も當局者の解する所に依れば議決は發案權の侵害とならざることを要するが故に殆ど理事者の爲すが儘にするの外はない。既に府縣會市會に提案されて後の議場の討議は事實上甚だしく局限せられざるを得ない。府縣參事會市參事會の議案審査の制度は理事者對府縣會市會の橋渡しとして圓滑なる地方施政の妙用を發揮すべきものであつた。參事會多年の行動は特に不都合を來した實例を見るを得ない。此の際之を廢止し地方議會對地方理事者の自治行政の運用を攪亂するの理由は自分には到底解するを得ないのである。

三

一體爲政上各種の機關相互の關係は深甚の注意を拂ふ必要がある。所謂憲政の進步と云ひ內閣更迭の成例と云ひ政黨政治の發達と云ふが如き政府と議會との關係は現代政治の中心眼目を成すものである。此の關係は地方議會と地方理事者との關係に於ても同樣の筋合である。參政の途を開き公選に依る議員を以て組織する議會があつて重要なる事案を議決する。理事者と議決機關との關係が圓滑であり、相互に敬重し諒解あるの事態は必要缺ぐべからざる要件である。論者或は制度法文の形式字句をのみ眼中に置いて議會は單に發案せられたる事案に對し可否を決し修正を加へれば、其の任務終れりと考へるが、之は思はざるも甚しい事である。公選に依り選擧人の輿望を負うて議員の公職に在る者は、其の用ゐ得べく利用し得べき權限威力に依つて其の是なりと信ずる如き議決の實現に努むべきである。發案權理事者にあるが故に我は唯其の發案を待つて可否の數に加はるのみと云ふことは恐らくは最も無能なる議員の能事とする所であらう。所が論者の期待する議員は此の如き無能議員であるらしいけれども、幸にして我が地方議會に於ては此の如き無能議員計りではない。一層徹底して地方行政に留意し、一層徹底して其の希望し是非は知らないが地方の利益なりと信ずる施設の實現に努力して居る。手を拱ぬいて理事者の發案を傍觀するものではない。理事者の發案が地方議會の議員の多數の滿足する性質のものなりや否は發案權なき議員の最大關心事である。地方議會の議員の意向乃至希望の大勢に順應しない發案は到底議事機關を圓滿に通過し得べきも發のではない。理事者は單に府縣制市制町村制と中央政府の方針を墨守すればよいと考へる者ありとすれば之れ世間見ずの甚しいものと謂ふべきである。地方行政の實際を知らざる者と謂はざるを得ない。自治制の最も重要なる議事機關に對して其の存在の意義價値を諒解し尊重すること十分ならざる中央當局者は恐らくは眞正なる自治行政の中央當局たる資格がないのであらう。地方制度運用の實際に付ては一層徹底した觀察と一層卓越した經世家的識見が必要であると思ふ。地方議會や地方名譽職員に對して徒らに毛嫌ひをし徒に其の活動範圍を局限せんとする舊式官僚思想は時代錯誤の舊時代の遺物である。

四

曾ては地方議會は理事者の發案に對して何等かの修正削減を加へることを以て必要缺ぐべからざるの職責なりと誤解したこともある。曾ては地方議會は理事者を難詰し漫罵し或は之と論辯抗爭することが其の本分なりと見られた形もある。或は又理事者は地方議會の意向に沒交涉であり其の權能に基づいて發案し不適當なる議決に對しては假借する所なく原案を執行するの途に出づべしとせられた。地方議會と抗爭し之をして屈服せしめることは理事者の最大の御手柄なりとせられた。帝國議會が政府の提案に協贊を與へるの規定と地方議會が地方費を以て支辨すべき事業施設を議定し之に關する豫算を議定するの規定とは文理解釋よりしても地方制度に於て理事者議會の關係が一層緊密なるべきことを要求して居る。中央政府に於ても超然內閣は憲政の發達上往時の遺物と謂はれて到底今後に復活すべきものではない。理事者と議會の微妙なる關係は中央當局と雖少しは諒解する所があつて然るべきである。現行府縣制市制には參事會の審査に付した議案に付て理事者と參事會と意見を異にするときは參事會の意見を添附して府縣會市會に提案すべしとて規定し居る。地方行政の圓滑なる運用の慣例として少數の府縣に於ては參事會意見の採るべきものは理事者が之を容れて原案を改訂し、理事者參事會の一致した意見に基く議案を原案として府縣會に提出する扱になつて居る。此の取扱は法律の明文と聊か異なる所があると謂ふので例の屬官的監督意見は之を適當ならざる取扱であると謂つた時代もあるが、何等差支のない事である。善良なる地方行政運用の好慣例である、地方議會本會議は勢ひ多數の人員より成つて單に之と理事者との對立では適當なる事案の協定は困難である。固より議事の便宜手段としての委員選定の途はあらうが、始より少數の有力なる小團體あることとは大差がある。參事會の審査制度の全廢は地方議會制度の運用上決して喜ぶべき事ではあるまいと思ふ。

五

大正三年の府縣制改正に際して府縣參事會員の任期を改むるの議が政府部内に起つた。蓋し參事會任期を四年とする從來の制度は往々にして府縣會の分野に變更を生じた場合に府縣會と相容れざることゝなつて紛糾困難を來すことがある。小府縣會たるべき參事會は宜しく府縣會の空氣と一致すべきであると云ふのである。且實際に於ても各府縣中役員の半期交替の實例が往々にして存したのである。當時内務省案は初め二年の任期とするに在つたのであるが、最終決定に至つて之を一年の任期と改めたのは當時の原内務大臣の意見に依ると云ふことである。參事會員の一年制は府縣會議員の役員爭奪に當り廣く役員割當の便宜を得て來たのであるが、之を二年制に改めることは役員振當に困難を來すのである。但し一年制に改めた以來二年制を可とするの論議は多年廣く行はれたことであるから今回の改正は先づ順當であらうと思ふ。之が爲生ずる所の名譽職參事會員割當の困難の幾分を救ふが爲に高等參事會員を廢止して名譽職參事會員を增加したことは幾分事情か諒察されないことはない。併し名譽職參事會員の增加如何を別問題として參事會の組織の中から高等官參事會員を除外したことは我が地方議會制度の發達上思慮を缺ぐやり方であると思ふ。之を以て官僚的分子の排斥自治權の擴大なりと喜ぶが如きは其氣が知れないと思ふ。議會制度に理事者議員立場を異にするにしても理事者にも成るべく議員としての議席を與へることを理想とする。三權分立の舊型に屬する米國の例を除くの外國務大臣其の他政務官は下院に議席を有することを必要又は便宜とする。理事者も亦議員として同等の立場に立つて腹藏なく討議することは制度の理想である。地方長官公選論の歸趨寧ろ地方執行機關公選の歸結は尙遠き將來に屬するのであらうけれども、現行制度に於て理事者に議席を與へる高等官參事會員制度の廢止は制度の發達上逆轉退歩であると考へるのである。訴願訴訟異議申立其の他法律事務處理に付て高等官參事會員が必要缺ぐべからざる構成要素たることは論を竢たない。行政の發達上將來府縣參事會市參事會の權限を擴張し又は此の機關を利用すべき必要が增加するであらうが不用意に高等官參事會員を廢止したことを後悔する時代が遠からず到達するであらう。高等官參事會員は內務部長警察部長を充てるを普通とし約十府縣は內務部長と地方課長又は學務課長を充てる。參事會員たらざる警察部長は參事會員となりたい希望を有して往々警察部長會議に問題となつたことがあるが、自分は警察部長を參事會員と爲さゞるを適當と信じて居る。內務部長と地方課長を參事會員に充つることが却て適當であると考へる。特に地方課長は參事會の常務を掌理するの中心として大に參事會の活動に努むべき位地に在ると考へたのであるが、今日は此の問題は自然消滅に歸した譯である。

六

論者は明治四十四年の市制改正に依つて市參事會制度殊に合議制執行機關の我が國情に適しないことは確定した議論の餘地の無い事柄であると云ふのであるが、事は夫程單純ではない。自分が他の機會に於て指摘した如く我が國に極めて多數に實行せられ好成績を擧げて居る會社銀行の重役制度公益法人の理事特殊の法人の執行機關の組織に付觀察するときは合議制執行機關が我が國情に適しないと云ふが如き論議は事實に反することを發見する。所謂平取締役と專務又は常務取締役の關係所謂頭取社長と其他の會社銀行重役との關係が何故に地方行政機關に應用が出來ないのであらう何故に內閣は國務各大臣を以て組織し總理大臣は之が首班となる丈けであるが同樣の組織が地方行政機關に實行が出來ないのであらう。歐米諸國の地方制度に於ける參事會は大體我が內閣組織と同樣の性質を有するものと見て宜しい。之を我が會社銀行の重役制度に類似したものとして觀念してよいのである。從來よく英國の地方自治體とは水道電氣下水道路瓦斯屠場其他公共事業株式會社と觀念すべきであると稱せられた。或は此考方は根據のないものであると云ふものもあるが、兎に角地方自治體の經營する公共事業も出來得る限り之をビズネツスライキに經營し其能率を發揮すべきことは當然であらう。株式會社の重役組織が事業執行に好結果を擧げ迅速敏活に商機を逸せず極めて圓滑なる運用を爲し居るに拘らず、地方自治體の合議制執行機關が繁文縟禮又は無責任製肘の無用の制度と見られるに至つたに付ては活眼の士は其眞因の那邊に存するかを發見するに苦しまないであらう。我が國從來の自治行政論者の如く之を國情に適せずと一蹴し、次に現在の市參事會を以て小姑的牽掣を事とし無責任の地位に在つて私利を圖るの不都合なる機關なりと見るの態度の如きは著しい偏見であることを思ふ。合議制本來の妙趣を發揮せしめる事を知らず、小田原評定然らざれば無責任論難攻擊の府、延て小姑的掣肘妨害の機關たらしめたのは、制度の罪に非ずして運用當を失するに基づくのである。自分は『何をか地方名譽職員に期待する』かと當局者に反問したのであるが、眞に議決機關の本旨職分或は議決機關と執行機關の關係、或は近代憲政發達責任內閣制度の成立の眞義に明確なる諒解を有し、明快なる信念を懷抱するの士は、自分の憂ふる所自分の考へる所を諒察せられることゝ考へる。

七

何時もながら自分は我が行政部內に瀰漫する舊式法律的觀念の弊害を慨歎せざるを得ない。理事者對議決機關の關係を單に法律的手續的に觀察するに止まつて之を微妙なる人事關係實質關係として其得失利害影響の如何を考察しないが如きは甚だ當を得ない事と思ふ。代議議事機關の本旨は公共施設の責任分擔と協心戮力に在る衆議公論に問ふことは或はより善き意見に從ふの意味もあるが實際に於ては公共施設の諒解及之に基づく責任分擔協同一致の結果を重視すべきである。公共の施設の改善發達の最善の案を求むるの道は議事機關に非ずして別に諮問機關調査機關に依るの方法がある。議事機關の職司本分は別箇に立案調査の機關あるに依つて一層完うすることが出來る。英國の委員會の働らき振り、浩瀚なる報告書調査書は英國の憲政上必要缺ぐべからざる要素である。英國に於て人氣ある重要なる委員會を主宰し國策輿論の歸結を指導する調査報告書を完成する者は政治上社會上最高の敬意を表せられ、固より伴食國務大臣の匹儔ではないのである。其の委員會並報告書は委員長の氏名を冠して宣傳せられる。炭坑問題調査のサンキー委員會勞資共同經營案のホイトレー委員會行政整理に關するゲッデス委員會の如き、如何なる地位を占め如何なる意義を有するかを考へる必要がある。樞密院なる最高諮詢の府があり、法制局なる審議機關あり、曾ては各省の中堅組織は執行の要部に書記官を置き、立案審議に參事官を置き、創意立案を尊重した時代もあつた。加之特殊の問題ある毎に無數の委員會は設置せられる。審議立案の機能創意改善の工夫を發揮するに付て識者の考慮すべき點が多々あると思ふ。地方議會の委員會制度殊に理事者と議決機關と協力して、最善の方策を探究立案して社會の進運に伴つて必要を生ずる問題解決に善處するの道は恐らくは現在の當局者の考へ方とは全然異なつた方向に求めるべきであらう。自治權の擴張、地方議會地方名譽職員をして一層能く地方公共の施設に協力せしめること、理事者も亦時代の大勢に順應して地方議會の隔意なき援助の下に必要なる施設を遂行するに努むることは多く異論のあるべからざることゝ考へる。之が爲には中央當局に活眼達識の士を得て地方議會本來の機能に鑑み制度の發達制度の運用を指導するに付き一層明快なる歩趨に出づる必要あるを思ふのである。

五　地方議會に於ける不信任決議に就て

一

石井研堂氏の著書『明治事物根源』に決議案の始を左の如く書いて居る。

『鳩山和夫明治二十二三年頃東京府會議員たりし。府知事芳川顯正が虎刺病々院の事につき、出席を言ひやれども毎々屬官のみを出して出席せず。よりて鳩山「芳川知事は府民に不親切なり」との決議案を出せり。之を出す前に沼間守一に相謀りしに、沼間「一體決議案とは如何なるものぞ」と問ふ。鳩山は歐米の例を引き「ボートヲブデビジエン」とは政府の信認を問ふか、國體の意思を發表する方法なり」といふ。沼間「それにて分りたり」といふにぞ、鳩山之を議場に提出せしに、案の如く通過せり。この後彼方此方の縣會等にて決議案といふことを始めたるが、その元祖はこの鳩山對芳川の時なり。』

私の調査した所では明治二十二三年頃とあるは誤りであつて、明治十五年八月八日に此決議があつたのである。東京府會は此の時までに臨時會三回通常會四回を開き第四回目の臨時會での事である決議は左の文言である。

芳川府知事ヲ不親切ト見認ムル件

明治十五年八月八日發議者鳩山和夫

東京府會ニ於テハ今般東京府知事芳川顯正カ、流行病豫防費支出案ニ關スル府會ノ決議ヲ認可セサル旨達セラルルニ際シ、自ラ出席セサルノミナラス、代理ヲ以テ其不認可ノ理由ヲ説明スルコトヲ拒ミタルハ、東京府民ニ對シ甚タ不親切ナル所爲ニシテ甚タ不當ナル所爲ト認ム。

二

一體立憲制度の下に於ける國務大臣信任不信任の決議は、政治上極めて重要なる意義を有する。時の政府が下院の多數黨の支持を受くるや否や、下院に根據を有するや否やの證明は、専ら信任不信任の決議に依て發表せらるるのである。合理的にして公明正大なる政局の推移は、信任決議不信任決議の成敗に依つて左右せられる。從つて帝國議會に於て國務大臣の信任不信任を議決することは、寧ろ議會の當然なる重要權限と目されて居る。啻に不信任決議が合理的であるのみならず、寧ろ立憲制度の運用上必要缺くべからざるものなりと認められて居る。然るに地方議會に於ける理事者の信任不信任の決議は、從來に於ける公權的解釋に依れば、總て地方會議の權限を超越するものとせられて、匡正取消の目的たるべきものとせられて來た。私は區々たる解釋論を能事とするものではないが。地方議會の權限論として不信任決議は權限を超越するものに非ずとの見解を持して居る。而して地方自治行政の健全なる發達振興を期する上に於て、地方議會の各般の合理的なる意思の發表、各種の決議を當然容認すべしとするものである。且地方議會と帝國議會と、國政と地方自治行政と各行方を異にすべきものがあるけれども、共に民主々義的制度として、國民參政權の發露の方法として、議會對理事者の關係に於て同樣の推移發展を期待すべきものがあると思ふ。地方議會に於ける不信任決議は、地方議會の權限の範圍に屬すとするの解釋論から、進んで不信任決議の運用に依つて地方自治體の理事者の進退人選を圓滑ならしめることは、實際上極めて重大なる意義價値を有するものと考へるのである。仍つて地方議會に於ける不信任決議の沿革から、違法論の根據を考査し、其の實際上の效果如何を論究せんとするものである。

三

地方議會に於ける理事者不信任決議に對しては、左記の行政裁判例を參照する必要がある。

府縣會カ府縣知事ノ解任ヲ内務大臣ニ建議スルコトノ議決ヲ爲シタルハ、府縣制第十七條第二項ニ定メタル權限ヲ越エタルモノトス

郡會カ内務大臣ヘ陳情書ヲ呈スルコト及縣知事ヘ辭職ノ勸告ヲ爲スコトノ議決ヲ爲シタルハ越權ナリ

郡會ノ權限ハ郡制ニ規定セル範圍内ニ限ルモノトス故ニ郡會カ越權ノ議決ヲ爲シタルトキハ郡制第七十五條ニ依リ郡長ハ其ノ執行ヲ停止スルコトヲ得ヘシ從テ郡會カ一個人トシテ憲法上獲得シタル請願權ヲ執行スルニ在リトシ縣會ニ於テ議決シタル土木費ノ取消ヲ内務大臣ニ請願センコトヲ議決シタルハ越權ナルヲ以テ郡長之カ執行ヲ停止シタルハ適法ナリトス

町村會ニ於テ不信任ヲ議スルハ越權ナリ

行政實例に關しては坊間多數の例を傳へるものがあるけれども、眞に内務省議なりや何の件に對

する何府縣に對する通牒又は回答なりやを調べて見ると、概ね其の根據の存せざるものである。一市制町村制逐條示解」や「市制町村制正義」が越權の議決の例に當然說明を要せざる所の事項として、理事者不信任議決を擧げて居るけれども、私は之に何等の權威と尊敬と信用とを持ち得ないものである左の實例は玆に引用する必要がある。

市制第九十條第三項ノ疑義ニ關スル省議決定「市會ニ於テ不信任ノ決議ヲ爲シタル市長ノ提案ハ之ヲ審議セストノ決議ハ市制第九十條第三項ニ依リ取消スヘキヤ」ノ電報照會ニ對シ地方局長ヨリ「市長ノ提案ヲ審議セストノ市會ノ決議ハ取消シ得ヘキモノト存ス」ト返電セリ

四

私は尙姑らく判例と實例の探討をした上で論議を進めることを便宜と認める。

郡町村ノ官公吏カ各種團體ノ囑託ヲ受ケ寄附金又ハ會員ノ募集ニ從事シ爲ニ郡町村ノ行政事務ニ澁滯ヲ來シ又ハ民人ノ本意ニ反スルノ支出ヲ爲サシムルカ如キ所爲アルニ於テハ郡會ハ郡制第三十二條ニ依リ其ノ所爲ニ關シ意見書ヲ呈出スルコトヲ得

大正九年十月七日の行政裁判所の判決は、佐賀市の近くに在つた佐賀縣立農學校を他に移轉する佐賀縣の計畫に對して、佐賀市會は之を中止せしめんとし、知事に意見書を提出し及び口頭陳情を爲す爲委員を選出するの議決を爲し、併せて意見書の起草委員と口願陳述の委員とを選擧した。佐賀縣知事は之を以て漫に縣政に容喙する越權の事でとあとるして議決及選擧を取消したのであるが、行政裁判所は農學校の移轉は、佐賀市の公益に關する事件であると認定し、從つて之に關する意見書を提出することは、市會の權限に屬する。口頭陳述に關する議決は市會の權限外の行爲として、取消したのは正當であるが、意見書の提出に關する議決を取消したのは違法であると判決した。

私は兩三年前青森縣知事の交迭が極めて頻繁であり、地方官異動の風評が傳はつたので、青森縣會は當時在任日尚淺き知事を交迭せざらんことを內務大臣に建議するの決議したといふ事を記憶して居る。私は唯今之を公文書に付て調査する暇を有しないが、私の記憶をたどつて書いて見ると、當時の知事は右縣會の決議に對し、一は法律上之を越權の議決なりとすべきや否やに疑あると、一は自己身上に關する問題であるので、其の決議に對する處置如何を內務省に電照した。內務省の回答は知事の處置に任せると云ふ意味であつたかを記憶する。一體此の種の場合に於ける內務省の囘答は簡單に過ぎて不親切の感があり、眞意を捕捉し難い例が多い。決議は越權でないとするのか、越權であるが不問に付して差措いても差支ないと云ふのか、多分後者の意味であらうと思ふ。

五

私は不信任決議に關する事例を舊府縣制郡制の時代のものをも其の儘引用した。强いて區別して論ずるには及ばないと考へたからである。不信任決議を越權なりとする理論上の根據は私の見る所を以てすれば二點を出でない。第一は府縣會郡會の議決事項は法律に列擧せられて居るので、其の以外に於て決議することは越權であると謂ふのである。此の理由は議決事項が概括的に規定してあり、法律は例示的に概目を揭ぐる所の市會町村會に付ては、何等の論據とならないのである。理事者不信任決議は府縣會郡會と市會町村會とに於て、一は越權たり他は越權たらずと爲すべきであるか否か、之が一派の人々の主張する所であるか否かは私は知らない。次に府縣會郡會に於ても府縣郡の公益に關する事件に付意見書提出の途がある。理事者不信任を監督官廳に提出する意見書中に揭ぐることは、府縣會の列擧主義の權限の規定に違背するものではない。帝國議會の國務大臣不信任案も時に依つて上奏案の形式を採ることもある。事の極めて重大である場合或は政局の狀況に依つては、所謂彈劾上奏案となつて不信任決議をする事例があり、又河野磐州翁の議長時代の如き開院式の勅語に對する奉答文中に政府を彈劾した例もある。理事者が官吏たる府縣に於て其の不信任從つて其の更迭又は退官を要望する意味に於ける意見書提出を見ることは、自然の順序である。地方議會が不適任と見、地方の公益に反する施設を爲す者と認める場合に於て、公益上理事者の更迭解任を急務なりとする意見書を提出することを以て、地方公共團體の公益に關する事件に非ずと解することは私は無理であると思ふ。更に地方議會の議決は法律的效果あるものに限るとする思想がある。私は行政當路の士が形式的法律思想に囚はれて、行政施設を單に法律的に見るの流弊を認める。行政の社會的道德的效果を一層重視する必要がある。

地方議會は單に法律的效果ある事柄のみを議決するものではない。地方議會は概ね大正天皇の御崩御に對して奉悼の誠意を披瀝するの議決をしたが、之を地方議會の權限に屬せざる無效の議決なりと說明するが如きは、聊か法律常識を缺ぐものと謂はねばならぬ。或は法律的效果を伴はざる議決は之を法律問題以外に置き、其の效力を論ずるに及ばないから、從つて之を不問に付し其の儘差措くのであると謂ふ。不信任決議なるものは實は法律的效果を生ずるものではない。社會的政治的に意義があるのである。地方議會も人間の集團であるから、集團的なる感情の發露意見の表明があることは當然の事である。形式から見て不信任決議を無效なりとするは論據は立たないと考へる。

六

或は不信任決議は理事者の進退身分等地方議會の容喙し參與し得ざる事項に關するが故に越權なりと謂ふものがある。此の見方は實質に關するものであつて、此の思想よりすれば府縣會たると市町村會たるとを問はず、將又帝國議會に於ても不信任決議は越權であると謂ふべきである。何となれば國務大臣は天皇の任免し給ふ所であるからである。併し不信任決議なるものは、直に理事者を進退せしめる法律上の效果を持つものではない。政治的の效果として進退の原因を成すことを目的とするのである。帝國議會の不信任決議に對して、國務大臣は法律上何等羈束せられるものではない。唯下院の支持を得ざること明なる場合は、圓滿に國務を遂行し難いと謂ふ理由を以て、立憲制度の慣例上進退を決するのである。解散に依つて、形勢を轉じて下院の支持を得る見込があれば、解散を以て應戰し、然らざれば闕下に辭表を捧呈するのである。地方議會の場合に於ても同樣に主務官廳は地方議會の理事者に對する態度を以て、理事者進退轉免の理由とすればよいのである。政黨支部其の他の地方政客等の內密なる進退轉免の要請運動よりも地方議會の公然の論議表決は一層公明正大であり且合理的である。

元來地方公共團體の公益に關する事件に付、意見書を提出することを認める以上は、其の事は當然當該地方議會の權限外の事である。何となれば若し權限内であれば、地方議會自ら之を自由に處置し解決すればよいのである。地方公共團體の公益に關する事件であつて、而も地方議會の權限に屬せざるが故に之を直接處置し解決するを得ない。即ち或は之を理事者の考慮を求め、或は中央官廳の施設を促がし、改善援助の方途に出でられんことを要望するのであるから、意見書の内容は地方議會の權限外の事項たることは、寧ろ當然である。昨年大阪府が所得稅附加稅二十錢餘の提案を爲したに對し、大阪市會は財源及市民負擔に關する所から大阪府知事及內務大臣に意見書を提出し、特に內務大臣に對する意見書中には之に對して監督上機宜の處置を講ぜられんことを要望して居る。事柄は大阪府の權限であり、要望する善後處置は府知事又は內務大臣の權限である。此の重大事案に付て私は大阪市會の意見書議決を越權なり取消すべきものなりと云ふ見解あることを知らない。而して私は意見書とあるが故に文書を以てし得るに止まり、口頭陳情の委員選擧は越權なりと云ふことも、現在の所爭の無い所であると思ふけれども、私は尚多少の意見を持つ。私は地方議會の行動は成るべく之を如實に認め、其の行動の全體を行政的に取扱ひたいと思ふ。單なる議場に於ける討議表決のみが地方議會の行動なりと見るが適當であらうか。既に委員會なるものは之を認めるが例である。協議會と謂ひ地方議會事務局と謂ひ各派交渉と謂ふ、公開議場に於ける公の行動の準備としての各種の重要なる段階がある。

此の意味に於て口頭陳情委員又は實行委員の如きは、現在の所では協議會に於て選擧すべきものであらうが、將來地方議會の行動の進歩と共に法規の進歩を見る場合には、其の取扱も改まることもあらうかと思ふ。

七

私は地方議會に於ける不信任決議を越權なりとし來つた從來の公權的解釋は、畢竟往時の官僚思想の遺物に過ぎないと思ふ。地方行政を擔任する地方官が地方議會に於て、其の進退を公然論議表決せられることを以て、地方官憲の權威に關し從つて、地方施治に惡影響を及ぼすものとする思想が、解釋論となり判例となり實際の取扱となつて來たのであらう。私は此の點に對し沿革的に考察して相當の敬意を表するものである。然るに拘らず最早今日に於ては。不信任決議越權論を改めて然るべしと信ずる。

政黨支部其の他政黨員政客等が地方官の進退に付て、陰暗の中に運動要請するの事例は多くの人の指摘する所である。歴代の中央當局や各政黨の首腦部は努めて非理なる運動要請を聽かざらんと努めるのであるが、多少の斟酌を見ることは止むを得ない狀勢である樣に見える。浮草稼業と名づけられて、世間も地方官も之れを怪しまない今日に於ては、寧ろ府縣の公選議員が公開議場に於て信任不信任を議決して、地方官の施爲が府縣住民の滿足する所なりや否やを論斷させることは、望ましい事であり合理的であり公明正大である。且や不信任決議の鋭鋒に倒るゝとも、政黨員の陰險なる讒誣仲傷に暗殺されるに比して、遙に本懷であり男性的である。又私は東京市の如き理事者の更迭の頻繁なる所にも、不信任決議を以て進退するの例を可なりとする。市會に於ける公然の論議表決に基づき公明正大なる出處進退であつて始めて納得することが出來る。未曾有の大震火災の善後復興復舊の施設に專念すべき理事者と市會とが、內密に紛爭を事として理事者の交迭を見ることは帝都市政の爲遺憾に堪えないのである。電氣局長選擧の問題も何れの候補者も過分な適材である東京市は何れの候補者たりとも歡迎すべきであつた。唯之が爲に市長助役の退職を餘儀なくしたことは、市政の爲に損害多大であつたのである。市會改選の結果市長助役の退職は勢の然らしむる所機先を制して退職を決し永く江戸つ兒に惜まれて去ることは、進退出處の佳なるものであらうが、東京市は尙より長く在任を懇望すべきであつたらう。假令市長の信任を必要とし、特別の關係に在ることを望ましいとは謂へ、秘書官とは助役の地位は異なるべきである。市會滿場一致の信任を得て就任した三助役が、數月ならして市長交迭の故を以て退職するが如きも、私は贊成し得ない所である。市の助役であるか市長某の助役であるかを考へれば、助役が市長の附屬物たり下隷一族郎黨たるが如き考方は一掃すべきである。東京市の爲には何人たるを問はない、理事者の在任期間を長からしむることを期すべきである。區々たる面目論や責任論に顧慮する所なく、市會の不信任決議を見るに非ずんば、理事者の變動を見ざることを要務とする。或は東京市に永く勤續すべきでないと謂ひ、或は後世子孫をして再び東京市助役たらしむる勿れと述懷したと傳へられるが、現狀の如くして進まば、有爲の人材は東京市を忌避すること一層甚しきに至るであらう。私は東京市理事者が市會公然の評決を外にして、理事者の進退に影響する所無からしめ市政安定の基礎を作られんことを希望する。

八

理事者の不信任決議を越權なりとして、地方議會に封じた結果は、政黨支部政客黨員等の裏面運動となつたのであるが、或は又特に理事者を苦しめるが爲に議案の修正削減否決を試みることもある。所謂敵本主義の議決權の行使、理事者に敵意を示すが爲の議決權の行使、感情に基く議決の如きは實に不合理の甚しきものである。議決は須らく地方公共團體の利害得失より考慮して定まるべきものである。理事者に對する地方議會の滿足不滿足、感情の表示は直截簡明に信任不信任決議を以てするが當然である、或は又理事者の面目の爲に議決すべしと云ふの類も、一向理由とならない地方議會は宜くし最善と信ずる途を採るべきである。不信任の意味を以て議決權の行使を左右するが如きは、地方議會の任務を辱かしむるものである、或は地方費俸給豫算の削減に依て、地方職員に對する不信任の意味を表する例もある。地方議會議員の請託要望を容れざる硬直なる職員に對ずる報復手段として、俸給豫算の審議に際して、兎角の論議を挾むの例は往々見受ける所であるが、之は不信任決議となつても大體同じ事である。廣く理事者地方職議の信任不信任が直接公然と地方議會に於て論議せらるることゝなつた所で、自信ある理事者は何等不安を感じ又は不利益を被むる理由は無い。直截簡明なる地方議會の意見の發露は却て各般地方施設を正當に評決し。理事者職員の進退に關する場合に於ても之を公明正大ならしめる利益がある。

地方議會は感情を有する議員の集團である。地方議會が法律的效果ある議決々定選擧等の行爲の外、意思の表示をすることは當然である。帝國議會に於ては各種の決議の例があつて、何人も其の效力を疑はない。理事者不信任の決議があれば、一方に理事者信任の決議があり、青森縣知事留任希望決議あることも何等差支へない。或は理事者の功勞を多とする感謝決議があつても不思議はない。理事者にしても或は議員にしても死者あるときは弔辭を決議することも同樣の例である。出征軍隊慰問決議凱旋軍隊歡迎決議の例も澤山に在る。理事者不信任又は叱責の決議のみを越權なりとし、理事者信任又は感謝決議は權限內なりと謂ふは不條理千萬である。行政の實際は謂ふ迄もない此等一切の決議を適法なりとして居るのである。奉悼決議のことも併せて考へて見れば思ひ半ばに多少過ぎるであらう。

等も、私は從來の形式論や偏狹なる解釋論に慊らないのである。併し近來の行政實例は陰晴の中の進境を認める。曾ては違法決議、越權決議に對しては再議、又は取消若は裁決申請指揮申請地方制度は何々スヘシと規定して居るので、或は苟くも違法決議越權決議と認めたるときは、常に必ず此等の手段を採るべきものであると主張せられたが、匡正取消等の手段は當局者其の要否を裁量して差支なきものとする解釋が夙に內務當局の採る所となつた。從つて近來に於ては地方議會の決議に付ても、特に之を匡正取消等の必要なきものは、不問に付し其の儘とするの例が多く行はれる。實際の結果に於ては私の解する如く越權に非ずとすることも、越權ではあるが實害がないから其の儘見逃すと謂ふ取扱も相調和し得る場合が多い。曾て地方議會の權限を嚴密に解釋し、越權決議の問題が簇出したのが、一般に形式法理論に飽いて實際的に默過して平穩に解決する例を見たことは、私は地方議度解釋論の進歩であり、地方行政の發達の結果であると思ふ。私は專ら理事者不信任決議を問題としたが、地方議會の議長副議長又は參事會員の不信任決議があり、或は又議員各自の反省を促がすの決議、處決要求の決議等がある。

此等の場合に於ては地方制度が他の身上に涉り言論することを得ずとの規定に違背せざるかの問題を生ずるのであるが、私は地方制度の趣旨は議員の言論が禮儀を失し、誹毀侮辱に涉るが如き弊害なからしむるを本旨とするのであつて、議員の公の行動に對する。此等の決議を否認するの趣旨に非ずと解する。從つて地方議會の理事者又は議員相互の不信任決議處決要求辭職勸告等の如き決議は地方議會の權限内に屬する適法の行爲であると思ふ。

一〇

私は屢々形式的解釋法學の攻擊をした。私は行政各部が法律解釋を過當に尊重することを非とした然るに私の排斥するは一に抽象的解釋法學であつて、法律論と雖も歷史的比較的法律論は大に推稱すべきであることを思ふ、私は地方制度の沿革を知つて居る人が如何に寥々たるかを考へる。府縣會規則卽ち明治二十年以前の制度と明治二十三年の舊府縣制と明治三十二年の府縣制との發達史の要點に付て答辯し得る地方事務官が幾人あるかを知らない。府縣に相當する英佛獨其の他の制度が眞面目に研究せられた事例を遂に聞くを得ない。私は將來ある地方事務官諸君に從來顧みられない地方制度の沿革的比較法制的研究を企てられんことを勸める。私は冒頭我が國最初の不信任決議を引用したから茲には其の他の決議の例を二三引用して此の稿を終る。明治十八年十二月十日東京府會は沼間守一君の發議に依つて左の決議を爲して居る。僞刑事横行の際興味ある史料である。決議の件名は巡査取締に關する件である。

近時巡査ノ振舞ニ付穩カナラヌ處置アリト聞知スルコト屢ナリ。依テ巡査ノ服ニハ番號ヲ以テ記號ヲ附サレタシ。左スレハ其不都合ヲ働クニアリテハ誰人モ其ノ記號ヲ心ニ留メ置カハ、郵便ニテモ警視廳ニ報告スルヲ得テ甚タ便ナリ。從テ巡査ニ於テモ注意スルコトトナリ、善惡共ニ其功大ナルヘシ本件ハ常置委員ヨリ警視廳ニ交渉スルモノトス。

明治二十年十一月三十日本會の可決したる建議の手續は都て常置委員會に委囑する件が、沼間守一氏の發議で決議せられて居る。

建議書ノミニテハ炮彈ト一般ニシテ、些ノ結果ヲ見ルコトナキノ恐アルニヨリ、其建議ヲ常置委員ニ託シテ府廳ニ迫ラシメ、府廳ニ於テ其説ヲ納レサルトキハ尙大政府ニ向テ建議セシメ飽迄其議ノ精神ヲ貫カントス。

明治二十六年十二月二十日松田秀雄氏の發議で「府廳舍新築落成期ノ遲延セシ等、府會ニ對スル當局者ノ行爲ハ不滿足ト認ム」と決議した。明治二十二年十月十八日田口卯吉君の發議に基く市部會決議は六十番議員武藤直中氏に對する處置の件である。市部會雪寃決議である。

嚮ニ當市部會ニ於テ娼妓賦金ヲ全廢スルコトニ決議セシハ、議員中收賄者アリタルカ爲ナリトノ世評アリテ、當時議會ハ其寃ヲ雪カンタメ賄賂事件調査委員ナルモノヲ設ケタル程ナルニ、何ソ圖ラン裁判所ニ於テ審問ノ未遂ニ當市部會議員中ニ收賄者アリタルコトヲ發見スルニ至ラントハ、豈悲歎ノ至ナラスヤ。蓋シ收賄者自身ニ於テハ百方辯護スルナランカ、世上公評ニアリテ其擧動アリシト信ス、苟モ斯ル卑劣千萬ナル振舞ヲナス議員ハ、宜ク其職ヲ斥ケサルヘカラス。然ルニ若シ當議場ニ於テ何等ノ處置ヲモナサス、袖手傍観ナシ居ラハ彼ノ賦金全廢ノ決議ハ一ニ收賄ニ基ケリトノ世評ヲ確ムルノ結果トモナルヘシ、果シテ然ランニハ當議會ノ不面目焉ヨリ大ナルハナシ。依テ當市部會ノ決議ヲ以テ斷乎タル處置ヲナシ、市部會決議ノ潔白ナルコトヲ證明セント欲スレトモ、法律上其正文ナキハ實ニ遺憾ノ至ナリ。仍テ特ニ「當府會ノ權限若シ之ヲ許サハ、六十番議員武藤直中ハ退職者タラシムヘキナリ。然ルニ現時ノ制ニ於テ此權限ナキヲ以テ止ムヲ得ス之ヲ放宥ス」トノ意ヲ決議スルモノトス。

明治二十年十一月三十日内務大藏兩大臣に於て地方經濟を重んぜらるゝを謝する件の決議がある。二十三年三月七日前府會議長沼間守一氏の功勞を認むるの件の決議がある多年議員たり正副議長たりし芳野世經氏の功勞を謝する件、永年書記官たりし銀林綱男氏の勤勞を謝する件、府廳舍建築に關し技師妻木頼黄氏に謝意を表する件の決議がある。明治二十二年二月十八日憲法發布の盛典の翌日上野公園に臨幸あらせられたに對する謝恩表捧呈の件の決議がある。明治二十三年十一月二十九日帝國議會開院の賀詞提出の件の決議がある。左の通である。

維時明治二十三年十一月二十九日ヲ以テ帝國議會開院ノ盛典ヲ擧ラル。瑞氣堂ニ滿テ歡呼衢ニ溢ル。嗟呼議員諸君ハ國選ヲ以テ國論ニ代ル。其榮ノ大ナル賀スヘク、其任ノ重キ想フヘシ。明良上ニ在リ、讜言諤々以テ、國是ヲ立テ、上ハ聖上ノ周澤ニ對答シ、下ハ人民ニ幸福ヲ與フルノ日、期シテ待ツヘキナリ。生等幸ニ此首都ニ住シテ、斯ノ盛世ニ遭遇スルヲ得、欣喜手ノ舞ヒ足ノ蹈ム所ヲ知ラス。洵ニ聖慮ノ渥キニ感ス。茲ニ恭シク盛式ヲ賀シ、併テ議員諸君ノ萬福ヲ祈ル。

東京府會議員

貴族院議長伯爵伊藤博文殿
衆議院議長　中島信行殿

六　何をか地方名譽職員に期待する

一

地方行政の監督の事務乃至は地方行政の爕理の任務に從事せらるる中央地方の當局者諸君は名譽職員の職責本分を如何に心得て居られるかを借問したい。不幸にして吾人は地方行政の根本に付て多數の諸君と見る所を異にする。吾人一箇の所見が傳統的な正統派官僚の所見と異なる所があればとて敢て異とするに足らない。彼は彼たり吾人は吾人たり、吾人の好む所に從へばよいのである。新らしい一部少數の人々の間に吾人の所見に共鳴せらるるらしい强烈なる信念識見が、萌芽しつゝあることは吾人の最も力強く感ずる所である。地方名譽職員の職司本分に對する理事者乃至監督官廳の理解の程度如何は、將來に於ける地方行政の振興發展に多大の影響を及ぼすべき問題である。普通選擧制度が採用せられ陪審法が實施せられんとし、デモクラシーの思想の一般に普及した今日に於て、地方名譽職員の職司本分が正當に觀念せられず、時代の進運社會の進歩に無理解であつて、舊態依然たる因襲固陋の思想を以て地方代議機關に向ひ議決機關の權限縮少を念とし、地方名譽職員を批難するを能事とし、眞に地方公共の事業に參畫盡瘁せしむるの雅量と識見とを有せず、而も地方自治の現狀歎ずべしと人並の空言を事とする如きは吾人の全然與し難い所である。時としては果して地方自治の本義を理解して居るかと疑ひたい事もある。名譽職員に關する卑見を述べるのは叙上の見地に於て現在の多くの意見と官場普通の思想に同じ得ざるものがあるからである。

二

抑も憲政の運用は超然內閣大權內閣から政黨內閣責任內閣に進むことに依つて時代の要求に適合する。政治の進歩發達の大勢の推移する所は何人と雖之を看過するを得ない。所謂權力分立の說明は歴史的意義を有するに止まり、憲政の發達は立法機關行政機關の關係に新たなる局面を展開せしめた。衆議院に基礎を有せざる内閣は存續する得ない。閣員は多數議員を背景とし衆議院の大勢を支配することが出來る。之に反するの内閣の成立は所謂憲政の逆轉であり、之に對しては憲政を擁護するの必要ありとせられる。地方自治は憲政々治の根本である。憲政の精神に關する叙上の思想は地方議會に如何なる適用を見るべきであらうか。論者は單に現行地方制度の議決機關の權限に關する規定を引照し、制限列擧の主義或は概括例示の主義を云々して議論は盡きたりと考へるが、社會は爾く單純なものではない、法制の文字の外に地方行政發達の趨勢を達觀することが必要である。時代の要求を機微の間に看取する經世家の識見を以てすれば重要なる問題が尙玆に伏在するのである口府縣知事公選の議論が熟する迄には尙時日を要するであらうが、一葉落ちて天下の秋を知る、郡役所廢止後の經過的の困難事務の混亂を理由として、郡役所廢止を非難する者があるが、官僚の蔭議非難に拘らす天下の大勢は定まつて行くのである。澎湃たる時代の大勢に流されながら口小言をべた所で到底涸瀾を元に返すことは出來ない。憲政の發達デモクラシーの大勢に順應する所の地方會の地位の向上權限の擴張、地方名譽職員の職司本分に關し、叨りに牽制壓抑を加へた所で到底目的を達するを得ないのみならず、眞の地方行政の發達の爲に有害である。天下の識者は保守舊式の態度に贊同するものではない。

三

諸君若し、地位を代へて地方名譽職員となつたと假定し、何事を爲すべきかを一考せられよ。地方議會に對する從來の官僚的見解の下に於て、地方名譽職員の地方公共の事業に貢献し得る範圍の如何に局限せられたるものなるかを思へ、發案の權限は全然理事者にありと解せられて居る。所謂巧妙なる議場の説明答辯に依つて事態の眞相は蔽はれ勝である。修正の範圍も亦發案權に觸れざるが爲に極めて狹いものと解せられて居る。且地方公共事業の現狀は如何なる公共團體と雖も常に時代の要求に後れ辛うじて其の一部を滿たしつゝあるのであるから、地方議會に提案せられた施設の中に削減すべきものは實は殆ど之なきを原則とする。強ひて議論を好めば僅に事業中の緩急順序を論難する丈の事である。實質的に地方名譽職員の增損し得る地方公共の施設は殆ど之なきの實況である。賢明なる名譽職員は結局默々として理事者の爲す所を見説明する所を聞いて居るに止まる。或は選擧區地方の學校土木勸業の施設の促進を圖る、或は遊戯氣分スポーツ氣分に出づる黨爭政爭に耽る。多少の權勢慾名譽慾に滿足すべき好機として役員選擧黨員糾合のスポーツ氣分を煽る。眞に地方公共の爲に身心を捧ぐる丈の必要があれば進んで献身的努力を爲さんとする醇眞の倫理的動機を有するの士は少しとしない奈何せん現在の地方議會は毫も名譽職員の眞の協力を要求しないのである。名譽職員は小なる權勢と小なる名譽との獲得の爲にスポーツ氣分を以て同士の糾合爭奪役員配置の紛爭を事とするものである。之を以て地方自治の本義全しと考へるならば吾人亦何をか云はんである。理事者の提案が大なる修正削減を見ずして地方議會を通過し得たりとして安心する地方當局者ありとせば、吾人は其の事の何等慶するに足らざることを指摘したい。抑も地方公共の施設を振興し地方永久の利福を增進するが爲め、理事者名譽職員協心戮力共に倶に國運の進展に民生の康福に黽痒努力するが爲には、理事者も名譽職員も何れも其の全力を傾注して最善を盡して遺憾なきを必要とする。名譽職員が殆ど其の意を盡すを得ず、衷心から地方公共事業に協働するの實を缺く所の現狀は、到底地方自治の本旨に適するものではない。

四

三權分立の思想に基づいて制定せられた各國憲法の運用に付て、時代の進運に伴ひ憲政の本義を徹底し民生の利幅を增進するが爲、各國政治の進步發達の跡は極めて顯著である。自治制の運用に關しても同樣に自治の本義を徹底し地方行政の振興發達を促進するが爲、時代の進運に伴ふ所の改善進歩を見るべきことは當然の筋道である。就中執行機關對議決機關の關係は所謂議會政治内閣政治政黨政治と呼ばれ憲政の發達を稱せられると同樣の進歩改善を見るのである。米國の地方制度に於て mayor and council plan（市長市會對立制度）から Commission plan（委員會中心制度）に進み、更に Citymanager plan（市支配人制度）が採用せられる趨勢の如きは最も善く叙上の大勢を明示するものである。株式會社の經營に於ても株主總會の信認の下に立つ取締役數人の中に、專務又は社長と常務を置き專務常務乃至は有爲の支配人の活動に任ぜる組織は公共團體に於ても大に學ぶ所がなくてはならない。論者或は合議制執行機關が我國情に適せざることは、市制の改正に依つて舊制市參事會の執行權限を改正したことに因つて、論は定まつて居ると謂ふけれども、民間銀行會社の重役制度の實施の狀況に鑑みるときは論者の説は必ずしも首肯するを得ない。英人の所謂衞生道路學校電氣瓦斯軌道會社たる地方自治體の活動が、會社の重役制度と異なつた制度に依らざるべからざる必然の理由及必要はない。千九百年九月八日米國テキサス州ガルヴエストン市に襲來した暴風に伴ふ海嘯の慘害は當時三萬七千の人口中災害に基因する直接間接の死者六千乃至八千と注せられ、五人に付一人の割合の　者を出し、財産の損害亦之に伴ひ被害激甚全市殆んど衰滅に瀕したのであつた。之が善後の應急乃至復舊の施設に付ては到底從前の市役所組織を以て其の目的を達するを得ない。即ち市長を議長とし市第一流の人材五人の委員を設け、全力を傾注し夙夜復興施設に努め、護岸堤防を修築して海嘯の慘害を根絶し、高さ一丈七尺幅員一丈六尺延長三哩二分の一の大堤防工事を完成し、內側は之に沿うて幅員二百呎の散步道を築造した。元、水面と幾らも差異の無かつた市の土地全體に約十尺の盛土工事を施工し、更にガルヴエストン島と本土とを連絡する二哩のコンクリート土堤を築造した。此の如くして人口は第四位に位するけれどもテキサス州中最重要の商業地たる地步を占めることになつた。ガルヴエストン非常時の市政組織は米國地方制度史上の一大轉機となり、所謂委員會制度所謂市支配人制度を創設せしむるに至つた。翻つて振古未曾有の大災害に遭遇し、轉禍爲福の絕好の機會とし、國帑を傾け國家的事業として、復興復舊の施設を經營する我が國の東京橫濱其の他の公共團體に於て、市政組織の上に將又現在の名譽職員が如何なる努力如何なる事功を爲し遂げたであらうか。震災當時に名譽職員の地位に在つた者は其の勤勞極めて著しいものがあつたと云ふ理由で、名譽職員の表彰其の他の際に於ける在任期間の計算は之を倍加することに各區會東京市會の決議を經た。勤勞多大功績顯著であらうが、併し未だ名譽職員の全體が全力を傾注し、市區公共團體の事業復舊の施設市民康福の增進に遺憾なく盡瘁したと云ふことは到底承服することを得ないのである。市政組織に付ても國に於てこそ臨時震災救護事務局帝都復興審議會評議會參與會復興局特別都市計畫委員會等の特別組織を見たけれども公共團體の方面に於ては機關組織の上に格別の工夫改善を爲して居らない。名譽職員の活動を十分ならしめ、市民の利害休戚を双肩に擔つて責任を負擔して理事者と共に復興復舊の施設經營に當るが如きことは、未だ何人も考へて居らない樣である。邦家の爲此の如き事態が好ましい事であるかどうかは識者を待たずして明かな事であらう。

五

元來複雜なる社會問題地方行政問題を眞に徹底的に解決し、眞に國運の進展に隨伴する如く地方各般の施設を十分ならしめるには、より多く一流の人材を羅致し渾身の努力協同を爲さしめる如く制度慣例を根本より改める必要があると思ふ。遊戯氣分スポーツ氣分に依る權勢名譽の爭奪を能事とする如き、現時の地方名譽職員の職司本分に付無理解の狀態を以て進む間は、到底地方自治地方公共の施設の完備することを期待することを得ない。人をして最善を盡さしめるが爲には其の權限其の信任に付更に一層の宏量を示すことを必要とする。我が國地方名譽職員の活動を掣肘局限することの最大なるものは發案權の剝奪である。元來現行地方制度が地方議會の議案を發するの權を理事者に專屬せしめたるものと解すべきや否やは相當に爭ある問題である。唯行政の實際は數十年發案權は理事者に專屬するものとして扱つて來て、殆ど慣習法となつて居るのである。美濃部博士は往年地方議會に發案權なしとする通說を排擊し當然發案權あるものと解すべきものであると主張せられた。理事者に發案權が專屬するとする成法上の根據は府縣會市町村會の議決を經べき事件に付議案を發することを以て府縣知事市町村長の權限の一とする規定に在る。此の規定は美濃部博士に依れば單に府縣知事市町村長が一般に議事準備の職務權限を有することを規定するに止まるもので、毫も積極的に府縣會市町村會の發案權否認を意味する發案權專屬の規定ではないと云ふのである。之を舊府縣制府縣會規則等が明かに發案權は知事に專屬する趣旨の規定を置き、現在の特別都市計畫委員會官制並都市計畫委員會官制が特に發案權は內務大臣に專屬するの趣旨の規定を設けるものと對照するも、美濃部博士の見解が正當であると思ふ。併しながら多年の實例は此の見解を一擲して居る。帝國議會の權限には法律の發案を認めるに拘らず、地方議會に發案權を否認すべき理由及必要が那邊に存するのであらうか、憲法制定の際帝國議會の法律發案權を否認すべしとする官僚的見解を排して、現在の制度を見る迄には相當の論議があり、起草者の遠大の識見に基づいて現在の如く決したものであると稱せられる。地方制度の立案改正に付て眞に地方議會の職司本分を解して適當なる立法を見るが爲に、高遠なる理想と博大なる識見を以て事に從ふの人士は遂に求むるに由ないのであらうか。

六

我が國官場の通弊は常に消極受動を事とし、積極的立案の機能の甚だ幼稚なることに存する。部下の起案に付採否を決し些少の修補を加へるに止まり、積極的に計畫し指導するの能力を有せざる者、滔々として概ね然るが如き感がする。地方議會に發案權を與へざることは此の通弊を増長し、唯理事者の提案を待ち其の提案の可否を論難するに止まるが如きは、眞に地方公共の施設に參畫するものと謂ふことを得ない。複雜なる世相に對し困難なる各般の問題に付て創意あり識見ある各種の企畫施設は最も尊重すべきものである。我が國各般の行政は調査立案の機能が甚だしく缺如して居る。地方制度は委員の制度を認め理事者と名譽職員と適當に配合し、或は別に專門家技術者乃至學識經驗ある者を加へ、特種の事務を處理し或は調査立案に當らしめるのであるが、我が國從來の狀況は委員の機能を十分に發揮せしめた實例が極めて乏しいのである。或は委員制度を以て名譽職員が叨りに手當日當を得んとするものなるが故に、弊害多しと云つて之を嚴禁した事もある。市町村に於ける臨時又は常設の委員設置の例は甚だ多いのであるが、府縣には其の例が乏しい。往年府縣の委員濫設の弊ありと稱せられて、内務當局は委員設置の發案に付事前に經伺せしめる方針を採り、事實上全然之を許さなかつた時代がある。彼等の弊害なりと稱することは手當日當の支給の事である。我が國地方行政監督上の一大特徴は名譽職員の報酬實費辨償手當の類を極端に制限せんとするの方針である。此の種の舊式の思想は帝國議會の議員又は地方名譽職員が、會期中議場に於て議事に努める時間は僅少であつて、大部分は酒宴各派の會合に過すことを指摘し、國務公事に盡す割合を正當に諒解し評價することを得ないからである。或は又名譽職の起源由來に基づき無報酬を原則とするが故に、歲費々用辨償は低額たるべしと斷定するのである。此等の思想を有する人々は特に英國に於ける國會地方議會議員に歲費の十分なる支給が唱導せらるゝ消息を何と見るのであるか。中央地方の政務が貴族紳商有産階級の閑餘の職務であつた時代はいざ知らず、プロの擡頭プロの爲のプロに依る政治を必要とする現代に於て、代議選良の適任者に恒産あることを望むを得ないことは當然である。選擧運動には如何にしても相當の費用を要する。議員在職中も多大の費用を要する。而も國費公費の支給額が低額に過ぎる場合は何に依つて正當なる生活保障の途が開かれるであらうか。若し夫れ國費公費の公然の報酬低額なるの代償は所謂利權の獲得に依ることを得べしと云はんか、國家公共の利益は累卵の危きに瀕するのである。議員の歳費々用辨償の正當なる增額支給を吝むが如きは國政及地方行政の健全なる進展を圖る所以でないと考へるのである。

七

名譽職員の歳費々用辨償の額に神經過敏の監督抑制を加へんとする監督方針は又名譽職員の出張視察の費用に鵜の目鷹の目の有樣である。內務監察官制度の下に監察官の地位に就いた人々は內務部內屈指の人材であり、傑出した人物である樣であるが、地方監察の態度方針に付ては區々たる末節に拘泥し地方行政の健全なる發達に關し、大局高所よりする經世家的識見の缺如したことは吾人が先輩諸君に對し遺憾限りなしとする者である。道府縣費の所謂產業視察費所謂產業調査費の類を問題とするが如きは眼光豆の如き屬官的監督の陋態である。產業視察費產業調査費は委員制度抑壓の結果として起つた變態的名譽職員の地方行政參與の一方法である。或は機密費交際費の費目を注意せんとする監督官もある。今日の政治行政と宴會との關係に付ては吾人別に考があるが區々たる末節論は一噱に附して然るべきである。何時の頃か市に於て交際費を計上するは止むを得ざるも、町村に於て交際費を計上するは不可なりと云ふ不理窟の省議があつた。落成式開通式其の他の公式祝宴の費用を徒らに節減せしめ樣とする態度の如きも、馬鹿々々しい監督振である。聞く所に依ると毎年全國道府縣會議長會議が東京に開かれる。之に參列する議長は其の費用を自辨することになつて居るが爲に地方遠隔の議長の中には費用の關係上會議を缺席する人が少くないと云ふ。或る强力なる議長は特に府縣知事に强談して知事の機密費又は其の他の府縣費から所要旅費を支出せしめる例もあると云ふことである。議長會議は私のものである、之に出席するは私事であるから公費支給の限りに非ずと云ふことは從來の屬官的說明としては一應理由があらうけれども、今日の新人を滿足せしむるに足らない。所謂町村長會市長會に參列する場合も監督官廳は之れ公務に非ずと爲すのであるが、實際は其の會合地附近の公務視察の名義を採る以上は、公費支出の途を開くことは譯の無い事である。何としても區々たる屬官的監督を一掃する必要が緊切であると思ふ。東京府會東京市會各區會の名譽職員に對する從來兎角の批難も吾人の見る所を以てすれば、何れか烏の雌雄を知らんの感あるものが少しとしない。地方議會に關する費用辨償旅費の如きに付て區々末節の監督は最早之を一擲すべき時代ではあるまいか。

八

道府縣に於ける委員設置を禁止すべしとする趣旨の省議は大正二年の行政整理に際し、水野博士の主張によつて廢止せられたのであるが、委員制度を白眼視する內務當局の態度は依然として今日に傳はり、道府縣委員を設置することは名譽職員跋扈又は弊害續出の原因なりとする思想の下に、全國に亘り委員設置の實例は皆無又は稀有であると云ふ。何時の頃からか知らないけれども東京府會には警務土木勸業教育衛生歳入等の各常置委員なるものを置き、府政の各部に付調査考究することになつて居る。帝都復興の促進に關する委員黑川改修促進に關する委員の如きもある、何れも私的委員日蔭の職務なりと云はれて居るが、府民代表の名譽職員が府政の調査考究を爲すことが日蔭に非ざれば爲すことを得ず私的委員に非ざれば主務省の忌諱に觸るゝと云ふが如きは、吾人の到底首肯し得ない所である。唯道府縣の委員制度の運用に付ては多年の沿革あり、本省亦牢乎たる所見を有する樣であるが、今日の時代に相應する新見地に轉ずることは、本省の新人物當然の職責ではあるまいか。舊態依然時代錯誤の思想に支配せらるることは邦家の爲利益ではあるまい。倫敦カンチーカウンシルの行政は各委員會に於て分擔する。財政委員會、病院及心神耗弱者委員會、建築法規委員會、教育委員會、營造物委員會、道路委員會、住宅委員會、都市改善委員會、地方行政文書並博物館委員會、下水道委員會、產婆法委員會、公園並空地委員會、公共衛生委員會、劇場及音樂場委員會、倫敦電氣供給委員會、小住宅小農耕地委員會其の他多數の委員會に依つて、各般の行政が運用せられる。名譽職員は責任を分擔し利害休戚を共通にし、理事者と同一の地位に立つて同樣に委員會を構成して、全力を傾注して各般公共の任務に就くのである。名譽職員をして渾身全力を注いで公事に盡さしめる外國制度の下に於て、初めて地方行政の完全なる發達進步が期待し得られ、時代の要求に應ずる各般の公共施設が講じ得られるのである。大塚君の萬年市會是非の論も吾人を以て見れば極めて簡單である。委員を公式のものとし、委員付託に依り常に市政に親炙せしむる爲の常住市會々期の繼續することは、適當なる市制の運用である。是非の論は無用である。內務省自ら內務次官自ら萬年市會と同樣のやり方をやつた實例がある。都市計畫法の實施と共に設けられた都市計畫東京地方委員會は會長は內務次官であり、委員會議案は內務大臣之を付議するのであるが、創設後間もなく東京都市計畫地域地區制調査委員を設置し、理事者と共に地域地區制の調査立案に當らしめ、繼續三年大正十二年八月震災直前に調査報告を爲したのであつて、內務次官を會長とする東京地方委員會は、最初から繼續會期中であつたのである。同一の內務省內に萬年市會是非論あるが如きは、省議の不統一か、或は自ら責めるに寬であつて、獨り被監督者のみを嚴に責めんとする無理解の態度か、何れにしても最早何等問題とするに足りないと思ふ。

七　東京府會が初めて開會せられた頃ほひの事績を尋ねて

一

地方自治の健全なる發達を衷心から希求する行政當路者として、私は地方議會の沿革史に多大の興味を持つ者である。私は内務省の見習をして居る當時から例へば府縣會議決に對する原案執行の事績を沿革的に調査研究して、地方議會の態度と歴代内務省のやり口を比較批判して見たい宿望を持つて居つた。私の此の宿望は其の實現を見なかつたので、私は岐阜縣事務官の私の弟が内務省の見習當時に相當の調査を賴む積りであつたが、之亦目的を達しない間に、震災に依つて内務省の文書は燒失してしまつた。東京府に於ては大正十年の府會に於て『大阪府を始として各府縣共府縣會史を編纂出版せしもの尠からず、然るに我が東京府は曩に府會史の編纂を企圖し、少部分脱稿せるも完備に至らず且既成部分も極めて粗漏杜撰なり。今や大都市計畫の實現も或は近からんとするの秋に際し最も尊重すべき沿革あり歴史ある我が東京府會史の出版を見ざるは洵に本府の恥たるのみならず、荏苒歳月を閲さば材料散逸して編纂に由なからんことを憂ふ。仍て此際至急編纂に著手し、尠くも二ヶ年以内に完成せられんことを望む』と云ふ意見書の提出があり、震災後の府會に於ては屢々質問論議せられて居る。私は此程來府會の所謂粗漏杜撰なる草稿を飜讀して、明治十年代の府會の事績乃至府會開會以前の東京の施政狀態を多大の興味を以て調査して居る。本篇は其の一端を擧げて、地方議會の使命と職責を考究せんとするものである。

二

私の見る所を以てすれば東京府會の歴史又は東京府の行政史は、其の前期又は第一期を維新以降明治十二年の府會開會に至る迄とすべきであり、府自治又は市自治の萠芽は所謂七分金共有金の事業であり地方議會の前身たる町會所營繕會議所東京會議所の事績を包含する。就中瓦斯事業を經營し、電燈の起る以前に於ける明治初年の東京市街に三百五十六基の街燈を建設し、公共事業としての一大街路照明施設を遂行し、次で其の餘力を市中に供給するに至つた。東京に於ける瓦斯事業の公營は實に明治四年二月東京府廳が新吉原町に建設せんとし、共有金を以て英國から器械を購入し同年八月之を東京會議所に交付した事に始まるのである。其の後に於ける瓦斯事業の發達、民間に拂下ぐるに至つた事情、乃至は最近東京市對瓦斯會社の報償契約其の他の交渉關係は、實に興味津々たる行政史實である。無用なる抽象法理の奴隷となる少壯行政當路者は、宜しく惰眠から覺醒して此の如き生きた行政史實から教へられることを遺れるべきでない。城北の不夜城新吉原に對し東京繁榮の施設として、明治初年に於ては街燈建設を遂行した時代もあつたのである。次に七分金共有金の事業は青山立山雜司ヶ谷染井龜戸谷中の墓地開設の大事業を擧げることが出來る。土地は府か廳ら交付したものであるが、明治七年七月八日府廳の命を受け會議所は九月一日から墓地使用を開始したのである。爾來五十年、東京市が多摩墓地を開設するに至る迄、東京の墓地は足りて來たのである。七分金共有金の事業會議所の施設は、五十年の大都市の需要を充たし得たのであつて。私は當時の府當局者及會議所の諸君の功績を讃美せざるを得ない。爾來行政當路の士も地方議會も眼前當面の施設に沒頭し、都市永久の利益を圖るべき根本的施設に乏しい事、後世子孫の爲にする事業の寥々たることは、私の甚しく遺憾とする所である。

三

明治十一年に府縣會規則地方稅規則が制定せられ、明治十二年我が國に於ける最初の民選議會たる府會の開會を見てから、明治二十三年の舊府縣制の制定に至る迄は、府行政史の第二期府會史の第一期とすべきであらう。私は茲に其の當初の事績の一端を述べる積りであるが筆の序に私の見る所の府會史又は府政史の其の後の大體を考慮したい。憲法發布議會開會市制町村制府縣制郡制の制定から日清戰爭を經て明治三十二年に至る迄が府政史第三期府會史第二期であらう。東京市は自治體となつて市會が開かれたが、特別の例として府知事が市の執行機關たるの制度であつた。明治三十二年の府縣制改正、其の前年の十月一日東京市が市役所を開廳し市長が出來る樣になつてから、日露の大戰を經て大正三年の府縣制中改正法律の時代迄が府政史第四期府會史第三期となすべきであらう。最後に歐洲戰亂から大震災を經て、本年の地方制度改正に至る迄が府政史第五期府會史第四期となすべきであらう。私は尚引續いて此の各時代の府會及府政の沿革を探討調査し、府政發達の跡を尋ねて見たい希望を持つて居るが、公務の餘裕がどの程度まで私の希望を達せしめ得るかは豫測し得ない所である。

四

最初の東京府會は明治十二年に開かれた。西南の戰亂が治まつて明治十一年に開かれた地方官會議は、我が國憲政史上一大轉機を爲すものであり、議會開會憲法制定の準備階梯を成すものである。當時の　御詔勅の一節にも……朕今誓文ノ實ヲ擴充シ、玆ニ元老院ヲ置キ以テ立法ノ源ヲ廣メ、大審院ヲ置キ以テ審判ノ權ヲ鞏クシ、又地方官ヲ召集シテ以テ民情ヲ通シ、公益ヲ圖リ、漸次ニ國家立憲ノ政體ヲ立テ汝衆庶ト俱ニ其慶ニ賴ラント欲ス。

と仰せられて居る。地方官會議に付せられた議案が、府縣會規則となり、地方税規則となり、東京府會は之に基づいて組織せられ開會せられたのである。民會の例や舊町會所の例や地方議會の前身は夫々あらうが、現代の公選議會としては明治十二年の東京府會を以て創始とすべきであらう。殊に各府縣に同樣の例はあらうが、帝都に於て初めて新制度に基き組織し開會せられた府會は、府知事其の他の理事者の側に於ても、議員となつた人々にも誠に重大なる責任を感じたことゝ思はれる新時代の天職を思つて武者ぶるひをした事は、普選施行に依つてプロレタリアの代表者が議席に就いた場合よりも一層著しい事であつたらう。私は府會當年の顏觸れの中に、後年我が國第一流の人材として、私共にも知れて居る名士の多數存することを以て、益々當初の府會に對し尊敬の念を深くする。當年の府會は國會の準備會として我が國政治史上極めて重要なる意義を有する。明治十四年の御詔書の一節にも

嚮ニ明治八年ニ元老院ヲ設ケ、十一年ニ府縣會ヲ開カシム。此レ皆漸次基ヲ創メ序ニ循テ步ヲ

進ムルノ道ニ由ルニ非サルハ莫シ。

と仰せられて居る。此の如き環境の下に開かれた東京府會の最初の收獲は果して何であつたらうか。

五

府會議員の最初の選擧の狀況は調べたいのであるが、唯今の所材料が見當らない。最初の府會は明治十二年一月十六日に開かれ、開會四日間同月二十三日に閉會して居る。議案は郡區地方稅分離條例と東京戶數割規則及十郡戶數割規則である。普通の順序とすれば十二年度豫算を編制し當時の會計年度は七月一日から始まるのであるから、其の數月前に通常府會を開くべきであらうが、大都市と農村部との關係から所謂市部郡部經濟分別三部制の必要に迫られたので、特に臨時府會を開いたのである。爾來五十年三部制の原則は依然として守られて來て居る。大阪府と神奈川縣は既に三部制を廢止し又は廢止せんとし、大正三年には廣島縣の三部制廢止が著手せられるに垂んとし、或は當時の小橋地方局長は三部制を全廢するの法規を制定する英斷を爲さんかとせられた模樣もあつたが、種々の不便種々の困難に拘らず東京府の三部制は未だ廢止せられる機運は來ない。此の調子では都制に依つて解決せられる迄は繼續するかも知れない。此の三部制の根本原則は最初の府會の議定した所である。私は次に其の原案及理由と府會の修正とを書き上げやう。

郡區地方税分離條例

第一條　郡區地方税ノ經濟ヲ分離シ、郡ノ經費ハ六郡ヨリ徴收スル地方税ヲ以テ之ヲ支辨シ、區ノ經費ハ十五區ヨリ徴收スル地方税ヲ以テ之ヲ支辨スル事

第二條　郡區經濟ヲ分離スル以上ハ、營業税雜種税ノ種類制限ニ就キ之ヲ取捨斟酌シ、及ヒ地ニ課シ戸ニ課スル金額ヲ定ムル等郡區各其適度ニ從フ事

第三條　經費ノ内郡區合一ニテ支辨スヘキ者ハ左ノ割合ヲ以テ郡區支辨ノ額ヲ定ムル事

一　警察費　郡區ノ人口ニ割合區ハ郡ノ一倍ヲ支辨スル者トス

一　貧院費　郡區ノ戸數ニ割合支辨スル者トス

一　府會諸費　同上

右の原案に對し大倉喜八郎君の發議に依つて「人口に割合」を「人口を目安として割合」と修正し尚烏山貞利君の發議に依つて「戸數に割合」を「戸數を目安として割合」と修正した。人頭割又は戸數割と誤解するを避けると云ふのが修正理由である。

六

東京府の市部郡部分擔割合は現行制度に於ては、警察費は戸數を標準として市部は戸數の二倍となつて居り、府會議諸費及社會事業調査費社會事業補助費は人口を標準とすることになつて居る。

分擔割合は沿革踏襲して不合理となつては居らないかと云ふ、質問論議が往々府會に行はれるが、三部制の下に於ける現在の分擔割合の制度は沿革に徵し多年の實績に徵し理由なしとしない。非難を受けながらも急激なる改正のないのは由來する所五十年の昔に在る。理事者の說明要領は此故に大に參考に値するのである。『本案の要旨たる郡區地方稅經濟を分離し互に適宜の經濟を爲すに在り抑六郡は概して村落多く十五區は概して市街多し、從て其の景況情態を異にするは固より言を俟たず。十五區の地は舊江戶府內と稱し、明治元年東京と改稱せられたる區域にして、住民八十萬街衢連續し利害相通ずる一部團なるを以て、獨立經濟を行ふに更に不足あることなし。六郡の地は土地宏濶人家稀疏住民多くは田圃に依て產を立つ。故に其の戶數十五區の四分の一に過ぎざるも、地價を要する殆ど區に讓らず、而して府稅の納額に至ては實に僅少なり。反之十五區は戶數多く地價少く府稅の額は郡に十倍す。若し郡區を分たずして之が經濟を爲す時は、營業稅雜種稅を徵收する必ず同一ならざるべからず。地に課し戶に課する金額を定むる亦殊異あるを得ず、强て同一の方法を施行するときは、互に適せざるの遺憾なきに非ず。殊に東京の地たる全國の首府なるを以て、內外人民の輻輳する所道路橋梁の修造警察防災の設備等其の費用巨額なり、若し郡村と合して之が經濟を爲すときは、郡村は其の供給に堪へざらむとす。前陳の事情あるが故に、今日地方稅規則施行の始に當て先づ郡區經濟の分離を緊要とす。既に經濟を分離するときは、其の經費の內郡區合一に支辨すべきものは其の互に支辨すべき割合を議定せざるべからず、之れ本案中第三條を揭ぐる所以なり。若し第三條規定以外に於て將來郡區合一支辨の經費を生ずることあらば、府會に於て其の支辨割合を議定せしめ、此の條例を增加することあるべし。』

七

大都市と隣接郡部との行政關係は幾多の論議の題目とならう。經濟關係社會關係が渾然一體たる大都市となつたに拘らず、自治體の區域が舊に依る場合に於ては往々にして利害共同の事業にも、殊更に區域に分つて負擔關係を云々して爲に公共施設の發達完成を沮碍する。市に屬する道路の舖裝が完成して、之に接續する郡部と云つても實に一體を成す所の部分が其の儘であつたり、或は市部が負擔する割合の多少を論難する。私は大都市制度に關する市政調査會の調査の中に市部郡部の負擔關係に付て如何にも市部が多大の負擔を爲して居るかの調子が出て居ることに不服を懷くものである。市部と郡部との人口比較も晝間人口を標準とすると、夜間人口を標準とするとに依つて多大の相違を來す。郡部人口の大數而も其の活動者の大部分は晝間市部に來つて事業に當るのである。

本來大都市集中の過程に於て殊に都市中心地域がビズネッスセンターとして、行政中心經濟中心として一國富力の集中する場合に於て、單なる土地區域を分界として市部郡部の負擔關係を云爲するは當を得ない。又東京市電が專ら郡部の人々の市中への往返交通に利用せられ、所謂市住民が電車混雜の爲に乘車し得ない狀況に對し、市住民の利益を害すると云ひ、或は長尾電氣局長が震災に際して英斷を以て實行した急行電車制度が、右の如き思想の下に捨てられてしまつた事の如きも、現行制度の下には事情察すべき點もあるが、實は根本を誤まつて居るのである。都制の實現を前にして市部郡部の負擔關係を考へ、三部制の前途を按ずることは、現代大都市生活の本質に對する徹底した觀察を基礎として始めて正鵠を得ることが出來るであらう。

八

扨て最初の通常府會は明治十二年三月二十日開會され、會期二十日を延期し五十日を費して五月八日閉會となつた。知事は楠本正隆、後年衆議院の副議長となり、第五議會から第九議會迄衆議院議長となつて信望を博した其の人である。開會の辭に曰く『抑地方税の經濟たるや未曾有の改革にして、人民未其法に慣熟せざるのみならず、是迄の慣習法は政府の法律に依り沿用すること能はず傍府知事も心思を勞するの時なり。然れども幸に議員選擧の時に當り各員も府下の望に負かず、快然此場に相見共に議する事を得、其決議を取りて施行せば、府知事も安ずる所あり。府下人民も他の意なきを信ず。前段の次第なるが故に、各議員精勵懇切小事と雖民心の向背を計りて討議を盡し、彌府下隆盛の域に至らん事を希望する斯の如し。』議長は櫻痴居士福地源一郎、一月の臨時府會に於て選擧せられた。議事は先づ府會發案の議事規則に始まる。臨時府會に於て議事に關する諸規則は開會の期已に迫り委員を選み立案するの餘暇がないので、姑く府廳に於て選次する所の規定を假用したのであつたが、通常會は府會發案の原案に付て議を進めた。府知事提出議案は十二年度中地方税を以て支辨すべき經費豫算十二年度地方税收入豫算及郡區地方税分離條例第三條追加である。議事の內容は詳細硏究の必要があり且興味津々たるものであるが、他日を期さうと思ふ。府會は熱心に詳細に審議し、多數の修正を加へたが、原案の趣旨に悖るものではない。增額修正もあれば原案を更により善くする修正であつて修正箇所の多いに拘らず、理事者の反對するものはなかつたらしい。

九

楠本知事の閉會の辭に曰く『本府初回の通常會各員明治十二年の歳出歳入を議定し、即ち今月今日に於て此會を閉づるを得たり。本年の通常會たるや實に古來未曾有の事にして、加ふるに地方財政の改革に際し其事の太だ重大に屬するは勿論、議目も亦頗る多端なりき。然るに各員開議例刻前より議場に入て議務を調査し、休會の日に於ては各所に奔走して事業の實況を目擊し、議事の考案に供し精細懇到の討議を盡し、加ふるに議目多數なるが故に開會より今日に至る迄五十日の久しきに及べり。其間各員盡力鞅掌の段は余が親しく視て深く感ずる所なり。抑各府縣に於て從前或は府縣會を開設するものありと雖、槪ね地方行政の事務を顧問するに止まり、地方經濟の全部を擧て其會議に付するに至ては實に此會を始とす。然り而して此會議たる將來府下の幸福を增進すべきをトすべきあり。其次第は東京に限り施政の困難なるは協議の整はざる是なり。他の地方に於ては累代其地に住する者多く、轉變亦少なきが故に、鄉黨隣里は勿論數十里を隔つる者と雖、槪ね相識る者多し。故に情誼相通じ其土を懷ふの念自ら厚き所あり。東京は之に反し一町內と雖或は相識らず。且府下は他に殊にして政府のある所、官員を始め豪商等多しと雖、半は寄留に出で土地の爲將來に計畫するの念少なきが如し。然る所今般此府會ありて全府の經濟を議し、又區會町村會ありて其區町村の經濟を議するの法律も始て具はれり。於是從前施政上に於て困難となす所も念慮を安ずるに至れり。然るに縱令此法律あるも議員に於て或は擔任力薄きときは其功を見るなかるべしと雖、今各員の勉勵を以て負擔鞅掌の狀を見るときは、乃ち年を逐て府下の事業益善良に赴くを信ずべし。斯に此會を閉づるに際し、此會議の我府下に尤效あるを賀し、併せて各員連月鞅掌の勞を慰する如斯。』

一〇

櫻痴居士福地源一郎氏の東京府會議長として述べた答辭も茲に逸する事は出來ない。煩を厭はず全文を掲げる。『抑府縣會の規則たる太政官布告明治十一年七月を以て頒布せらると雖、開會の遲速は閣下の權に在り。其明治十二年を以て開くと否とは果して如何あらんと人民窃に思慮したるに、閣下は已に所見ありて即ち本年三月を以て之を開かれたり。是府下人民の閣下に滿足する一なり。開會の初に當り議案は如何あらん、收支豫算は如何あらんと人民窃に思量したるに、其法案は地方稅の收支に係り、就中支出の豫算に至りては努めて節縮を加へられたるの實徵は我輩現地に調査して之を信じたり。是府下人民の閣下に滿足する二なり。議員の不慣熟より萬一議を誤れば、其害は全府に被むり其咎は議員に歸すれば、二十日の延期を稟請し、凡そ五十日の間に修正議決し之を上申したるに、閣下は輿論に從ふの盛意を以て、悉く之を認可せられたり。是府下人民の閣下に滿足する三なり。右議會の議定したるものは、卽ち府下人民の議定したるものなり。閣下は其議定に從て之を施行せらるれば、明治十二年七月一日以降の地方稅收支は悉く人民の好む所に依て施すものなり。他日東京の歷史に於て其成績を記し、其光榮を垂るゝは乃ち衆議に取りて之を施設せられたる閣下に在りと雖、我々議員も亦與りて幾多の名譽を傳ふるを得べし。因て來明治十三年に於ても此好結果あらんことを希望す。是を以て閣下の說詞に答へ幷せて本日の閉會を賀す。』此の如くして最初の東京府會は理事者議員共に滿足して互に光榮ある成績模範を後世に貽すものとせられた。私も亦東京府會の最初の會議が好成績を擧げたことを以て、地方議會の將來に東京府會の歷史にとつて大賀措く能はざるものである。

第三章　自治權及地方公共事務

一　自治權の限界に關する新見地に付て

一

敢て奇を好み異を樹てんとするものではないが、行政法學說や乃至中央官廳の所見と相反する行政上の事實が極めて多い。机上の論議であり實際と沒交涉であつても差支なしとするならば敢て何をか言はんであるが、生きた行政實務に從事する人々には學說と事實の矛盾主務省々議と實際との揆離を不問に付することは出來ない。寧ろ學說改造の必要があるのではあるまいか、主務省々議も一新すべき必要に迫つて居るのではあるまいか。而して此の事は自治行政の不斷の發達進步を意味するものとして洋々たる前途の多望を證明するのではあるまいか。吾人の疑問とする所を錄して同學の士と共に自治の振興發展を研究するの一題材としたいと思ふ。

二

敎育の事務と警察の事務とが自治體の權限に屬しないと云ふことは通說である。學校は國の營造物であると云ふ。或は學校の有形施設は自治體の經營する所であるから、之を自治體の營造物と云ふべきである。唯敎育其の事は國の事務であつて自治體の事務でないと云ふ。然るに東京市には學務局と云ふ一大機關があり、敎育事務自體を掌理する多數の市吏員を配置して居る。一體現行制度には郡視學なるものがあるが、國の官吏としての市視學はない。都市に於ける敎育事務は國の關する所に非ずとするのであらうか。敎育の普及如何敎育施設の擧否如何は重要なる國家的利害の問題である。國は此の故に各種敎育制度の制定完備に務め、且其主要部に付ては國自身が國の機關を以て其の事務に當らしめて居る。唯府縣視學郡視學の制度組織の如き都市發展の實狀に順應するを得ないが爲に、就中都市に於ける視學機關其の他敎育事務の處理は到底國の官吏のみを以て之に當るを得ない。敎育の事務は多くの人が主張する如く本來國の事務であらうが、國の機關が不足するが故に、關係自治體は之を見兼ねて自治體吏員にして敎育事務を處理すべきものを置いて、實際の需要に應じたのである。市視學長市視學府視學員の如き皆之である。所謂通俗敎育社會敎育公民敎育乃至廣い意議に於ける國民敎化の事業に至つては、强ひて之を國家事務とコジ付ける元氣もあるまい。圖書館には國の法令があるが博物館美術館の類に至つては未だ法制も出來て居らない。地方自治體が敎育上の活動を爲すことを阻止し權限超越であると云ふ丈けの無暴は正統派自治論者も敢てする所ではあるまい。實際に於ては誠に結構なことである。理論の貫徹を喜ぶ行政法學者も主務省もマサカ之を以て自治體の越權の處置とし、無用の經費であると云ふが如き勇氣はあるまい。然らば寧ろ敎育は國家事務であつて自治體の事務に非ずと云ふ前提を改めるがよからうと思ふ。

三

警察行政に付ても同樣である。所謂警察官吏制服を着て特殊の規律に服する所の實力行使の職員は國家の機關である。警察權は國家に專屬すると云ふことは或程度に於て首肯してよい。唯今日の複雜なる社會生活に於て各種の危害を防止し安寧秩序を保持するには制服警察隊の外、多數の專門技術者を必要とする。先づ汽機汽鑵の取締である。電動機の取締である。火藥類其の他の危險物警察建築警察等に從事する職員は、警察行政上重要な地位を占めるが、之に必要なる職員及豫算を國に於て供給するのは極めて小部分である。地方警察實際上の必要は府縣費を以て所謂警察技師警察技手を設置して居る。之亦敢て自治體が其の權限に屬せざる警察事務に手出しをしたとして非難さるべきものではあるまい。警察事務に付ても地方自治體は必要に依り國の機關國の經費の不足を補充して差支ないと解すべきであらう。都市近郊には警備の爲の費用を支出するものもある。火の番自警團の如きが警察力の不足不備を補充するの態度に出づることも、必要の前には一切の理論が顧慮するに足らないことを示すのである。

四

敎育と警察は自治事務に屬しないと主張することは自治體を侮辱し自治體の名譽職の權限を不當に制限するものである。費用丈けを自治體は負擔すればよい、地方議會は費用丈けを議決すればよい。敎育と警察の內容實質如何は自治體の關係すべき所でないと云ふのが從來の通說である。所が行政の實際に於ては敎育警察は地方議會の論議の重要なる中心題材である。內容實質に論及しないで費用丈けが議定されるものでない。學校の設備組織學校內部の事情迄が論議される。例へば某中學校長の增俸豫算を要求したと假定せよ。而して最近其の中學校にストライキがあり或は校長の德望を疑ふが如き風說ありとせよ。增俸の是非は勢ひ校長其の人に對する批判が基礎とならうと思ふ。警察力の配置警察機能充實の爲に豫算を增加する場合には現在の警察狀態を說明しなければならない。敎育と警察の內容自體は地方議會に說明するの限に非ずと云ふが如きことあらば、到底之に關する豫算の如きは議定して貰へないのである。地方議會も亦其の費用と敎育警察の實質との關係を詳知するに非ざれば、地方民負擔に影響する豫算を議定すべきものではない。併し之が爲に地方議會をして敎育警察の內容に干涉せしむべしと云ふのではない。論者或は地方名譽職員が敎育や警察の內容に注文を出し弊害があることを理由として地方議會の權限を局限せんとする。之は誤れる考へ方である。警察の事務竝敎育の仕方に付ては夫々法令の規定あり上下指揮監督系統がある。敢て此の點に付局外者たる地方名譽職員の掣肘を受くべき筋ではない。但し地方議會に於ける所の地方公共の利益を基礎とするの論議や、敎育警察の成績を擧げるが爲經費增加の關係に於て利害得失を論議することは右の事とは全然別箇の問題である。

五

自治體が費用を負擔して施設する事業が別に國の法規の支配を受けることは勿論毫も自治事務たる實質を失はない。自分は道路を以て國の營造物なりとする舊思想を排擊する者であるが。道路管理者の地位が自治體の機關に非ず國の機關たる地位であると云ふ說にも贊同し得ないのである。立法上の必要も亦甚だ疑はしいのである。抑も地方公共の施設に付中央政府が一々之を其の任務に引受けることは不可能である、亦其の施設を遺憾なからしめ實際の必要に適切ならしめる所以ではない。地方自治體を認め地方公共の施設を任務とせしめる自治制度の根本を明かに理解する以上は、特に道路行政に付て此の方計を離るべき理由は毛頭ない。地方々々の小道路の問題は地方々々の自治體に於て解決すべきであり解決するを相當とする。國家的利害の問題たる交通機關國道幹線の如きに付國は初めて手を染むべきものである。但し町村經營の道路と雖其の管理使用構造設備其のに付て國の法規に從ふことは何等妨げはない。私企業の鐵道でも同樣に國の法規に支配されるのである。道路管理者は府縣知事市町村長であると云ふ規定、道路管理者が道路の新設改修する場合の規定の如きは敢て道路が自治體の營造物たることを否認すべき根據にはなるまい。道路管理の費用は自治體の負擔である。自治體の負擔たる費用は自治體の豫算に編入する。豫算の執行は府縣知事市町村長の任務である。同一の事柄を兩面から見たことに過ぎない。自治體から云へば或道路の新設改修の費用を計上し之に依つて事業を遂行せんとする。府縣知事市町村長は執行機關として之を執行するのである。道路當局者は之を逆に說明し、道路は國の營造物である。道路工事卽道路管理の仕事の一部は道路管理者の權限である。道路管理者は此の權限に從つて道路工事を執行する。之に要する費用は府縣市町村が負擔すると云ふ、現實の事態を說明するに足らないのみならず無用なる擬制國の營造物なる觀念に誑惑されて、地方自治の本旨を蹂躙して悟らない。其の愚遂に誨ゆべからざるかの感がする。都市計畫事業の執行の關係も同様である。地方自治體が執行機關に依つて執行するである。實際の順序も豫算成立、次で其の執行である。執行責任者たる行政廳が執行し、之に要する費用は公共團體の義務的支出となると云ふが如きは本末顚倒倒行逆施の說明であつて實際に反することと言を俟たない。道路法都市計畫法河川法砂防法等の規定を自治制度と矛盾するもの又は調和し難い法制として解するが如きは適當の態度とは思はれない。況んや此の如きは行政の實際に甚しく反して居るのである。行政の實際を知つて而も從來の如き概念構成を爲す者とすれば其の頭腦は少々變型に墮して居るのであらう。

六

自治體の仕事を成るべく國の仕事であると說明せんとする從來の當局者が、一方に於て地方公共の事務は之を自治體の任務とすることを强調せんとする傾向があることは興味あることである。地方公共事務は自治體の存立目的であるから自治體をして出來る限り其の目的を達成せしむることは元より當然の事であるが、此の故に一切の公共事務を常に自治體に獨占すべし常に自治體に於て引受くべしと云ふことは少しく過ぎたる思想である。公共仕事でも特志家があり或は特殊の動機に基づいて一個人が進んでやらうと云ふ場合に之を拒絶する理由はない。寧ろ歡迎すべき理由があらうと思ふ。新たに建築敷地を開發せんとする者が其の便宜の爲に私費を以て通路を開鑿することは當然の事である、新たに大きな營造物を建設する者が之に附帶して必要な交通施設を講ずることは當然の義務である。道路が原則として公共施設として公費管理とすべきであるとしても、右の如き場合には私費を以て工事を爲すことは道路法も認めて居る。進んで他の工事又は行爲の爲必要を生じた工事は其の原因たる工事又は行爲の責任者をして當らしめる規定もある。其の他一切の公共施設を任意に遂行する途があれば毫も之を抑制すべき理由がない。此の事は協議費に依る事業に付ても同樣である。東京の隣接町村の塵芥掃除事業は多年私人の企業として居り、所謂ゴミ錢を各戶に貰つて處理して居るのが例であつた。町村の發展と共に私企業の能率不十分であり或は不正行爲もあつて不便苦痛が甚だ多いので、今度は各區又は各組合の經營となりゴミ錢（從前よりは大に低廉になつた）を協議費として徵收して其の費用に充てた。之に對して汚物掃除法の規定を云爲し或は地方公共團體の本質を基として市町村公費施設に移すべしと云ふ論の如きは未だ自治の本義に徹せざる者の言である。市町村行政の發達と共に漸次之を公營に移し而も必要なる費用を手數料として徵收するが如き順序を踏むことに併ては吾人敢て異論を唱ふる者ではない。唯從來の如き自治の形式觀念に基づく机上の空論を排斥する丈けの事である。而して從來の自治監督の態度は苟も公費の支辨に屬するものは、豫算經理を嚴格にし膠柱揚扶假借する所がない。就中眼光豆の如き監督者の態度は區々たる交際費雜費旅費の如きを鵜の目鷹の目に調べ上げる。其の局自治體なるものは工事が完成しても建築が落成しても世間常套の祝賀式をすら擧行し得ないのである。自治行政の領域から歡樂慰安の分子を驅逐し、自治行政は區々たる法理を鬪はし揚足取りを事とし三百代言式厚顏無恥の輩を跋扈せしむる壇場たらしめたのは我が國既往に於ける監督官廳の舊式なる頭腦に由來するのである。今玆に地方多年の懸案であり切望であつたものが遲れに遲れて辛うじて宿年の大業が完成した。地方民集まつて祝賀式を擧げることが何の不可があるか。財政緊縮を必要とする拆柄御考慮相成度とは國家社會の進運と人生の本義を諒得する者の言ではあるまい。子弟教育の校舍が改築せられた。父兄集まつて新校舍新設備を參觀し將來の教育の改善されることを喜ぶのが何の不可があるか。之を抑制するの結果は如何であるか。或は地方有志の名に於て或は父兄の寄附金に依つて結局公費以外に所謂協議費的の施設として祝賀式が擧行せられる。而して監督官廳は仕終せたりと得意になつて居らうが、其のやり方が自治の發達に利益なりや否やは世間別に見る所があらう。

七

自治體の職員又は事務處理の方法等に付て國が必要なる規定を設けることは毫も支障がないのみならず、將來益々此の方面に盡すべき必要がある。所が國が職制を定め任免待遇を規定する者は皆國家の役人となると考へるが如き從來の思想は根柢より之を改むべきである。地方自治體の職員として待遇任免職制を規定すればよい。所謂地方待遇職員官吏にも非ず公吏にも非ざる變テコな地位を作つた。府縣制市制町村制に違反し府縣費市町村費を以て支辨する職員でありながら、任免待遇を官吏に準ぜしめた此等の立法は大に批議すべき理由があると思ふ。一方に於て素質を改善し地位を向上せしめ地方行政の振興改善に努めしめる必要極めて緊切なる市吏員の組織任免等に付て國が放任無爲であることは怠慢曠職の責を免かれ難い。地方産業職員地方土木職員地方道路職員測候所衞生屠畜檢査等の職員のみを準官吏とし、而も道路職員は市に在るものは準官吏としない。行政の根本たる人事行政の組織任免に付て未だ以て確乎たる方計政策の見るべきものがないことは、自治行政の振興發達を圖る所以でないと思ふ。具眼の士は直ちに現行制度の不備缺陷を氣付かれるに違ひない。地方公共團體吏員に關する一般法制の完備を圖ることは刻不の急務であると思ふ。

二　郡役所廢止問題を中心として地方自治監督行政の成敗を論ず

一

大正十三年十月東京市長の第一候補を辭退して後藤子の公にせられたステートメントの一節に、東京市長の職責を完うするが爲には主務省の屬僚に迄も敬意を拂はねばならぬと云ふ意味のことがあつたと記憶する。當時吾人は後藤子にして尚此の歎があるかと長大息を禁じ得なかつたが、案ずるに此一節は我國地方行政の沿革上識者の永く忘るべからざる所であらう。後世の地方行政史家は大正年代の地方行政の實狀を徵すべき絕好資料として引用することを忘れないであらうと思ふ。英雄人を欺くと云ふこともあるので、後藤子辭退の理由や聲明には或は相當斟酌して聞くべき所もあらうが、右の一節だけは少くとも正眞正銘の告白なりと信ずべき理由がある。後藤子の東京市長在職中の事績の大なるものの一は電氣軌道擴張專業費に充つる爲額面一億四千萬圓の起債を爲すの許可を內藏兩省より得られたことであらう。吾人の想像する所では此の起債許可を得るが爲に後藤子は七重の膝を八重に折つてと迄は行かないが兩省の屬僚に幾度か諒解を求め進行を促したのであらう。首相との諒解は勿論後藤子當然の職責である。內藏兩相との折衝も後藤子自ら當られる、夫も話は付いた。併し起債許可を得るには屬僚から動かして來ねばならない。天下の後藤子も東京市長の職責を盡すが爲には內藏兩省の次官局長から課長に迄も叩頭哀願しなければ其の目的は達し難い。併し之は決して屬僚が分不相應に傲岸尊大であるが爲ではない後藤子が殊更に卑屈謙抑な態度に出でた爲めでもない。現代の我都市行政地方行政の監督事務の處理振は常に右の如き事態を釀生する。一大英斷を以て根本的改善を加ふるに非ざれば將來も亦後藤子況んや聲望遙に後藤子に及ばざる幾多の都市當局地方行政當局をして同樣の歎息を爲さしめる事であらう。

二

蓋し官僚最大の弊害は名を調査考慮に藉つて重大なる事案裁斷の能力なきことを糊塗するに在る。一億四千萬圓の起債許否に付明瞭なる裁斷を下し得る能力は屬僚にない。夫にも拘らず事案の大小輕重を問はず悉く屬官から起案せしめるが爲に重要案件の處理に遷延に遷延を重ねる。所謂局長中心主義が實行せらるれば此の弊害の幾分は除き得られる。時代の進運に伴ひ解決し處斷すべき重要懸案は各部局に累積して居るけれども、偏に無事無難を庶幾し一身の利達に潛念して、行政改善と國民の福祉を第一義とする者は寥々晨星の如き感がある。重要懸案を數年に亘つて調者考慮に名を藉り其の實何等之に對する確乎たる所見と資料とを有しないのは官場普通の事例である。例へば都市計畫事業の財源として土地增價稅制を制定することは都市計畫法制定當時からの懸案であり同法草案には特別稅の一として之を列擧して居つたこともある。同法制定に關する都市計畫調査會の議題にも上つたのみならず、爾來都市計畫地方委員會から同稅制制定の促進の建議を見たことも一再ではない。都市計畫關係當局は大旱の雲霓を望むが如くに同稅制の制定を要望して居る。之に關する內務省議の決定を見たのも數年前であると云ふが、漸く最近に至つて大藏省は同意するに至つたと云ふ。顧みると大阪市の關博士が土地增價稅を市制に依つて特別稅として起すの問題を提起せられ、地方稅制限法に反するか否かを論議したのは吾人の見習時代であるから正に十餘年の昔になる。如何にも名市長アヂケスがフランクフルト市に始めて土地增價稅を施行するの法案をプロイセン議會を通過せしむるが爲、十年の奮鬪努力を續けたのであるから、我國土地增價稅制も亦十年を要するが當然かも知れない。併しながら我地方稅殊に土地課稅改正の目的を遂する爲には前途幾多の難關を突破し、辛棒强い多年の抗爭を續ける必要があらうが、官廳內部に於ける諒解進捗に數年を要する有樣では、奔命に疲れざるを得ない。吾人の最も尊敬する先輩の一人が重要事案の解決進捗を阻碍して而も晏如たる官吏を一掃して、官界を改革すべしと激語せられるのも無理からぬ事と思ふ。時の内閣が之は實行し又は實行せざることを以て政綱政策とするならば止むを得ない。事務として進行する範圍に於ては從來の如き遷延怠慢は許すべからざる事である。

三

元來我國官場の通弊は徒に破壞的審議の機關と機能が多くして、建設的調査の職能が一向發揮せられない事である。徒に小理窟小ぜり合を事として些事の爲に重要事務の進捗を遷延するも意としない點にある。區々たる說明や計數の末に捉はれて、其の事柄の社會國家に及ぼす影響と事案解決の必要なる所以を看過する點にある。甚だしきに至つては下僚に下級官廳に公共團體に人力を以て如何ともし難い說明を要求し、調査すべからざる事項、調査するも其の結果を得難き事項までも報告を徵する。議會に對する各省の說明材料の蒐集の爲に年々幾多の無駄骨折や無意義の調査が行はれる。此等の調査に郡役所が利用せられる場合も多からうと思ふ。我地方行政監督事務の基調も偏に消極的掣肘と冷酷なる審議批判であつて、繁瑣苛察被監督公共團體の心服信賴乃至畏敬を博するが如きは殆ど之を見るを得ない。勿論內藏兩省の監督振は流石に一應の理窟は備つて居る。且近年漸次小理窟をやめて來た。然るに府縣の市町村監督事務から進んで郡役所の監督事務の實情を見るに言はでもの事と思はれるものや誤れる監督や筋違ひの遣り方が無數であつて、果して功罪相償ふや否やの疑はしいものが甚だ多い。案ずるに地方自治の監督の本旨は叨りに苛察繁瑣を極め、之を掣肘し奔命疲れしめるが如き點には存しないことであらう。郡役所を廢止すべからずとする論者は町村の現狀郡長の指導監督を必要とすると云ふことを强調する。然るに町村長は其の監督自體を以て不滿足なりと主張する。吾人は直接郡長の地位になつたことはないが、地方自治監督行政の實務に當ること前後滿七年に上る。吾人の經驗を基礎にして郡長廢止問題を中心に地方自治監督行政に論及することは敢て徒爾ではないと思ふ。

四

一體郡長廢止論は當然起るべかりし問題である。郡制廢止が明治三十八年以來の宿題であつて、先年解決を見て以來郡役所に對する何等かの措置は必ず之あるを必要とした。一兩年前地方長官會議に水野內相から各地方長官の意見を徵したこともあつた。行政整理各官廳官制の改正を見るに當つて、云はゞ郡制廢止以來の懸案解決が問題となることは睹易きの理であつた。之に對する成案が十分でなかつたことは當局の爲に惜しむものである。一方に於て郡長優遇の論も内務部内多年の宿案である。郡長より直接知事を登庸すること獨逸の制に倣ふべしとは、水野博士の『自治の精髓』を始とし、屢〻内務部内に論ぜられた問題である。將來ある高等官普通任用有資格者を郡長に任じて治績を擧げしめる政策も講ぜられた。郡長から警察部長を登庸した事例は數年前迄多かつたが、近年は却て逆轉して、郡長の相場は府縣理事官よりも下落した。此等の人事行政の方針の變遷推移にも遺憾とすべき點も少しとしない。殊に山間僻地の郡長も大部市郊外の大町村中には人口十萬に近き事實上の中都市を包含する郡長も任用銓衡上何等の差別を置かなかつた類も我國地方行政上の失態たるを免がれない。行政上社會上大都市郊外町村の重要視すべき事は言を竢たない。人口は甚だ多い、日々急激なる膨脹發展をする、公共の施設は到底之に追隨するを得ない。新開地場末市街に對する行政の困難は純朴なる固定的農村と同日に論ずべきでない。府縣知事に付ては流石に沖繩縣知事鳥取縣知事と東京府知事大阪府知事とは手腕は之を知らず、少くも閲歷聲望に於て大差ある人を任用し、官等俸給亦相當隔たりがある。郡長に至つては五百郡略々同樣である。一も其の郡治の難易輕重を顧慮する形のなかつたことは吾人が豫て不用意千萬なる人事行政であると痛感して、意見を當路に致した事がある。之を要するに郡治に對する從來の方針は何等見るべきものがない、姑息偸安不用意の中に過し、何等卓見ある行政整理案を豫め具して居らなかつた爲、輿論の不意討を喰つて周章狼狽した形を免がれない。機先を制すれば或は他によりよき善後策があつたのかも知れない。輿論に引摺られての詰腹とは當局の爲氣の毒に堪へない。將來を考へると知事公選論があり府縣公共團體自治權限擴張論がある。豫め十分なる對策と其の種の論議の生起する根源を探討して、再び郡長廢止の詰腹の二の舞を爲さゞる用意を必要とする。

五

吾人は從來の地方自治行政監督事務を以て失敗なりとする。郡長廢止論は監督官廳に對する不信任を重要なる背景として居る。後藤子を艱ましたと同樣なる苦しめ方は到る所に在る。監督官廳の無理解無慈悲なる監督振に怨み骨髓に徹する自治體當局者は少しとしない。內藏兩省の監督自體にも缺陷歷々である。吾人は曾て安河內靜岡縣知事の命に依つて、町村治に關する問題(町村吏員敍勳其の他優遇問題)に付て、靜岡縣下各町村長の意見を徵したことがあるが、郡長の町村監督に對する不平不滿の辭が或は抽象的に或は具體的に事例を擧げて力強く述べてあるものが甚だ多いことを發見して監督行政改善の緊要なることを痛感した。大多數の郡長の町村監督は失敗であつたと概言して宜しい。其の監督の基調は内藏兩省の消極的掣肘的批判的審議的態度を、更に些事末節に徹底させた繁瑣苛察無用有害の干渉に存する。吾人は靜岡縣地方課長としては常に部下屬官の町村監督の指示注意事項を抹殺し握り潰し反駁し之を取上げざることに努めざるを得なかつた。吾人の記憶する所に依れば當時縣下に長期債即內藏兩省の許可を受けたる町村債を有する町村は數箇町村に止まつたが、其の殆ど悉くが所謂起債監督事務の犧牲となつて財政の紊亂を來して居つた事實を發見した。某村は停車場新設と之に通ずる道路開鑿の爲に村債を起したが、起債許可は遲れるが事實は遷延を許さない。村の有志名望家が特に村債以外に別途借金をして、後に許可になつた村債と合せて事業を遂行した。從つて當時村債の外に事實上其の事業に充當した有志名望家の借金と二通あつて、歷代村當局は如何にして表面上の村財政の變理と併せて有志名望家の借金の始末を付けるかに腐心した。止むを得なければ村稅の外に協議費として徵收するより外はない。他の町村では橋梁架設費を起債に求めたが、監督官廳は起債額を低減するに力めるので、許可額は實際の所要額の半額に達しなかつた。其の起債の償還は橋錢に依るものであつたが、止むを得ず町當局は橋錢收入を折半し、公簿の上では事實の半額の收入を記帳し、他の半額は町債以外の私債償還に充てた。公の豫算計上の方法を採つて右二町村財政の整理を遂げたのは數年前の事である。所謂嚴重なる起債監督の正體は正に此の如きものである。眞に市町村の需要の如何なるかを親切に取調べるのではない、唯無謀なる机上の減額更正許可や無暗な無理押付の結果は財政紊亂の原因を作る。固より之に承服する市町村當局が悪いかも知れない。併し監督官廳の無理難題は如何ともし難いのである。況んや事業の進行は日一日を爭ふ。市町村財政の將來に惡弊を來すかは知らないが、當面焦眉の急が救へれば一應起債許可を受けるに限る。監督官廳は中央政府の非募債主義或は地方債減額方針を適用し得たと得々として居らうが、其の實際の結果は右の通りである。吾人の尊敬する現内閣の某大官が地方長官として某町の起債許可の爲に大藏省の一屬官に迄も循々として說明し其の諒解を求めて僅に許可を得ることが出來た實例も吾人の忘れ得ない事柄である。

六

消極的審議批判の態度を改めて積極的調査建設の態度に出づることは我官場改革の根蒂である。抽象論議の概念法學の餘弊は我官場を通じて、獨よがりの論議や、揚足取りの批評や、左顧右眄して徒に警戒要愼を專念し、偸安姑息創意なく識見なき行政の風潮を馴致し、時代の進運に伴ふ施設經營を爲すが如き行政本然の任務を忘れしむるに至つた。法律技師に墮した參事官の廢止は敢て惜むに足らない。精緻なる調査研究の缺乏は我行政の健全なる發達を阻碍すること甚しい。府縣課長の當時から貴族院問題を調査せられ、貴族院改革資料の蒐集と整理に當られた堀切氏が都市計畫局長となられ土木局長に轉ぜられた今日に於ても、尙貴族院問題の擔任者の隨一たることは我官場の一新現象として、大に注意すべき事柄である。比例選擧の問題が早晩解決の必要に迫ることは見易い事である。堪能の士に任じ有爲の才を地方局に留めて繼續して比例選擧制度の調査立案に當らしめ、追て比例選擧法制制定の中心主任者たらしめることは今日から內務部內に於て心懸くべき事柄であらう。其の他地方稅制改善の問題の如きも同樣である。我官場にも調査機關を設置することは其の例少しとしないが、何時も行政整理の槍玉に最先にかけられる。立案と離れた調査や、當面の行政の實際とかけ離れた調査や、甚しきは我法制行政に全然知識經驗のない人や無關係の人々の手に成つた翻譯や翻譯的調査を以て我官場の調査なりとする。何等の精彩なく何等の意義なく何等の氣魄なき從來の調査の如きは、殆ど存在の必要を見ない。歐米の地方制度や地方行政の趨向や實際やに付て精緻にして、眞面目なる調査研究を加へるならば、他山の石以て我國の施設に參酌すべきもの少しとしない。不幸にして此の種の信賴すべき調査は皆無と云ふも過言でない。先年歐米地方行政視察旅費を內務省所管に計上した時分に衆議院の豫算分科會では、惜か其の復命書を議會に提出すべしと希望したと記憶して居る。併し事實議會に提出するに値する復命書は殆ど皆無であらう。故井上友一博士の復命書や小野義一氏の復命書の類は求め難い實情にある。英國議會の議會刊行物の豫約價年額二十六磅二百六十圓に上るの一事、乃至は政府出版物たるブリューブックやコンマンドペーパー等の浩瀚精緻なる調査資料を根據として、始めて英國議會の議事が如何に品位の高さを得るかゞ理解し得られる。行政各般の問題は國家社會民人の利害福祉如何に關するものであるから、之に對する調査は理路透徹委曲詳細を極むべく、之に對する策案は堂々たる論策であり、高邁なる識見であり、一世を指導するの大文章たるべきである。我官場に一の國家的大文章を見ない、官場文學の寂寞たることは國家の不祥事である。此等の意義ある調査を基礎とし、識見あり理想あり抱負あらば始めて、地方行政の針路に付信頼すべき目標を與へ得るであらう。敢て規矩繩墨自治體の行動を拘束し掣肘するの消極的監督に止まらず、親切なる指導者信頼すべき忠言者として地方自治當局者の敬仰する所となること、敢て期し難くはない。地方行政の監督官廳は宜しく司法官的消極掣肘の監督を最少限度に局限して、地方當局者と共に協心戮力して自治の發達に地方事業の進捗に有らゆる利便と助言と手段とを供給するに努むべきではあるまいか。我監督官廳が英國地方自治の監督官廳と同樣に『地方行政に關し信頼すべき忠言と資料を得んとする者は大手町に行け』と稱せられる様にならなければ我地方行政は健全なる發達を爲し得ないと考へる。

七

監察官制度の得失も此の場合一考の餘地がある。内務事務官制度が大正二年の行政整理で廢止になり、監察官制度亦今回廢止になつた。郡長廢止の結果府縣に於ける監督機關に監察官を置くべしとの論は或は期待し得られるかも知れない。或は地方局は地方財務監察官制度創設の意あるかに伺はれる。監察官其の前身たる内務事務官には吾人の尊敬し、且内務部内錚々たる人材が、其の任に就かれたのであつたが、吾人をして腹藏なく言はしめれば、尊敬すべき先輩大先輩の監察の結果概ね期待すべき事績を擧げて居らないと思ふ。監察官の復命書を公表すべしと先年地方長官會議に發言した地方長官があつたが、容れられなかつた。秘書とせられた復命書は震災の爲跡形もなくなつたであらうが、其の內容に付て吾人の聞知する範圍に於ては震災に依る燒失が敢て我地方行行政に損害を及ぼしたとも思はれない。內務監察官の存否も亦地方行政の上に殆ど影響する所がないと云つて差支あるまい。監察の態度も監察の方法も地方行政に對する監督の根本義を誤つた餘弊を受けて、徒に消極批判の態度で、建設助言の傾向が皆無であつた。唯監察を受ける地方當局者を警戒せしめ戒愼せしめ澁滯したもの誤れるもの等の形式改善の效果があつた位で、地方行政の改善に資する所殆ど言ふに足らない。監督の根本義を再思するに非ざれば監察に依る監督の方法も郡役所廢止の善後措置として、適當なりと云ふを得ない。

八

郡役所廢止の是非乃至善後措置は町村監督の問題を主眼とすべきでなく、寧ろ國の行政事務處理を中心とすべきであらう。此の點に付ては尙精細なる論究を必要とするが、吾人は今論斷すべき準備がない。唯國の行政事務處理は却て都市が重要であり困難である筈であるが、市吏員に依つて曲りなりにも兎に角行はれて居る事例を顧みたいと思ふ。國の行政事務を處理する市吏員の組織選任等に付て考慮し改善すべき緊要の問題が存すると信ずるものであるが、茲には論及する遑がない。郡役所廢止を或は町村監督の必要から或は國の行政事務處理の關係から論據を二三にして反對して見た所で何れの論據も大なる根蒂はない。尤も郡役所廢止自體も行政組織の大綱上乃至財政上絕對必要とする程の事もあるまいが、單に町村監督の必要を論據とする人々は從來の監督振其のものが天下の人心を失つて居る。監督の根本義を改善する必要に迫つて居つた事、所謂監督其のものに對する反感が郡役所廢止論を熾烈ならしめた原因であることを再思三考すべきであると思ふ。假に監督が被監督者に喜ばれないことは性質上當然であるとした所で、從來の監督の如きは條理立たず情味索然、果して地方行政の敵なりや味方なりやを疑はしめるものが比々皆然りであつた。人心を失ひ被監督者の反感不服不滿の目標となつた從來の監督振は到底將來維持せらるべきものでなかつた。吾人の論調が激越であると認められる讀者諸君があらば念の爲辯明する必要があるが、滿三年間の地方局の實務や滿四年間の府縣地方課長の職務は吾人に十分なる監督振の內情を知悉する機會を得しめて居る。監督の必要や監督の意義や監督官廳本來の任務には十二分の關心と考慮を加へて居る。唯地方行政の改善に地方自治の發達に思ひを致すと監督の根本義に立ち歸つて從來の態度方針に一大改革を加へなければならぬと痛感する次第である。夫が爲には郡長の廢止は監督行政改善の好機であると考へるのである。起債監督の問題に付ては別に『地方事業資金論＝內藏兩省の反省を促す』と題して卑見を述べて置いた。

三　都市計畫の法律問題と都市の法律事務

一

後藤子爵の招聘に應じて渡來し、災後の帝都を視察した米國市政學の權威ビアード博士が、帝都復興計畫に對して提言せられた中に、『日本に於ける最高裁判官三人より成れる委員會を組織し、以て土地整理の公正に實行せらるゝ事を期すべし』と云ふ一項がある。都市の法律事務特に都市計畫問題を考察するに當つて、私は先づビアード博士提言の意義、價値を考一考したいと思ふ。帝都復興事業として遂行する土地區劃整理は、行政上古今東西匹儔稀なる難事業である。而も未曾有の震火災の復興の施設の中心眼目として、轉禍爲福の絕好の機會として、永久の利福の爲萬難を忍んで斷行する大事業である。世界環視の下に國帑を傾けて國家的事業とし都市復活の事業として遂行する。燒失地域千萬坪、民有宅地七百萬坪の利用增進大都市生活上最も能率よき土地利用の方法を講ずる爲、土地の交換分合を爲して區劃形狀の改善をする。諺に謂ふ土一升金一升の土地である。土地に關する權利々益の錯綜紛糾することは謂ふを待たない。私人の權利々益の裁斷、私人の實生活に直接影響すること、今回の土地區劃整理の如きは古今東西に比類が無い。從つて土地區劃整理の施行は公正無私一點の疑念を入れず、一點の過誤あるを許さない。此の大業に從事すべき者は、帝國に於ける第一線の人材たることを要する。知識に於て、技能に於て、識見に於て、經驗に於て苟くより善き成績を擧げ得る見込のある人材は、之を擢用し、羅致して事業の效果を完うすべきは當然の筋合である。然るに事業の實質は右の如く私人の權利々益に關し、其の處分は公正無私法律の精神に適合するものたることを要する。故を以てビアード博士は日本に於ける最高の裁判官三人より成る委員會を組織して、土地區劃整理の實行の公正を監視確保せしむべしと謂ふのである。

二

抑も權利々益の錯綜し利害の衝突紛糾を見んとするに當つて、之を公正に裁斷して、其の所を得せしむるは正義司法の領域として、優秀なる法曹家の活躍すべき範圍に屬する。歐米に於ては此の種の問題は、第一流の法律家が參與することが當然とせられ、常例であるので、ビアード博士の提言となつたのであるが、我國の實際は此の如き慣行がない。政府當局も、市民も、博士の提言の趣旨を諒解し得ない。土地區劃整理の反對者も或は其の方法改善論者も、未だ曾て當局中に最高司法官を加ふべしとする者がない。蓋し我國の裁判官は唯與へられたる民事刑事の裁判に從事すれば足るのである。司法官化石の聲を聞くが、社會亦司法官をして化石せしめて居る。裁判以外の權利々益の紛爭があつても司法官の管轄外なりとされる。社會の基礎を震撼せしむべき勞働爭議、小作爭議、水平運動の如き、何れも公平正義に基く權利々益の適正なる調和裁斷を期待しないものはない。

正義の化身として、天軸摧け、地維崩るゝとも、斷々乎として正當なる裁斷を貫徹し宣告し得る者あつて、初めて社會民人は安んずるを得るのである。與へられたる刑事民事の裁判に甘んじ、廣く活きた社會の權利爭鬪は、關する所に非ずとして晏如たるは、有能なる司法官の爲に採らない所である。司法官を輕視し化石せしめ、實社會の問題より遠ざからしめることは、恐らく我國家社會の利益ではあるまい。果して我司法部內に用ふべきの人材が無いのであらうか。或は人材あるも、之を擢用して活社會に觸れしめ得るの人物がないのであらうか。炭鑛問題は英國の國礎を動搖するかと危ぶまれたが、之が調査審議の大任はサンキー判事を委員長とする所謂サンキー委員會に下された。炭鑛國有に關するサンキー報告書は、世界勞働運動史上に不朽の名を傳へるであらう。民事裁判の問題に上らずとも、帝都市民の權利々益に絕大なる關係を有する土地區劃整理事業に、我司法部の最高幹部が干與して、公平正義の國民の信賴を十分ならしめる樣に努めることは、ビアード博士の提言に待つ迄もなく、司法部に於ても相當一考すべきであらう。裁判所構成法や、民法や、民事訴訟法に於て檢事を公益の代表者として裁判に立會はしめ、國又は公法人に關する訴訟には意見を述べる機會を與へ、禁治產、準禁治產の宣告請求、不在者の財產管理等の私人の權利保護に就てさへも、權限を附與する法制の趣旨を推擴めれば、今回の土地區劃整理の事業に司法部が參加すべきことは寧ろ當然の事であるかと思はれる。併しながら如上の希望が我國多年の慣例から寧ろ容易に實現の見込がなく、土地區劃整理に司法部の參加を期待し得ない現狀に於て、行政部として公正適切なる成績を擧げるに遺憾なきを期して居ることは勿論であつて、當局の一人として私の意を安んずる所である。

三

土地區劃整理を初とし都市計畫事業の遂行は關係者の利害と交渉することが甚だ多いので、都市計畫の法律問題、都市計畫法制は法學の一專門分科として發達すべきものである。

都市計畫行政の進步發達は法制の改善發達に待つこと頗る多い。殊に土地區劃整理に關する法制自體に就ては、立法論として、解釋論として、論議すべきものが頗る多い。アヂケス法、サロニカ法、ザクセン建築法、其の他參酌すべき外國法制も少しとしない。英國の都市計畫法には、辯護士シドニー・デーヴィー氏、バーミンガム市顧問辯護士フランシス・シーミンシャル氏共著の『都市計畫法制及實際』の著述があり、米國にはウイリヤムスの『都市計畫及地域制に關する法律』に各國都市計畫比較法制と共に米國に於ける法律問題を解說して居る。更に同氏はアメリカン・シティー誌上に、地域制に關する立法及判例の進步發達の傾向に就て每號筆を執つて、都市計畫法學の發達に盡瘁し、當局者の採るべき方針を明示するに努めて居る。顧みて我國法律家法學界が、都市計畫就中國家的問題として三百萬帝都市民の權利々益に重大なる影響を及ぼすべき區劃整理の法律問題に關し、風馬牛相關せざるか、又は對岸の火災視するの觀があることは、司法官化石を歎ずると同樣に其の態度に慊焉たらざるを得ない。大正十三年春土地區劃整理反對の聲が市內の一角に聞えて復興事業の前途に一抹の暗雲をたゞよはしたので、我國の各種學會協會の十五團體は蹶起して、永久の利福の爲にする復興事業遂行の必要を力說し、講演會を開催せられたのであるが、最も關係密接なる法學界、法曹界が、此の問題に對して沈默を守るのは甚だ其の意を得ないことである。或は土地區劃整理の遂行を批議し、或は制度改善を唱導する人士の中に、法律家、辯護士を見るが、此等の人士が我法律界を代表するものとは吾人は信じないのであるが、正義の神殿に奉仕し、權利々益の公正なる裁斷を天職とすべき有爲の法律家から、土地區劃整理に關する論議を聞くを得ないのは、私の寂しく感ずる所である。

四

私は復興局の一員として、司法省民事局や東京地方裁裁判所の人々が復興事業に對して示される好意を忘れるものではない。併しそれは司法省民事局として又東京地方裁判所としての態度に過ぎない。未だ土地區劃整理事業に直接司法部の人が從事されることがない。補償審査會員には民事局長も加はつて居られる。未だ直接施行責任の地位に司法部の人が當られた例がない。唯私の大に喜びとする所は、土地區劃整理施行地域中、眞先に換地決定を見、事業殆ど完成せんとする模範的施行地區駿河臺一帶は、整理委員長明治大學代表者前大審院長富谷法學博士の盡力に依つて極めて好成績を擧げて居る事である。私立大學而も法學を中心とする明治大學が委員長として、前大審院長が大學總長として紛糾錯雜せる權利々益の裁斷、土地の交換分合の設計に圓滿なる進行を見たことは特筆大書すべき事柄である。駿河臺區劃整理の成績を吹聽傳唱する當局者も市民も、其の整理委員長が明治大學總長前大審院長であつて、私法學の權威であり、司法部の長老である事實を强調しないのは不都合である。明治大學の諸君も、大學自體が帝都復興の中心眼目たる土地區劃整理事業の參謀機關たる整理委員であり、整理委員長であることを想起せられ、都市計畫法學の振興發達に相當努力せらるべき筋合であると思ふ。此の如く、今回の區劃整理事業には富谷前大審院長が模範的に其の進捗に盡瘁されたのであるが、類似の事例は英國に求めることが出來る。英國法に所謂都市計畫は其の實質 site planning であつて、我國の土地區劃整理に近いものであるが、一九〇九年住宅及都市計畫法に從ひ、最先に都市計畫の策定に着手し、全英國に模範を示したのは、ネビル・チャムバレーンが委員長として遂行したバーミンガム市郊外キントン・ハーボーン及東バーミンガムの二都市計畫である。ヂョセフ・チャムバレーンが同市長として、バーミンガム中心部改造、上下水道、其の他の大事業を遂行した事績に引續いて、其の末子ネビル・チャムパレーンが郊外都市計畫に着手し、次で市會議員となり、市長となり、累代バーミンガム市政に關與し、世界的模範市の名譽を擅にせしめて居る。今や現內閣の保健大臣として、市政に、都市計畫行政に、豐富なる實驗を基礎として、小チャムバレーンは全英國の都市當局者、都市計畫家の滿腔の信頼を博して居るのは、欽羨に禁へない次第である。

五

元來我國行政各部は法律萬能思想に累せられ、群小法律家の多きに苦しめられて居る。然るに私が更に司法部の人材を都市計畫行政に羅致すべしと云ふのは、一見誤を重ぬるの感があらう。併しながら、私の見る所では、群小法律家の過多に苦しむ我行政各部は、優秀なる法律家の皆無に苦しむのである。諺に謂ふ生兵法は大疵の元であつて、群小法律家の屁理窟、杓子定規、嚴格なる文字解釋、故意に行政權の行動を拘束限局する似而非法律解釋の弊害に堪へないのである。宜しく三百代言的群小法律家に箝口令を施し、優秀卓拔なる法律家の權威に依賴し、一貫したる條理に從つて、行政の運用を進むべきである。我官場改革、行政改善の一中心眼目は行政各部に於ける法律事務の改善にあると考へる。曾ては各省に參事官があり、今は審査委員があつて、法律問題を審査すると云ふことであるが、私の見る所では悉く皆似而非法律家であつて、法學の信用を毀損するものである。抑も行政の進化發達は、各部專門分科に分たれ、各分科常に第一流第一線の人材を任用すべきは當然の條理である。法學に就ても同樣であつて、單に法學の一般知識を備ふる者が行政官中多數を占めるからとて、法學の專門知識が行政上必要がないとは云はれない。此の故に英國保健省の如き、特に Legal Abviser anb Solicitor を置き、一般の法律事務及法律問題を主管せしめて居る。大會社、大銀行に顧問辯護士を必要とするに拘らず、行政官廳や公共團體に法律家が必要でないとは摩訶不思議の現象である。倫敦カウンティー・カウンシルの一切の法律事務は、ソリシターと之を處理する。電車事業に關すると、其の他の事務たるとを問はず、一切の法律問題はソリシターの部局の審議を經るのである。カウンシルが施行責任を有する各種法律に依る告發起訴の處分の、賣買讓渡の法律事務も此の部局で處理する。英國の制度に倣ひ、ビアード博士提言の趣旨を含味して、私は中央官廳及大都市法律事務局の組織整備を提唱したいのである。

六

中央政府に法制局なるものがあり、法制局長官は政府の法律上の見解を議會に述べることがあるが、今日では法制局長官と見られて、嚴正なる法律上の見解を期待されない樣になつた。曾て各省の勅任參事官が信頼すべき法制上の知識の淵叢せられたことがあるが、社會が複雜となり、法律問題が益々多くなると逆行して或は之を政務官とし、次で大臣學見習とし、結局行政整理に依つて廢止された。社會文運の進歩發達は極めて急激であり、保守恒久を特質とする大審院の判例の如きも、時代の要求に考へて、判例の進歩變遷は法學の最新傾向に一致するものが頗る多い。法律解釋に最も融通性のないのは、似而非法學者の集團である各省各局であり、社會の實際要求と法律の彈力性を調和し得ないのは、各省審査委員である。行政權の行動を束縛掣肘する者は、司法部に非ずして、行政部の群小法律家である。此の實情に通じて各部の行政當局は、群小法律家を無視して、努めて彼等の審査を經ることを避け、先づ事案を解決して置いて、毒にも藥にもならない問題で急速解決の必要のないものゝみを審査せしめるのである。審査委員に各省關係の法律問題解決を望むが如きは、木に緣りて魚を求むるの類であらう。其の人選及審査振の如きも、缺陷歷々徒に舊習に囚はれて、時代の進運に伴ふ行政改善の抱負意氣索然たるが如きは、慨歎の外はない。

七

東京市會は、議長、副議長、市參事會員を始めとして、多數の辯護士が居られるが、之が爲に東京市の法律上の利益が全うせるかと云へば、斷じて然らずと考へる。市會にも、市役所内部にも、法律の一般知識を備へた人は多數であらうが、市政各般の問題が法律的に適當に解決されて居るかと云へば事實は大いに反する。東京市に一人の法律家無しと謂つて可なりである。歲計二億、二百萬市民の爲にする公共事務を處し、電車、電力、水道事業を經營する東京市政には、種々の法律問題が生起するのは當然であるが、之を擔任して公正なる解決を圖るべき信賴すべき法律家を有たないのであるから、其の解決の曖昧模糊、帝都公共團體の利益を擁護するに不十分であることは當然である。權利の上に眠る者は保護されない。善き法律家は惡しき隣人なりで、群小法律家が市會や市役所各部に多いことは、却て市の利益を保護する所以でないかも知れない。

更に東京市の所有土地であつて貸附收益の目的となつて居るもの約三十五萬坪、官有地にして管理權が市に屬し貸附收益の目的となつて居るもの約七萬坪に上る。元來都市公共團體の土地所有の問題は都市政策上極めて重要なる意義を有するものであるが、東京市の土地管理の成績は甚だ不振であつて、實質的に謂へば日を追うて所有權の一部を喪失しつゝありと謂ふを得る。所有者でありながら常に所有者の權能を主張するに躊躇する。財産管理能力の有無を疑はしむるが如き事態が續出することは、市政上不問に附するを得ない問題であると思ふ。

八

併しながら、公有財産管理能力の不足は多年の痼疾であつて、斷乎たる改革を加ふるに非ざれば救濟するを得ない。明治三十一年七月十六日から施行せられた民法は、大正七年七月十五日を以て滿二十年になる。民法は二十年間所有の意思を以て平穩且公然に他人の物を占有したる者は其の所有權を取得する旨を規定して居る。民法施行前から引續き道路、公園、堤塘、河岸、其の他官公有地を占有する者は、取得時效の效果として所有權を取得することゝなる。當時赤池內務監察官は、官公有地占有者に對し、國又は公共團體の權利擁護の急務を力說せられ、之が救濟策として、或は緊急勅令を以て官公有地に對する取得時效完成延長を規定すべしとする提案を見たのであるが、此の如き非常立法の手段を講ぜず、全國的に官公有地無權原占有を調査し、占有者に對する處分に依つて時效中斷の目的を達することゝなつたのである。即ち官公有地無斷占有は其の事例甚だ多いのであるが、官公有地管理の責任を有する者が、之を整理し所有權の行使を全うするを得ない。或は法令に依り全然占用貸付を禁止してある土地が、事實上無斷占用される。或は占用貸付を爲し得る土地が、不相當に低廉なる料金で占用貸付を爲さしめる。其の結果として、官公有地使用權は莫大なる權利賣買の目的となつて居る。本年四月市政檢査會特別委員が指摘したと稱せられる淺草仲見世の轉貸の如き、下谷公園綠町公園の轉貸の如きは勿論、一切の市有地及市管理地の料金は低廉に過ぎて居る樣である。市當局者は期限每に料金値上を爲す方針であつて、市會亦其の一部を容れたが、未だ以て十分と謂はれない。本所綠町公園は舊津輕邸跡、下谷公園は舊佐竹邸跡を公園とすることに決し、土地は官有に屬するものである。而も全市の公園配置上より見れば、最も適當の位置を占めて居るのであるが、我國官公有地管理無能力と行政無能力を證明するが如くに紙上公園たるに終り、轉貸又轉貸、第一借主は莫大の利得を擧げて居るに拘らず、當局者は之を整理するの實力方策を有しない樣である。日本堤の道路敷、其の他市內に於て道路敷に、民家が建つて其の始末に苦しむ事例が少しとしない。大正三年法律第三十七號公共團體に於て管理する道路、公園、堤塘、溝渠、其の他公共の用に供する土地物件を濫に使用し又は許可の條件に反して使用する者に關する件」は主として東京市の管理する公園地其の他の不法占有を整理する爲特に立法せられたものであるが、其の峻嚴なる勵行は中々望み難い樣である。官公有地の貸下占用には、當初から市會議員其の他の名譽職が關係して居ることもある。或は直接關係者でなくとも、後に關係者の爲に盡力する樣になる。如何なる正義の士が當局者となつて官公有地整理に着手しても、退去を迫られた者が群を成して陳情し、新聞紙は常に多數の陳情に同情するかの如き調子で大袈裟に之を傳へ、辯護士、名譽職が之を手引し、市役所を包圍せられて、泣きつかれ强請せられて見ると、如何なる市當局の石心鐵腸も飴の如くに鈍らざるを得ない。況んや初から此の種の不人氣な仕事はそつとして置くことが賢明なる遣り方であるから、誰も好んで此の如き改善を試みない。現在の如く東京市政の運用に一任して官公有地管理の改善を望むが如きは、百年河淸を待つに類することを斷言して憚らない。

九

然らば如何にして東京市の財產管理を改善するか。法律事務局を新設せしめ、其の職務の性質上、市長の任免權又は市會の掣肘より獨立せしめ、之に有爲なる純法律家を任用することが、第一策である。東京市有財產の管理を一括して信託會社又は純法律家に委託することは、第二策である。財產管理の能力なき者又は管理の失當である場合には、私有財產と雖も民法は準禁治產の制度、親權者後見人の財產管理權喪失宣告の道が開けてある。官公有財產管理の適當ならざることに對して自治體の監督官廳は拱手無爲に過してよいのであらうか。元來財產營造物の管理維持收益は、地方公團體の任務の重要なるものであるから、出來る限り自治體の力に依つて改善されんことを切望するが、徃多年の因襲と情實の纏綿は、改革刷新の動機が官廳側の發動に基づくことは止むを得ない。佐世保市聯合艦隊慰問費千百圓の追加豫算、淺草區會議員學務委員區吏員學事視察旅費補給二千百圓の追加豫算、福島市役所交際費一萬圓の追加豫算の如きに就て迄、監督の眼を光らして差控ふべき旨を通牒する程の親切氣ある我最高監督官廳は、東京市の官公有地管理の現狀を以て間然する所なしとするのか、抑も亦東京市政の改善はとても手に終へないとするものであるか。（一四・七・一四）

四　都市に於ける保健衛生の施設に就て

一

各國地方自治體の公共施設の振否如何は、保健衞生に費す金額の大小に因て定めることが出來ると謂はれます。産業革命都市集中現代資本主義文明に必然的に隨伴する都市公共生活の害惡不便を除去するの事業は、保健衞生施設の尨然たる一大系統を形成したのであります。諸君は帝國大學工學部の分科に衞生工學なる分科が如何に重要なる部門を占めるかを調べられるがよい。生命健康と云ふ人間無二の福祉を保護し增進するの任務の重且大なることは申す迄もないのであります。然るに我が國の衞生行政は不振を極めて居る。大正二年山本內閣の行政整理に際しては內務省衞生局は警保局の一課に縮少せられんとする危機に瀕したこともある。府縣市町村の豫算中保健衞生に關する費額は、見るに堪えない貧弱なものである。私は曾て保健總務院 the General Board of Health として千八百四十八年に創設せられ、千八百七十一年に地方政務院 Local Government Board に改められた英國の中央官廳が千九百十九年に保健省 Ministry of Health に昇格したが故に、我が國にも衞生省を設置すべしと云ふが如き議論に贊成するものではありません。保健總務院でも地方政務院でも保健省でも保健衞生に關する事務が、其の權限の大部を占めたことは終始變りはない。保健省の名稱が示すが如く地方公共の事業は之を保健衞生事務なりと概括し得る所が英國地方行政の一大特色であります。保健衞生を地方行政の根本中心とする所が、現代都市生活の實際に適するのであります。之に比較して見ますと我が國の地方行政は恐らく三百代言式郡小法律論が根本的基調となつて居るのでありませう。沿革の淺い我が自治制度に於て制度の改廢は幾度かありますが進歩か退歩か怪しいものであります。形式制度改廢に伴ふ無意義の事務的混亂の外に、何の實質的進歩ありや、何の興善除害の實質的施設ありやと尋ねて見ると、暗然たらざるを得ないのであります。何時まで内務省とは掣肘小理窟の府たることが續くでありませう。何時になれば保健衞生の積極施設が地方自治體に指導誘掖せらるるのでありませう。近來國民體位の向上の爲でありますが、衞生局は盛に遊技競技の奬勵斡旋に熱心でありますが、地方公共の利害に一層徹底した施設努力をする必要がありはしまいか。文部省との權限爭は遊技としては面白いでせうが、識者の贊同する所ではありません。

二

曾て農村保健調査の事業を遂行したのでありますが、國費の施設及地方費の施設共に最早相當結論に達してよい頃であります。之を基礎とする農村衞生改善の積極施設も一部分は着手せられて居りますが、何故により明確なる施設方針を立てることが出來ないのでありませう。私は曾て地方の衞生事務を掌理するに當りまして、區々たる事務の外に衞生施設の根本に付て殆ど考慮されて居らない狀況であることを發見したのであります。府縣の保健衞生施設に付て如何にして向上發展を企つべきかに關し、殆ど依るべきの方針を見なかつたのであります。論者は農村保健調查の結果、農村保健狀態の存外に不良であつて缺陷の大なるものであることを發見したと申しますが、而も農村に對してすら改善施設の實行の見込が少ないと云ふが如きは甚だ言ひ甲斐ない事で御座います。併しながら保健衞生の問題は都市の密集生活に付て一層緊切であることは言を要しませぬ。農村保健調査を組織的に計畫し實行した當局者が、都市の保健調査を等閑に附するが如きは不可解の次第であります。都市の調査は困難であり經費が澤山かゝるから手を着けないと云ふが如きは當局者の無能を告白する樣なものであります。保健衞生上寒心に堪えない所の不良住宅不衞生地區結核チブスの巢窟と目すべき地域を放任看過するが如きは、私の甚だ不滿に感ずる所であります。

三

私は東京都市計畫區域內に於ける保健衞生施設の整備急施の必要を痛感するもので御座います。

地方公共の事業は人口增加に伴ひマルサスの原則の如くに人口增加の北例を超過し幾何級數的に累

増するものでありますが、就中保健衛生の施設は緊急一日も差措き難い必要事になつて來るのであります。最近二次の國勢調査の結果に徴しますると、東京市の人口は震災の結果二百十七萬(二、一七三、二〇二)から二百萬未滿(一、九九五、三〇三)に減少しましたが、隣接五郡及北多摩郡二村の八十四町村を包括する郡部都市計畫區域の人口は、百十八萬(一、一八四、九八五)から二百十一萬(二、一一三、五一三)に激増しました。今や郡部は市內人口を超越すること十萬、最近五年間の隣接郡部の増加人口は約百萬でありまして、年々二十萬を増加した割合でありますが此の如き急激なる膨脹發達の結果、各般の公共施設は到底日進の需要を滿すことが出來ないのであります。私は中央財政の整理緊縮とか財界の不況とか云ふ問題の關する範圍ではないと思はれる、此の近郊町村の各施設に付ては出來得る限りの援助をして施策宜しきを得しめる必要があると考へるものであります。曾て都市計畫東京地方委員會は大正十二年八月十日次の如き建議を內務大臣に提出して居ります。

東京市竝其の近郊町村の發展に鑑み、都市計畫の施設は一として急を要せざるものなし。就中不衛生地區の整理竝土地區劃整理は實に一日を緩ふすべからざるの狀勢に在り。之を今日の現狀に放任せむか、益々混亂の狀を呈するに至るや明なり。今や地域の指定近く其の實現を見むとするに當り、是等施設に關し速に相當の計畫を定められむことを望む。

大正十二年八月十日　　都市計畫東京地方委員會長

內務大臣宛

四

東京市並近郊町村の保健衞生の改善は、都市計畫の主要眼目の一として都市計畫東京地方委員會に於ては、大正九年三月戸口集積に對應する土地の區劃整理及不衞生地區の整理に關する事項の爲め特別委員を設置して調査立案に當らしめたのみならず、次で不衞生地區の調査費を計上し專任職員を任用して調査を遂行したのであります。東京地方委員會は内務次官を會長とし内務省内に置かれたのでありますが、之に關する費用は東京府の負擔であり、東京府の歲出豫算に計上してあつたのであります。然るに内務省内の不衞生地區の調査は本家本元の衞生局とは沒交涉に行はれたのであります。元來保健衞生に關する機關は、東京府と警視廳衞生局と社會局等多岐に亘り權限の交錯不統一の嫌があるのでありますが、内務省ですら連絡がないのであります。精々關係各部局と密接なる連絡協調を講じ、出來得る限り相援助補佐して十分なる效果を擧ぐることが、何よりも必要であり且當然自明の事柄でありまするに拘らず、固陋なる屬僚氣分は依然として權限爭奪の官場スポーツを得々として居ることは痛歎に堪えない次第で御座います。社會局は住宅政策の立場から道路上下水道小公園等の施設と關聯して細民住宅改善建設助成の方法に依つて、地區内所在非衞生住宅改善の必要を認めて居ると云ふことであり、其の實行方法としては當該市町村をして可成アパートメントハウスを建設せしめ之を以て非衛生住宅に代らしめむとするものであつて、建設費の一部に國庫補助の途を開かんとし、六大都市に於て特に改善建築を急務とするもの一萬五千戸を十年計畫で改善するの案を持つて居る。即ち近時經濟界の不況に伴ひ下級勞働者居住の住宅益々不良となり到底之を放置するを許さない。依つて六大都市に於ける不良住宅を公共團體をして約十ケ年の計畫を以て改善を爲さしめ、此の所要經費の半額を國庫より支出し且之が事務處辨の爲め不良住宅地區改善費二百餘萬圓の豫算要求を爲したが、認められるに至らなかつたのである。社會局案が成立する迄には尚時日を要すると共に、其の見積方にも批議の餘地がありますが、玆に其の大體を略記して置きます。事務費二、一二四、三四〇圓で其の內譯は次の通りです。

住宅建設費　三階建鐵筋コンクリート造アパートメント一四五〇世帶分一世帶七坪一〇、一五〇坪一坪二百五十圓の二分の一　一、二六八、七五〇圓
建設用地買收費　一四五〇世帶分一世帶五坪六合八、一二〇坪一坪一〇〇圓の二分の一　四〇六、〇〇〇圓
假收容設備費　九六七世帶(一四五〇世帶の三分の二)一世帶六坪五、八〇二坪一坪九十圓の二分の一　二六一、〇九〇圓
家屋買收費　一四五〇世帶一世帶二百五十圓(一世帶五坪一坪五十圓)の二分の一　一八八、五〇〇圓
家屋移轉費　一四五〇世帶一世帶十圓の二分の一　七、二五〇圓

右の國庫補助案は餘りに浪費的であつて、豫算當局者が贊成しないのは當然であります。公營住宅

を經營する以上土地の費用及建築費用は、別に工夫する道がある筈である。不衞生地區改善としては現在不健康住宅の買收除却のみが、住宅公營以外に餘分に要する費用であるから、其の全部又は一部を補給する趣旨を以て、豫算を要求すべきが當然である。此の如くするときは所要額は四分の一位で足りる譯で豫算成立の可能性は一層增加するであらう。又英國の實例の示す如くに不健康住宅の除去を爲した後の土地所有權及建物所有權は必ずしも之を公共團體に留保する必要はないのであるから、不衞生地區改善事業の全工程を公共團體で引受けることは必ずしも必要でない。彼の同潤會の如き其の他の社會事業團體をして當らしめる途のあることは勿論、現在の地主現在の家主をして一定條件の下に建築せしめる方法もあるのであります。

五

政府は中產階級の住宅建築を援助する方針の下に府縣に低利資金を融資し、府縣から住宅組合住宅建築を目的とする產業組合竝公營住宅を施設する公共團體へ貸付することゝしたのでありまして東京府の低利資金借入額は十三年度分迄に千三百三十七萬圓の巨額に上つたのであります。然るに此の住宅資金の融資政策は住宅問題に如何なる效果を及ぼしたかと申しますと、住宅供給の方面に幾分の好影響を及ぼしたこと、中産階級に住宅を獲得する便宜を得しめたこと等の實益がありますが、之に依つて住宅改善又は家賃輕減等に貢献し得た所は殆ど認められないのであります。下層階級に保健衛生上相當なる住宅を供給することを直接の目的とした公營住宅乃至震災義捐金を以て設立した同潤會の住宅經營の如きも思はしい成績なりと申されませぬ。勿論住宅問題は到底此の如き小規模の對策で大なる效果を擧ぐることを得ない性質のもので、此等の施設は應分の效果あることを以て甘んずべきものであります。然らば更に一歩を進めて東京の場末の貧民窟不衛生地區人道上放任看過し難い不良住宅の集合した地區、結核チブスの巣窟目もあてられない陋巷廢屋の改善整理に手を著けることは爲政者當然の任務ではあるまいか。階級鬪爭の赤十字事業たる住宅改善の施設は最も高尙な意義ある當面の重要事務であります。案ずるに東京市内には顯著なる貧民窟が多かつたのでありますが、大震火災は一旦之を一掃して今はバラツク街となつて依然舊態を存して居ります。震災善後の復興事業は土地の區劃を整理し、街路を配置し小公園を新設しバラツク撤去後の本建築に市街地建築物法を適用致しまする結果、東京市内の不衛生地區は大々的に改善せられる次第であります。萬難を排して遂行する土地區劃整理事業は世界無比の大規模なる徹底的不衛生地區改善事業で御座います。唯震災の結果集團バラツクに群居した人と、更に市内の細民街から轉居した人とは燒け殘りの日暮里三河島尾久吾嬬龜戸寺島大島等に轉居して、近郊町村に貧民窟が續出せんとする虞があるのでありまして、東京府は住宅改善不衞生地區整理の難問に當面しつゝある次第で御座います。

六

東京の近郊町村は水道下水道路塵芥處分等の施設の必要に切迫して、慘澹たる苦心を以て之が解決施設に努めつゝあるので御座います。荏原郡一帶は玉川水道會社の給水を以て不十分ながらも一應需用を充して居ります。澁谷水道は一部を目黑町に給水して之亦解決せられて居ります。北豐島の一部及南葛飾郡に給水する江戸川上水町村組合の事業は著々進行して來る四五月頃には給水する見込であります。北豐島豐多摩一帶に給水する荒玉水道は漸く工事に著手せんとする實情に在ります。外に東京市水道の給水を受けんとする淀橋大久保千駄ヶ谷諸町と共に水道の問題は一應目鼻がついたと申すべきであります。之に反して下水の施設は急務でありますが、先年來東京府の調査した所に依れば總額八千三百萬圓を要し、千住町大崎町は其の一部分の事業を開始しましたが、其の他の近郊町村をして事業に著手せしめる樣に種々考究して居ります。下水施設を都市計畫事業とし、町村をして都市計畫特別税を收入する道を開かしめること、並に下水道受益者負擔の制度を採らしめること等に依つて事業費財源を求めて大に事業を促進せしめる事に致したいと思ひます。道路の開鑿に依る不衞生地區の整理改善の効果は極めて顯著であつて、日暮里雜司ヶ谷大火跡地の現狀に見ましても、環狀線放射線經過地點は面目を一新することが期待されます。卽ち一般的に近郊町村衞生狀態の改善は土地區劃整理及建築線指定亦偉大なる効果を收めることが出來ます。右の外に直接不衞生地區の整理改善の事業を遂行することも私共は考究中であつて、實現の見込ある立案を致したいと工夫して居ります。塵芥處分は甚だ難問で東京市百八十五萬圓の復興計畫事業も果して好成績を擧げるか否か疑問であります。岸博士の考案は變更せられたさうでありますが、我衞生工學の技術が之をウマク解決するか否かは後日の問題であります。無煙無臭を標榜する片山式塵芥燒却裝置は大崎澁谷兩町の既に施設した所でありますが、尙相當改善すべき必要があると云ふことです。衞生工學の技術指導の抱負が内務省衞生局に無いと云ふことは私の甚だしく不滿足に思ひ賴りなく感ずる所で御座います。

七

我が國には傳染病豫防の爲にする清潔方法及消毒方法の規定がありますが、一般の清潔保持に關する規定は甚だ不備であります。汚物掃除に關する清潔保持の警視廳令は未だ市街全體の清潔保持に適しませぬ。道路維持修繕令は撒水掃除夫の規定がある丈けでありますが、道路取締の警視廳令は道路の清掃を規定して居る。然るに郊外町村には二三町村のみに適用して其の他に及ばない規定を依然存置して居るが實際は市街全體の清潔保持を考慮して居らないものゝ如くである。衛生當局者は一層市街清掃の現實問題に注意する必要があります。河川汚濁防止法 The Rivers pollution Act 1876 及 1886 の詳細な規定は英國の河川を清潔に保つて居りますが、我が國では明治二十一年十一月十五日の警視廳警察令第十六號水上取締規則の一條項河中に塵芥瓦礫及禽獸の死屍を投棄すべからずと云ふ規定を以て取締られて居りますが、取締官憲に未だ帝都の水路を清淨にする必要及信念が殆ど諒解せられて居りませぬ。法規を整備すること並帝都の水陸全體進んで帝都の上空煤煙防止の必要及意義を會得せしめること等に付ては、恐らくは先づ現在の衛生首腦者の頭腦から改めてかゝる必要がありませう。帝都四百萬の生命健康の法益を保護すべき重責に在る保健衛生の當局者は、將來の地方公共事業の實質的改善進展を圖るべき喫緊の必要に迫つて居るのであります。私は茲には單に思ひ付の一端を述べるに止まるので御座います。

五　市町村の構成を規律し改善するの行政に就て

一

千八百七十五年の英國公共保健法の制定を見てから本年は正に五十年になる。公共保健法は市町村公共團體は新街路の勾配幅員及構築に關する事項並其の排水施設に關する事項、新建築物の安定火災防止並衞生上の目的の爲壁體基礎工事屋根並煙突の構造に關する事項、空氣の流通を善からしむるに十分なる空地を存せしむること並建築物の換氣に關する事項、建築物の排水附屬水槽便所無水便所普通便所灰置場及下水溜に關する事項及人の居住に適せざる建物又は建物の一部の閉鎖並其の使用禁止に關する事項に付て條例を以て規定することを得しめる。同法は英國市町村の構成に一新時期を劃せしむる立法であつて正しく之を市町村生活の大憲章 the great Charter of Municipal Life と名づくべきものであると、本年六月全英國市町村府縣技術者協會の總會に於て會長フランクマッシー氏は同法の效績を讃美して居る。普國の建築線法即都市及地方市街地に於げる街路及廣場の新設變更に關する法律も亦同じく千八百七十五年に制定せられたものである。普佛戰爭に大勝を博し新に帝國を組織し國運隆々人口激增し産業發展し大小都市の發達膨脹極めて盛なる新興の機運に際會して制定せられ、爾來顯著なる威力を發揮し獨逸市町村の計畫的秩序的構成を指導して來たのである。市町村自治權中本法に依て賦與せられた如き經濟的社會的に見て重要なる權限は既往に比類無いのみならず將來亦類例に乏しいであらう。普國の市町村は本法に依て初めて市町村自體の構成を規律し得べき權能を得たのであつて、之を市町村建設の大憲章 Magna charta Libertatus と言ふべきものであるとルドルフエバーシユタツトは述べて居る。市町村行政の發達沿革上市町村自體の構成を規律し改善して行くことは歐米に於ても比較的新らしく市町村自治權に加へられた權能である。自治行政の發達十分ならざる我が國に於て市町村の構成を規律し改善し又は新に市町村を建設する行政が尚頗る熟しない狀態に在ることは寧ろ當然であると云ふべきであらう。市町村の構成を規律し改善し又は新市町村を建設する行政は其の關係する所極めて廣汎であり、人類の將來社會文化の發達地方公共の福利を左右するの重要なる問題である。從つて最も興味多き題材を包含し新進有爲の行政當路者の活躍すべき新天地を展開する。然るに從來適切なる論究說明を聞かない樣であるから、玆に卑見を述べて同學同好の士の參考に供したいと思ふ。

二

倫敦大學敎授エドウインキャナンの穩健中正なる學風は我が河上肇博士の推稱せられる所であるが其の名著英國地方税史は深遠なる學殖に加ふるに十年間に亘る市會議員の實驗から生れたもので、地方當局者財政當局者必讀の文字である。キャンナン敎授は地方税の原則を説明するに當つて地方公共の事務の起源に付て極めて剴切適當な具體的な假定を述べて居る。『吾人は假にバーンマス灣（英國海岸保養地の隨一バーマンスは恰かも我が湘南海濱避暑避寒地に比較することが出來る。バーンマス灣は之を相模灣と置き換へて宜しい）に忽然として一つの島が出現し、其の島は一切の地方行政の制度慣習に支配せられないものであるとする。其の島が國の所有に屬すると個人所有に屬するとを問はず、所有者は此の島にバーマンスの公共團體が市税に依つて施設すると同樣の道路下水照明公園警察、drach inspector 塵芥蒐集者（汚物掃除吏員）其の他の色々の施設 Paraphernalia を加へて之を維持管理することが引き合ふに違ひない。其の中居住者が多數になつて來ると多分此の島內に居住せざる所の所有者が所有者の義務を盡すこと十分でないと云ふ苦情が起つて來るであらう。そこで委員を設けて居住者の利益を代表せしむることになるであらう。島の所有者が若し賢明であれば所有者自身よりも居住者を代表する委員會の方が一層よく居住者に滿足を與へる樣に經營し得ること、又結局に於ては所有者自身にとつても此の方が得策であることを悟るであらう。居住者の代表者たる委員に一任する方が島の所有者にとつても得策であることを悟つて居住者と妥協して地代の額に適當なる斟酌を加へる代りに所有者の義務を免かれ、議會に請願して地方的法律を制定し、居住者が集まつて一の公共團體を組織することに落着くであらう。其の公共團體は英國の他の地方に於ける土地の占有者と同樣居住者全般に地方稅を課して、之まで所有者が施設した所を支辨することゝならう。』多數の人の共同生活を爲す所には共同の利益を增進し共同の危害不安不利益を避くるが爲に、各般の地方公共の事務を遂行する必要が起つて來る。地方自治に關する從來の法律的說明は抽象的であつて空疎な形式概念の分解に得々として居る。地方自治の本旨を論ずる者益々多くして自治の根本義は實際に於て沒却せられんとする。地方公共の事務の實質的具體的な概念實例を明瞭にすることが必要であると思ふ。地方公共の事務の明瞭なる觀念を前提として初めて市町村の構成を規律し改善するの行政の意義價値及必要を會得することが出來る。

三

地方公共の事務には現狀の下に於ける多數の共同生活の需要を滿すが爲にする各般の任務がある。通常此の種の事務を以て地方公共事務の大部を占めるのであるから、殊に我が國の地方公共事務は概ね此の種の事務に限つて居るのであるから之を經常的公共事務と稱してよからうと思ふ。然るに最近資本主義文明の爛熟は都市殊に大都市の膨脹と之に從つて地方農村の衰頽疲弊の大勢を馴致して底止する所を知らない。地方公共の事務は共同生活者の數が增加するに從つて一層累進的に增加する。大都市に於ける公共事務の範圍數量の增加は殊に顯著なるものがある。最新の科學技術を應用し最大の人材に依つて、大規模の企業者資本主使用者として、最大の能率を發揮して公共の事務を遂行しても、多數の都市生活者の需要を滿足せしめ、之に盡して遺憾なきを期することは至難な狀況である。其の最も重要なる問題は都市在來の構成を以てしては、到底都市生活者を滿足せしむることを得ず、保建衞生の立場から保安交通の要求から或は教育慰安の立場から都市の構成に一定の改善を加へなければならないと云ふ旺然たる要求を生じたことである。之を都市計畫運動と名づけることは用語として狹隘であつて妥當を缺ぐけれども姑らく採用することゝする。嚴格に謂へば市町村の構成を改善し規律せんとするの思想である。就中歐洲大戰後の都市計畫運動は世界共通の趨勢である。現代都市計畫の特徵は壯麗なる都市の建設を目的とするのではない。社會の一部就中資本家階級や貴族特權階級の便宜利益を念とするものではない。人類共同生活上下一切の階級の全體的利福の爲にする事業である。殊にプロレタリアの爲に衞生上道德上保安上人間らしき生活を營み、出來得べくんば文化の惠澤に浴すべき生活を爲さしむるに資することを任務とする。一切の行政財政及法制の手段を用ゐて國民全般の生活を改善し、愉快にして出來得る限りの利福安寧を各個の家庭に各個の生活に與へんとする使命を有する。從つて都市計畫運動は英佛米の戰勝國に限らない、獨墺露の諸國でも同樣に熱心に其の遂行に務めて居る。戰後財政の困難異常なる不景氣にも拘らず、萬難を排し萬事を差し措いて都市計畫事業を遂行して居る。都市計畫事業は我が國に於て考へらるが如き財政の許す時期に於て徐々に實行すべしとする閑事業ではないとせられるのである。

四

都市集注農村衰頽の大勢が動かし得ないものであらうか。之を挽回せんとする人爲の諸施設所謂農村振興の諸施設が到底大勢を沮止し得ないことは萬人の認める所であるが、都市集注の大勢自體の中に反動的の傾向を認めることは出來ないであらうか。クロポトキンは其の名著『田園工場仕事場』の中に小工場の地方分散の可能と農業經營の前途の多望なることを幾多の例證を擧げて都市集中の反對の傾向の可能性を説述して居る。千八百四十八年マルクスエンゲルスの徒が共産黨宣言中に『農業及工場の經營の連絡、人口の配分を調節して都會及村落の區別を次第に無くすること』を以て共產主義國家の採るべき政策の一なりとした趣の旨も味はふべき必要がある。有限の世界の上に生活物資を求めんとする人類の生活を出來得る限り多數の滿足するが如き方法を講ずることは國際的の問題として或は移民の問題となり或は原料資源共通の問題となる。之を國內の問題として考察しても內政諸問題の中心根本である。之に付て注意すべきことは都市集注の澎湃たる大勢に對して、都市生活者の自然に接し樣とする努力も著しい現象である。都市生活者の避寒避暑春秋の近郊遠郊の遊樂保養は逐年盛になつて來る。都市集注自然に離れた生活は決して都市生活者の好む所ではない。現代の經濟生活上止むを得ず不自然の生活をして居るのである。其の塡め合はせに自然に復歸する機會を作る。各國大都市生活者の遊樂地たる市町村の發達膨脹は極めて顯著である。瑞西の山河リヴイラの海岸は各國民の遊樂地として榮えて居る。遊樂地保養地市町村も亦都市生活者の遊樂保養に滿足を與ふべく公共施設の遂行に遺憾なきを期して居る。啻に時折遊樂又は保養旅行をすることを以て滿足しない。日常生活も亦成るべく自然の恩惠を被むりたい。或程度の不便を忍んでも郊外生活を爲さんとする。大都市郊外の發達膨脹は農村より移住した人に依つて成さるゝに止まらず、既成都市內の居住者の都市から離れ樣とする傾向の發現たる場合もある。經濟生活上の必要から都市生活を强ひられるものゝ、自然の恩惠に接する機會を多くするが爲に、或は田園都市運動となり、或は田園的郊外の經營となり、或は既成市街に於て公園施設街路植樹に努める。

五

人口の增加は日光新鮮なる空氣其の他安靜等を除くときは、人間の慾望滿足の手段を比例以上に增加せしめると、碩學マーシャル敎授は經濟學原論に書いて居る。現代文化最上の福祉を享樂するには最大限度の人口集中即大都市の建設を必要とするかに思はれた。所謂咲く花の匂ふが如き大都會にして初めて現代人の文化的慾望を滿たし得る。然るに近時に於ける都市問題の研究者や都市計畫の當局者は、或一定の程度を超えた人口集中は却て其の住民の幸福利益を增進する所以でないことを證明するに努めて居る。現代文化生活に必要なる各種の公共施設を經濟的に遂行し得る限界は、人口三萬乃致十萬であつて、十萬を超えた況んや百萬以上の如きは所謂過大都市であつて、弊害不利益が次第に增加する。上水下水電氣瓦斯其の他交通機關の施設は人口一人當で比較すれば大都市は却て不經濟不廉になる。文化生活の最大の福祉を享有するにも必ずしも大都市たることを必要としないと云ふ。過大都市の弊害短所を指摘して健全な合理的な人類共同生活の形式は之を田園都市衛星都市の建設に求むべきであると云ふ世界的風潮は各國の識者の贊同する所となつた。田園都市建設の實例は極めて僅少であり、田園郊外の施設を加へて見ても未だ劃然として共同生活の新形式が確立したとは言ひ難いかもしれないが、都市村落の成長發達を放任するの不都合は世界的に確認せられた。文明國の立法行政は多數の共同生活の外形たる家屋の配列様式構造等に付て漸次嚴密なる規律を加へないものはない。初めは衞生保安交通等の公益上の必要からする建築の制限規律が、單に弊害防止の消極的態度に甘んじない様になり、積極的に將來に於ける人類共同生活の合理的な最も有利な生活様式を探究することが、最も進歩的な都市計畫の思想である。自分が市町村の構成を規律し改善するの行政と名づけるものは叙上の思想を實現せんとする行政施設の謂に外ならないのである。

六

エホバは生めよ殖えよ地に盈滿てよと人類の將來を祝福されたのであるが、人口の增加に伴つて土地の有限を歎ぜざるを得ない。就中都市に於ける土地の價格は土地所有を極めて困難ならしめた、土地價格の不廉は住宅供給に影響し家賃の昂騰となつて多數人類の生活を脅威する。住宅は家庭の基礎であり、之に依つて生活の安固福祉を享有することが出來る。故を以て獨逸國憲法第百五十五條第一項には『土地の分配及利用は國邦之を監督し、以て其の濫用を防ぎ且總ての獨逸人に健康なる住居を供し、總ての獨逸の家庭殊に多數の子ある家族に其の需要に應ずべき住居及家政を充すに足るべき家産を有せしむることを努むべし、將來制定すべき家產法に於ては特に出征軍人を顧慮すべし』と規定して居る。敗殘の後にも住宅政策に力を注ぎ家庭保護 Heimatschutz の施設に怠らない所は敬服するの外は無い。勞働者の爲にする小庭園運動 Kleingartenbewegung も亦此の點に於て注意すべき施設である。ライプチヒに於ける大醫シュレーバー博士の名を冠するシュレーバー協會の運動 Schrebergartenbewegung から大都市郊外の到る所に菜園殖民地 Laubenkolonien を見るに至つた。大自然と絶縁せられ、土に離れて農耕の途のない都市の下層階級に、郊外に小面積宛の菜園を坪貸しにして、休祭日毎に家族連れで農耕に努め自然の生活を爲すことを得しめる。遠州濱松附近の特志家織田利三郎翁一坪農業の主唱と菜園殖民地とは如何なる關係にあるかをしらないが、趣旨に於て通ずる所もあらう。千九百十二年六月十二日ダンチヒに菜園殖民地獨逸全國會議が開かれ、千九百十六年四月四日の命令には菜園貸地料最高額を決定し、千九百十七年十月十二日の聯邦上院命令は菜園借主を保護する規定を設けた。千九百十六年兵馬倥偬の間にも獨逸政府は小菜園に於ける野菜栽培に關する中央部を伯林に設けて小菜園事業の指導訓練に當らしめることゝした。千九百十九年七月三十一日には小庭園及小借地法が制定せられて小菜園運動は特殊の保護を受けるに至つた。同年十月一日小庭園主管廳 Kleingärtenämter の設置に關して政府は一般通牒を發して、大市町村に小庭園主管吏員の設置を奬勵勸告した。伯林に本部を有する獨逸勞動者及シュレーバー菜園中央聯合會は既に會員十五萬人に上り最近成立した獨逸小菜園聯盟中央聯合會 Zentralverband der Kleingartenvereine Deutschlands は聯盟數七百四十會員五萬を數へると云ふ。內務省參事官カイゼンベルグ博士が『大都市又は工業町村は今日小菜園貸付施設を缺ぐことを得ない。小菜園の貸付供給の施設は都市社會的施設の重要なるものである』Keine grossstädtischen oder industrielle Gemeinde Kann heute Kleingartenfürsorge entdren. Sie bildet eine der Hauptaufgaben sozialen Betätigung derGemeinde と云つて居るのは大に味ふべき言葉である。

七

『勞動者は祖國を有しない』と云ふ共產黨宣言の一句は祖國を有せざることを欲するの意ではない、又祖國あるべからずと云ふのではない。現代經濟生活の壓迫の下に家庭を作るを得ず、祖國に感謝信賴するの念を有せずとの事實を告白した悲痛なる言葉である。國亡びて民族存し到る所に迫害せられて居る猶太民族にもパレスチイナの故國を恢復せんとするシオン運動は如何に郷土祖國に對する人間至情の深いかを示すのである。倉廩充ちて榮辱を知り衣食足つて禮節を知ると云ふ。黎民飢ゑず寒からずして未だ王たらざるは之あらざるなりと云ふ。社會組織の根本を震撼せんとし、國家社會を呪咀するの危險思想はプロレタリアに對する安住の家庭保護の施設を以てするに非ざれば救治し得ないのである。勞資の爭鬪は避くべからざるにもせよ英國勞働黨の前保健大臣ホエートレーの所謂『階級鬪爭の赤十字事業』たる住宅政策に依つて爭鬪の慘害と犧牲を輕減することは行政當路の重要なる任務であると思ふ。社會組織の現狀維持を必要とする保守的分子も右の如き諸施設に直に贊同し得る筈である。人口增加の著しい趨勢に對し、社會文化の顯著なる進步發達に依りて、現在の市町村の有形的構成は、鐵道軌道道路運河港灣上下水道公園市場墓地の諸施設を遂行して大改造を加ふるの急務を刻々に增加する。有限の地上に如何にして最も合理的に最も有利に多數の人々に滿足すべき安住の道を與へることが出來るか、住民の實生活に密接なる各種公共施設を如何に完成して安易快適なる生活を爲すを得しむるかゞ、最も有意義にして緊要なる當面の地方自治行政の任務であると思はれる。

八

多數共同生活の形式構成を規律し改善するの行政の問題は、都市計畫法市街地建築物法道路法水道條例下水道法地方鐵道法軌道法等の領域に亘つて論究するを順序とするのであるが、玆には論及するの遑がない。一應の總括的考察を纏めるに際して內務當局の自治觀念に付て苦言を呈する必要がある。內務當局は盛に國の行政國の機關なるものゝ範圍を擴張せんとする。複雜なる行政關係法律關係を說明するに國の行政國の機關と云ふ語を用ゐれば一切の事柄が解決されたかの如くに考へて居る。道路は國の營造物である、道路管理の行政は國の行政である、地方自治體は之に關する經費負擔の任に當るに過ぎないと云ふのは內務當局常套の說明である。都市計畫行政亦內務當局は之を國の行政なることを不動の眞理なりと考へて居る。水道條例下水道法の關係に於ては市町村の營造物なりと說明し得るに拘らず、一度都市計畫事業として上下水道を施設する場合は自治行政に非ずして國の行政となることは內務當局は自明當然なりと考へて居る。一體都市計畫とは『交通衞生保安經濟等に關し永久に公共の安寧を維持し又は福利を增進する爲の重要施設の計畫』であるから、若しも內務當局の解する如くに都市計畫行政が國の行政であるならば、都市計畫法の適用ある都市は自治權の重要なる部分を侵害せられ、重要ならざる一時的なる施設を任務することゝなる。即我が國の各都市行政の概ね然るが如くに單に眼前一時の輕易なる事務を處理すればよいので、永久的の重要施設は都市行政の關する所に非ずと見てよいのである。此の如き中央當局の態度が自治行政の根本義に背戻し自治行政の發達に大害を及ぼすことは言を竢たない。自治行政の本義を忘るゝ中央當局を有することは誠に皮肉なる事實であつて、時代錯誤前世記の遺物たる舊式固陋の頭腦が累々として所在に蠢動して居ることは、行政の改善發達の爲遺憾に堪へないのである。國法は毫も國の行政國の機關なりと規定しては居らない。而も國費を以て國の官吏に依つて處理する純粹なる國の行政とは內容に於ても形式に於ても明確なる區別がある。或種の權限に付て府縣會市町村會の議決を經ないと云ふことが直に國の行政たる所以ではない。都市計畫及都市計畫事業の議決機關として府縣會市町村會の外に都市計畫委員會を置き政府の任命に係る委員を以て組織するからと云つて、其の機關が國の機關となり其の行政が國の行政となるべき必然の關係はない。自治の本旨に副はざる法制もあらう、不備缺陷もあらう、唯解釋說明の便宜に出でた概念構成の幼稚拙劣貧弱の結果が不當に自治行政自治權の範圍を限局し、狹隘にして地方公共の事務の本質を誤解し、自治行政の中樞機關たる內務當局が自治の本義を諒解せざるが如き嫌あるは、誠に慨歎に堪えないのである。

六　市廳を有せざる我國都市

一

我國の地方自治の最大缺陷は何であるかと申せば、市町村と市町村民との關係が單に事務的な關係に止まる事であると申しませう。箇人と箇人との間でも單に法律的な事務的な關係に止まる間は、到底十分なる親密愛着の情は起らないと同樣に、市町村と市町村民との關係が我國の如く法律的な事務的な關係に止まるものは、自治共同の思想や市を愛するの感情は到底發達しないのであります。此の事を辨へないで幾ら地方改良に自治の觀念に百萬遍を唱へた所で、何の役にも立たないのであります。口先で如何程の理論を述べ、歐米學者の受賣をした所で、現實東京市の內外に住む者は、內務省の當局官吏自身ですらも、一向東京市に對し、郊外町村に對し何等の愛着の念何等の公共心が起らないのが當然であります。我々の實生活と餘りに交渉が薄いからであります。我々が萬一市役所町村役場に出かける必要がありとすれば、夫は何の爲でありませうか、好ましからぬ併し止むを得ない法律的な事務的な仕事の爲であります。其の上に受附氏や市町村吏員か無智無理解で手つ取り早く片着かないとすると、我々の市町村に對する感情は益〻荒まざるを得ない次第であります。我自治政の現在に於て、暖かい感じで市廳を眺め、之を眞に我々の共同のホームと考へるには、我自治政に對する當局の頭を改造し、市役所を改めて市廳とすることが必要であります。我國には市役所はある、市廳は一も存しないのであります。

二

我々の實生活が市町村の公共事務と分離するを得ない、死生苦樂を共にすると云ふ程度となれば、市町村に對する我々の感じは自然變らざるを得ないのであります。非常の事變に際しては、食糧の配當に被服住居の供給に市町村の盡すことは固より多いのであります。歐洲大戰に際し交戰各國市町村の住民の爲に盡し、死生を共にする迄の活動は涙ぐましいものがあります。就中リエージ破れブリユツセル潰えアンヴエルの死守の如き、眞に市廳が市民の中心となり、生命財產其の他一切の利害を引受けて最善を盡した所などは、悉く之れ感激の原因たらざるはありません。此の如くして市を愛ずるの心は自然に起らざるを得ないのであります。震災當時に於ては我市町村も亦相當の活動をしたのでありますが、如何なるものか未だ遺憾なく市町村住民の感謝信賴の目標となることが出來ません。甚しきは偏頗の處置ありと疑はれ、不正私擅の行動すらも指摘されるのであります。非常事變に臨み人の生死に關する事件に對して、當局吏員の活動に遺憾なる所があり、況んや其の動機に批議すべき所あるが如きは、固より論外の事で、此の如くして市町村を愛し又は信頼すべき感情の起らないのは寧ろ當然であります。

三

人生に於て歡びを共にすることが、どれ程重要であるか、どれ程個人の生活にも之が親しみを深くする所以であるかを考へまするど、自治政の中から歡樂の分子を一掃して、自治政を法律的な事務的な無味乾燥な領域に押し入れてしまつた我當局者の失策を痛撃せざるを得ません。昔は村芝居を催したこともあります、鎭守のお祭は町村擧つての祭りで公の仕事であつたのであります、盆踊りも亦娛樂の少ない農村では、指折りの重要なる年中行事であつたのであります。或は之を不法の事なりとして禁止し、或は町村公費と爲すべからずとし或は協議費として施行することすらも監督官廳は壓迫せんとしました。此の如くして共同緝睦を唱へ農村振興を唱へた所で、何等の實效なきは當然であります。

四

巴里には市長主催の大舞踏會が市廳で催されることが少くありません。倫敦の區廳にも舞踏會の催ほしが頻々とあるのであります。秋の獨逸の各都市のメッセの大賑はひや收穫祝ひやには市廳が中心となつて活躍します。市營の水泳場は最早冷氣を覺える頃までも、市民競泳を催ほして日曜を愉快に送る所も我々の忘れ得ない所であります。音樂の催ほしに至つては申すに及びません。市廳の地下室で家族連れで夕食をして居る市民も御座います。結婚披露の宴も催ほすことが出來ます。壯嚴なる民事結婚の式場を備へた市廳も御座います。市廳の內部は一定の時間に縱覽自在であるのが普通であります。稀代の名畫彫刻を列べた市廳の廣間、市の重要なる事件の記念が市廳を參觀するものにどれ丈けの印象を與へるでありませう。此の如くして初めて市廳は我々市民共同のホームと云ふことが來ます。單に事務的なイヤな役目を果す所でなくなります。

五

南獨バヾリアの首都ミユンヘンは藝術の都と稱せられて、芳醇なミユンヘンビールの味はひは遊子の長く忘れ得ない所であります。カトリツクの信仰牢として抜き難いので市の中央部は南獨寺院建築史上一時期を劃すと稱せられるサンミケール寺院と、ゴチツク式のフラウエン寺院とが聳え立つてミユンヘンを象徴して居ります、其の程近い所にマリエン廣場を前にして新市廳が立つて居る。市廳正面の高塔の大時計の装置の下には人形が取り付けてあつて、午前十一時午後九時の二回妙なる樂の音に連れて、此の人形が踊る仕懸になつて居ります、人形の踊りはミユンヘンの歴史に在る重要な事柄を仕組んだものださうです。誰でも入場料を拂つて市廳の高塔に登つて。市内市外遥にはアルプスの眺めを恣にする事が出來ます、アルプスの美しく見える時は市廳の高塔に國旗を掲げてあるので御座います。

六

ハンノーバーの市廳は大戰直前千九百十三年六月二十日カイゼル臨場して開廳式を開いたもので起工式は千九百三年六月二十日に擧行したのでありますから、正に十年の歳月を要した次第でありますo人口三十二萬接續したリンデンを合せて四十萬の市廳としては宏壯無比で、獨逸ルネツサンスの建築巍然として建つて居ります。長さ十六間幅十一間高さ十六間の中央大廣間や大小幾多の儀容の爲の間取りは單に日常の事務室に充てる室の坪數を超えて居らうかと思はれる、獨逸人には市廳とは市役所に非ずと考へられるのであります。市廳前面の廣庭や後方マッシュ公園の池に臨んだ環境の風致亦市廳に對する感じを壯嚴にするかと思はれます。

コッペンハーゲンの市廳は千九百五年開廳式を擧げた新式のものでありますが、總工費二百六十萬圓、前面三十六間奥行六十五間、中央の大宴會場事務室以外の壯麗な各室は入場料を徴して縱覽を許して居ます。

七

倫敦市廳の古色蒼然たる建物は餘り見榮えはしないのでありますが、英人の自由憲政自治の歴史をさながらに現代に示すものとして、誇るべき紀念であると謂つて居ります。或は大憲章の爭ひに或は權利請願に或はクロムウエルに或は名譽革命に、英國の重要なる史實の大半は市廳の歴史に織り込まれて居ると彼等は勿體をつけます。倫敦市として人口は二萬に過ぎない猫額の地域を尙大倫敦の中心の一公共團體として、數百年の自治の傳統歴史を無二の尊といものとして維持して行く氣持には相當尊敬しなければなりませぬ。

新時代の大倫敦に關する自治行政はカウンチーカウンシルの活動する所でありますが、カウンシルは從來ホワイトホールの諸官廳の續きに廳舍を持つて居つたのでありますが、近年テームス河畔ウエスミンスター橋をハスカイにして國會議事堂と向ひ合つて宏壯な建築を致しました。ゴシックの國會議事堂は倫敦名物の重要なるものでありますが、カウンチーホールのルネーサンス式の建物も亦之に對して遊子の感興を惹くことが多いと思ひます。彼が國政を料理すれば此は七百萬大倫敦の市政を運用する、彼がテームスの西北にブールジョアの爲の政治を任とすれば之は東南のプロレタリアの爲に氣焰を擧げる。憲政の範を世界に示すと彼が任ずれば、此は進歩した自治施設は自分の任務なりとする。固より單なる刀筆の事務室たるに止まらない、自治體と住民との關係は勿論單なる事務的法律的の關係に止まるとは考へないのであります。

八

ウールワースの高さには一籌を輸するとも、紐育の凌雲閣摩天樓の市街の中に、巖丈なる市廳の建物は大小高低樣々の建物を威壓する如く、中心となつて立つて居ります。伏して本廳舍往年タマニー派が總工費二千四百萬圓を要したと虛構して、公金を盜んで犯罪の跡歷々たる裁判所廳舍などは蟻の樣に小さく見える。紐育の市廳としては其の體を得て居るかと思はれます、二十四階高さ五百六十呎一吋ありと申します。

諸君若し太平洋を超えて金門海峽を經て桑港に入り、甲板の上から遥に桑港市街を眺めるならば、シビックセンターの宏壯なる建築物が一眸の中に入ることゝ存じます。廣庭を中にして市廳舍と公會堂と圖書館と桑港市街の中心は玆に在りと計り立つて居るのであります、何れも先年地震の後に建築したものであります。諸君若し背面に向を變へて桑港の對岸を眺めると、オークランドの市廳巍然として高く聳えて市の中心を形づくつて、一切の櫛比する家屋の上に君臨するが如き感あるを覺えるでありませう。姑らく市政の內容如何は之を措きます、少くとも紐育や桑港やオークランドや其の他の米國の都市の市廳の建物は形の上に於て市の中心となり統御者となつて居るのであります。

九

近時東京市は憲兵司令部の所を市役所敷地として建築するの計畫があると傳へます、宮城の廣場に近く大手門の前に接し、一路日本橋に向ふ憲兵司令部の所は場所として推稱すべき價値が十分にあるかと思はれますか、單純なる事務所市役所としてならは或は足るかも知れませぬが、市廳として將來大東京を治める中心としては夫丈けでは甚だ物足らないのであります、尺寸の空地も廣場も餘裕を置き得ないが如きは滿足し得ない所であります。內務省敷地に亘り道路を取り入れて、或は道路は市廳の中を通じ、或は市廳の横を通ずる樣にして、始めて滿足すべき敷地が得られませうか。新築する廳舍は固より單なる市役所であつてはなりませぬ、市民の殿堂たることを必要とします、市民共同のホームたることを必要とします。市の公式の一切の儀式を擧行し得るものでなくてはなりません、市廳の中へ行幸啓を仰ぎ得るやうの設計でなくては滿足が出來ませぬ。市廳は作らず市役所にて足れりとする短見者流は恐らくば長く我市政の進步を阻害し市民の幸福を損ふものであらうと思はれます。

第四章　調査と報告書

一　英國の市町村はどんな事をして居るか

一

地方自治は立憲政治の基礎であります。我國の中央政治が、憲政の祖國英國の中央政治に倣ふべき所が多々ある樣に、我國の地方自治は、心を虛うして英國の地方自治に學ぶ必要があります。他山の石採つて以て我家の玉を磨くべく、彼の長を採つて、我の短を補ふことは、當路者の須臾も怠るべからざる所であります。此の立場から、私は玆に赤裸々に有の儘に英國地方自治體の活動を窺ふが爲に、最近一箇月間（大正十三年八月）の週刊英國市町村雜誌（The Municipal Journal and Public Works Engineer）の記事から各方面の事業を拾つて見ることゝ致しました。

二

先づ第一に顯著なる事實は、英國の市町村が娯樂機關又は保養慰安の施設に餘程力を入れて居ることであります。バイドフォード（人口九千）は露天水泳場設備の新設の計畫中である。リッチモンドはパークショットに在る既設浴場を擴張して二十二の家族浴場を增設する計畫中で、之に要する工費四萬九千五百圓の起債手續中である。ワンヅワース市營浴場の婦人入浴者は千九百十三年度には七千五百二十八人であつたが、千九百二十二年度には三萬千三百四十八人に增加して、設備が不足であるので二萬千圓の豫算を以て、浴槽十二箇の增設計畫中である。タイヴートンの出身のバーミンガム市會及バーミンガム救貧局のターナー氏は一萬圓をタイヴートン町に寄附した。同町は此の寄附金と一般財源とを以て、豫算二萬四千圓の水泳場を新設することに決した。此等の浴場水泳場の施設は、未だ娯樂施設と云ひ得ないのでありますが、次に述べるものゝ如きは、娯樂的分子が非常に濃厚であります、マルドンと云ふ人口六千の小港は、臨時町會を開いて町營の水祭りを八月に實行するか否かを討議した。其の結果運動場や遊歩道を水祭り場として、八月十四日に開催する。外來者から入場料を徵收すれば、一切の經費を償つて餘りある見込だと云ふ町長の說明を聞いて町會は異議なく水祭り實行の件を可決した。エドモントン町會は八月以降秋冬の内に期日を定めて上等水泳場に特にダンス用の床を拵へて、ダンスを擧行することに決した。夏の間は公園でダンスを擧行するのである。英國でも、獨佛大陸でも、市廳や町役場が主催してダンスを開催することは極めて多いのです。我當局者の如く、鎮守の祭りを町村の事業と爲すべからずとし、盆踊りを壓迫し、神社祭典費を公費から峻拒して協議費支辨とする。我地方自治から、緋睦遊戯の分子を絶滅させて、農村衰廢の一因を釀成して悟らないが如きは、地方自治の本旨を辨へざるものであると申すべきであります。

三

衣食足つて禮節を知ると申します。公共の必要に應ずる施設を爲して、其の上で娯樂休養慰安の施設に進むことが出來る。我地方自治は、最少限度の義務施設に追はれ勝ちである。我地方自治に娯樂休養慰安の施設が皆無であるのは未だ最少限度の公共施設すら出來て居ない當然の結果であるとも考へられます。此の見方の是非は姑く置きまして、尙英國市町村の施設を見ますと、娯樂休養慰安の施設が各方面に亘つて居ることを發見します。人口四萬のチエスター市には一周一哩の競馬場があつて、毎年五月全國の注視の的となるのでありますが、市は競馬場收入の八分の一と觀覽席貸料とで、本年三萬千九百五十圓の收入を得た。グリーンウイッチの中央圖書館では七月中民政資料の展覽會を開いた。マンチエスターは、元國立病院の敷地跡に美術館博物館を建設し、其の環境一帶を、一遊園地とする計畫で其の設計を懸賞で募集して居る。トウイツケナムは、最近七萬圓を投じて購入したヨークハウスを改築し、其の附近地を遊園地とするに付、建築技術者の意見を求めて居る。尚同町は二萬圓を起債して、ミユレー公園内の乘馬學校を改築修繕して、公會堂に變更し様として居る。人口十二萬のダービー市は二千七百六十圓を投じて八隻の貸ボートと、四隻の獨木舟を購入して、公園内の池に備付けた。同市は貸ボート經營で總額千八百八十圓の利益を擧げた。リバープール市會では日曜日の夕方公園に奏樂するの案が三十三票對七十票の多數で否決された。人口六萬の日曜遊樂地ヤーマウス市では最近ゴールストンの新奏樂堂が落成した。工費五萬圓であつて芝生、花壇、遊歩道、聽衆座席が附屬して居る。座席は七百人分で、外に芝生に四百人分の椅子を置ける樣になつて居る。市營で奏樂堂を作り時々或は有料、或は無料で奏樂することは、我國でも漸次流行する樣にならう。貸ボートの經營の如きも好成績を擧げることは、敢て困難ではあるまい。體育競技に對し、內務省文部省が競爭的に注意して來た社會一般に力を入れる樣になつて來た以上、之に關する施設が、地方公共事務の範疇に屬することは、頑冥なる當局者と雖、少しは理解して來たらうと思はれます。避暑地避寒地への殺到、日曜休日每の遠出散策、日がへりの旅、又は一二泊の保養は世界的の流行であります。其の可否得失は別として、既に無數の人々が保養地其の他郊外への殺到する以上は、之に對應する公共施設を講ずることは、公共團體當然の職務であります從來何等此の方面の施設を見ないのは新時代の要求に盲目なるものと謂はねばなりません。

四

市町村と私共の生活との關係が、從來の如く、單に法律的事務的である間は、到底私共に市町村を愛する心は、起り得ないのであります。箇人同志でも、事務的法律的の關係に止まるものは、親密になり得ないのであります。喜びも、悲しみも、生も死も共にする樣であつてこそ、離るべからざる關係を生ずるのであります。娯樂休養の各種施設は、此の點から見ても市町村と私共との關係を密接にするものであります。英國の片田舍の或る村では、役場に活動寫眞館を附設して農村娯樂機關の施設をすることに付て、調査を始めたと申します。我國でも村芝居は、古來公共の施設として實行せられたのであります。眞に農村振興に意を用ゐるの士は、從來の誤れる地方自治の思想を根柢から考へ直して、農村生活に文化生活を輸入し、健全なる純娯樂施設（民力涵養や貯蓄奬勵の活動寫眞の類は眞平御免である）純粹な興味中心の娯樂の普及發達に意を用ゐ、而も之が地方自治行政の重要なる任務の一であることを自覺することが必要であります。

一般の事業が發達して居ることは、申す迄もありません。ブライトンは、人口十七萬海岸保養地の隨一であるが、市參事會員スタンプフォード氏からプレストン邸宅の寄附を受けたので、別に五萬圓を投じて附近の土地五千坪を購入した。エヂンバラでは街路上の架空電線を地下線に變更させる方針を決定し、尙將來は一切の架空線を認許しないことゝした。

五

エキシター市は、交通頻繁なハイストリート街の電車軌道を複線とする意向であるが、沿道居住者の三分の一以上が之に不同意であるので、特に交通大臣の許可を得て複線敷設を斷行しやうとして居る。グラスゴーは三百八十二萬千五百圓の工費を以て塵芥燒却場を設置し其の火力で發電するの計畫を立てた。ライセスター市は、下水施設の擴張事業に付、六百三十萬圓の起債の許可を得て借入交渉中である。ウエストンシユパーメーアは、人口二萬三千の海岸保養地であるが、町の美觀を增す爲グレンワーズ灣を區劃して、一部を湖水として其の前面を模範的なるヨット快走場とする計畫である。人口一萬五千のカウス町は、十九萬五千圓の工費で海岸遊歩道を新設する計畫を立て之に對して失業救護資金から、補助金を受け樣として申請中である。シユッフィールド市は、工費三百五十萬圓を以て公會堂の建築をすることに決定した。公會堂使用料の收入が年額五萬圓に上る見込である。其の他同樣の事業は多くありますが省略します。

六

二三の興味ある活動振りを紹介しますと、チエスター市會は、市立學校に於て性敎育を與へることは、市立學校敎員の職務であるか否かに付て、討議の末、可否同數に分れ市長の裁決權で職務でないと決定した。ヒンダーウエル町會は財政極めて窮迫を來たしたので、俸給々料を除く以外の支拂は一時見合すことゝした。福島縣の某町村は、小學校敎員俸給の支拂までも出來なかつたと云ふが、ヒンダーウエル町は俸給丈は兎も角、支拂ふのであります。炭坑カーヂフでは坑夫が不潔な作業服の儘で電車に乘るので一般の乘客に迷惑を及ぼすと云ふ陳情が市の電車委員會に提出された。市長ジユキンス氏は之に對して不潔な作業服を着た坑夫は電車の二階にのみ乘らしめる案を出した市長の意見の通實行することに決定した。が成るべく圓滿に實行する爲坑夫組合の書記長を通じて出來る丈け坑夫は電車の二階に乘車する樣に求めることになつた。

二　英國市町村の模範的事務報告書

受任者は委任者の請求あるときは何時にても委任事務處理の狀況を報告することを要します。(民法六四五條)。株式會社の取締役は營業報告書を定時株主總會に提出して其承認を求めることを要します、(商法一九二條)。市町村の事務は市町村住民全體の公共の利福を增進する爲にするものでありますから、市町村事務の成績如何は市町村住民に重大なる利害關係を有するのであります。夫で市制一三三條、町村制一一三條は豫算を市町村會に提出するときは市町村長は併せて事務報告書を提出すべしと規定して居ります。市町村行政の實況を明細に適確に報告し多數の人々の諒解を得て、仍つて以て當局者と共に力を合せて市町村事務の進捗改善を圖ることは、市町村行政改善の根本であります。隨つて事務報告の改善は地方自治の振興を念とするものゝ看過すべからざる所であると存じます。

一

然るに我國の實際はお話にならぬ有樣であつて、系統もなければ連絡もない、殆ど無意義に近い統計數字を列ねて事務を報告したりして居ります。眞に市町村長が市町村住民に對して、既往一年間の市町村行政の狀況を報告すると云ひ得るものは、一萬有餘の市町村中殆ど皆無に近いと斷言して大過ないと存じます。市町村の當局者も監督官廳も、市町村會の人々も世間一般も、亦形式一片の事務報告を當然視して怪みません、之は事務報告の意義必要を全然忘却して居るのであります。洵に地方自治行政の振興發達の上に遺憾な事でありますので、私は此の機會に於て歐米地方自治體の事務報告の實例二三を紹介して諸君の御參考に供したいと思ひます。

三

上海の市政は各國居留民が委員を選出して運用して居りますが、我國からも委員が出て居ります上海の日本人旅館へ行くと行政委員會の上海市政報告書が毎年三卷數百頁の紙幅で市稅納稅者に對し市政の委曲を詳細に報告する印刷物が備付けてある。我國の大小を問はず市町村事務報告は探しても手に入れ難いのですが、上海では容易に旅行者にも手に入れ得るのであります。伯林は敗戰後の事務の混亂の間に拘らず、早く『世界大戰中に於ける伯林市五年間の活動』と題する浩澣な書物が市の記錄吏員に依つて公刊されて居ります。倫敦市政報告の詳密な事は驚くべき程です。米國の都市の特許狀には年々報告書を市會に提出すべしと規定してありまして、數百頁の詳細なる記述に依つて最近一年間の市政の狀況は手に取る如く明になつて居ります。而も漫遊の一外人が容易に手にし目にすることを得るのであります。

四

倫敦カウンチーカウンシルの經營する電車は東京大阪と同樣ラッシユアワーには隨分雜沓するのでありますが、私は滯英中テームス河畔ヴイクトリア・エンバンクメントの一停留場に貼出してある揭示を見て感心したのであります。茲にデモクラシーの眞義があるかと思つたのでありますが。たには市營電車は平常何臺であつて一時間何萬人を輸送する。ラッシユアワーには之を何臺に增加して何萬人を輸送する。前年前々年から乘車人員は累年如何に增加して來るか、之に對し現在設備の全能力を發揮し最善を盡して居ると云ふ趣が一讀明瞭になる。混雜する停留場で幾臺と待ち合せて幾らか市當局の無能呼ばはりをしたい氣持になつて居ると、此の說明に依つて恕してやる氣になるのであります。私營の地下鐵道にも同樣な貼紙がある。英國中に最多額の納稅をする者は地下鐵道會社であつて、年額何百萬圓中幾何は市稅、幾何は所得稅、幾何は何々と書いてある。又地下鐵道は何年から開業し、逐年馬車を驅逐し輸送人員が累年斯々の增加をして來たと說明して居ります。或は從業者は何人、賃銀年額何百萬圓、眞夜中でも何人は徹夜作業をして居る、又使用電力は幾何と云ふ樣な說明もある。各驛の大エレベーターの一昇降に要する經費は何片である、其の內譯は減損補塡賃銀電力幾何と謂ふ類の說明も私の忘れ得ない所であります。

五

最近英國炭坑市カーヂフ（人口二十一萬九千八人）の收入役ジョン・オールコック氏の同市會に提出した財務報告書は、極めて通俗的に分り易く市の財政狀況が說明してあつて、事務報告に一新機軸を出したものだとあつて大に市會の滿足を得て、昨大正十三年十二月八日同市會は之を印刷に附して廣く市民に頒布することに致しました。カーヂフ附近の南部ウエールスや英蘭西部諸縣の地方新聞も一齊に、オールコック氏の簡明にして通俗的なる市財政說明を賞揚し、各市町村當局者は宜しくオールコック氏の例に倣ふべしと論じて居ると云ふ事です。其の說明振はどうであるか、英國市町村雜誌の記事に從つて其の要領を摘記しようと思ひます。

六

一體貴衆兩院の論客選良の中にも豫算通、財政通は中々求め難いのでありまして、財政數字を活かして而も分り易く市民國民に說明することは難事中の難事であります。併し財政は國政市政の最も重要な事柄でありますが一般國民市民の求むる數字は決して單なる總額や積算單位ではないので、要點を具へた活きた數字であればよいのです。オールコック氏の說つた所はその要點であつて、例之カーヂフ市は駄馬係を置いて駄馬八十頭を所有して居る。所で此の駄馬は市中の汚物塵芥の運搬に使用するのであるが、其の經費は厩舍維持費、減損補塡仔馬費其の他諸經費を合して一時間三志一片（一圓五十四錢）である。（之を市中の荷馬車雇上代と比較すれば市のやり方の損得は直に判斷することが出來る）。所で市は其の他の事業につき荷馬車會社に請負せて支拂ふ額が、年額十六萬三千九百七十圓であると云ふ調子に說明して居ります。

七

カーヂフ市會の任命する徵稅吏員は市稅と救貧稅を合せて徵收する。其の徵稅額は一般市費四、

五九二、三〇〇圓、敎育費二、五五三、八三〇圓、救貧諸費二、〇二二、五四〇圓、徵稅費六三、〇〇〇圓である。一般市費は敎育と公營事業以外の一切の市行政の費用であつて、道路維持費、下水汚物掃除、街路照明、市廳、裁判所、市場、司法、行政、衞生費、療養所、兒童保護、公園、警察、消防等の費用である。次に國庫補助金の收入は三四五、八六四圓三二錢あつて、貧困精神病者監護費、救貧事務員費、衞生吏員費及び警察職員の俸給、被服費に對する補助である。新に街路を開設した場合には、市は新設費の全部を沿道土地所有者に負擔せしめる。其の以後の街路維持費は一般市稅で支辨する。既往一個年中市の舊市街に於ける街路新設費十二萬七百三十圓、新編入區域に於ける街路新設費十九萬九千九百三十圓であつて、兩者とも將來沿道土地所有者から市に償還せしむべきものである。

八

次に報告書は市債を明快に說明して居る。市は永久的の投資的支出に充つる爲市債を起すのであつて、從來の起債總額は敎育費と公營事業起債を除いて二千八百三十四萬五千七百十圓に上る。市債に就ては其の償還條件を嚴格に遵守して減債基金を積立てる。減債基金の現在額千四百三十八萬五百三十圓であるから、市債現在額は千三百九十六萬五千百八十圓である。右の如き起債に依る施設經營に依つて始めて現代都市としてのカーヂフ市の今日あるを致したのであると說明してある。

九

市營電車事業の爲投下した資金總額は七百二十五萬六五千百六十圓である。投下資金は公營事業の中心眼目である。市營以來減債基金を蓄積し其の額三、八〇一、六三〇圓になつて居るので、市債殘額從つて未償却資金は三、四五四、九三〇圓である。即投下資金の五割二分三厘九毛は既に償却濟である。乘車料收入は二、七六四、一八〇圓で一走行哩當平均八十八錢一厘である。貨物收入八、六七〇圓、電車內廣告料收入三二、〇〇〇圓、雜收入四、五五〇圓、收入總計二、八〇九、四〇〇圓、一走行哩當八十九錢五厘である。營業費は二、〇二〇、六六〇圓で一走行哩六十四錢三厘である。市債償還減債基金資金利子、所得稅等の支出額三九五、六〇〇圓、一走行哩當十二錢六厘である。差引純益三九三、一四〇圓、一走行哩當十二錢五厘である。乘車人員四千百十二萬三千二百八十人であつたが、前年の乘車人員は三千九百六十三萬五千五百六十八人であつたと書いて居る。市電經營成績如何は一目瞭然と云つてよい。

次は電力供給事業であるが、千八百九十一年カーヂフ電燈規則に基づいて、大正十三年三月三十一日迄に支出した資本總額千九十一萬八百二十圓である。大正十三年中二三、八五四、一三六單位の電力を一萬八百二十二人の消費者に供給し、其の料金收入二、一二〇、二一〇圓である。メートル貸付料其他の雜收入五二、〇四〇圓、計收入總額二、一七二、二五〇圓である。營業費九九五、四六〇圓、市債償還、所得税等の支出六四九、五八〇圓、資本勘定に支出したる額二二、三八〇圓、差引收入超過五〇四、八三〇圓である。此の內から本事業經濟から一般會計に繰入れて市税の輕減に充てた額は六四、七〇〇圓である。

水道事業に就ては次の樣に說明してある。大正十三年三月三十一日の資本勘定の支出總額二千二百九十五萬千四百十圓であつて、內百八十一萬七千二百圓は大正十三年度中の事業である。其の主要項目はリノンウエナルト貯水池八一五、七五〇圓、カントレフ濾過池一七六、二〇〇圓、カントレフ貯水池よりラニシエン貯水池に至る第二送水管六三、二九七〇圓、配水管及給水管一九二、二八〇圓である。給水料收入一、六八五、二九〇圓、貸地料其他雜收入四七、〇五〇圓、計收入總額一、七三二、三四〇圓である。水源貯水配給費、配給水管修繕費、水道用地に對する租税及び事務費等の支出總額七〇五、四三〇圓である。市債費一、〇九九、二四〇圓總計一、八〇四、六七〇圓である。差引收入不足は一般市税を繰入れ充當する。水道使用者五萬三千五百人である。

二

住宅供給施設及び教育施設に關する詳細なる說明は市町村雜誌は引用して居らないから省略する唯小住宅獲得法に依つて市は既建築小住宅を購入し、又は小住宅を建築して之に住居する者に資金を供給する權限を有する。同法に依つてカーヂフ市が資金を供給した額は一五三、九五〇圓、家屋數二十八である。初等教育費三百九十二萬二千十圓、高等教育費百四十三萬四百三十圓の內容も詳細に說明してあると云ふ。尙オールコック氏の報告書には純市債內譯表、市債財產表及び累年市税表が附してある。報告書に依つてカーヂフ市民は市の公營事業を合せた一切の收入額四千二百六十二萬五千六百六十圓の巨額に上ることや、又市の雇傭する勞働者に支給する賃銀が年額六百六十五萬圓に達することを知つて感心するだらうと市町村雜誌は結んで居ります。

二

扨て以上の簡單な數字に依つて英國ウェールスの炭坑市カーヂフの市政の要點は髣髴として揣摩することが出來ます。法制や事情を異にする未見の英國の一都市の市政が活々として明確に出來るに反して、飜つて我國大小都市の行政の實際を知らうとすると殆ど絶望するの外はありません。私は曾て倫敦、巴里伯林の市債狀況を調査して一目瞭然其の要旨を會得することが出來ましたが、內務省に於て復興局に於て官の有する最善の便宜の地位にあつて、官廳の權限を利用して而も東京市債、橫濱市債の狀況の要領を得難きに焦々せざるを得ませんでした。市町村當局者も監督官廳も、市町村の行政自體を十分に理解し之を系統的に整理し說明するの用意に於て甚しく缺けて居るのであります。市町村行政及び財政の現狀を十分に明にしないでは、到底市町村行政の改善進步は望み難いのであります。將來ある有爲の市町村當局者に、地方當局者に、私は特に市町村行政の現實に目覺めて英國市町村事務報告の實例に學ぶ所あらんことを切望するもので御座います。

三　井上博士の遺風を偲びつゝ

一

形式的な餘りに形式的な、法律論理に累せられる我國の地方行政は不幸なる哉と今更ながらに歎息せざるを得ません。創意を尊ぶことを知らず、古今東西の事蹟を目のあたりに直視して生きたる施設を講ずることを知らず、抽象的な形式論議に日を送る當局者の態度は、私の痛擊止む能はざる所であります。我自治行政の進步發達を阻碍する者は中央當局の此の誤まれる頭腦の所有者でありませう。私は現在及將來の中央當局者に諸君日常の執務が、我地方自治の振興發展に何の貢献する所あるかを深く熟慮せられんことを要望する。諸君の賢明を以てして地方行政に對する我中央當局の態度に一大改善を加へるに非ざれば、其の本然の職責に背戾することを自覺せられないと云ふことは私の不思議とする所であります。國府犀東氏の井上博士斷片傳の一節に『蓋し其の志や法令の解釋法文の咀嚼に存せず、夙に公共の利便を圖り民人の福利を進め、產業を發達せしめ、教育を普及せしむる所以の道如何を考究し、一に是を以て其の念と爲せり』とありますが、井上博士の遺風の一端を體得する者を求めて得難いことは我自治政の一大恨事であります。

二

私は行政機關の組織に就て創意を主とする機能と執行を任務とする機能とが、曾ては參事官書記官に分擔せられて、其の任務を盡すべかりしものが、參事官は何時の間にか法律技師に墮落し、單に區々末節の法律論議を事とし、群小法律家の眼光豆の如き小理窟を能事とする所謂審査員の現組織に推移したことを以て、邦家の前途の爲深憂に禁へない者であります。昔は參事官の抱負識見は大臣次官の諮問に答へ、經世的識見を以て進言輔佐するの機能を目標とし、且其の實力を具へた人もあつたのであります。唯與へられたる法令の審議、法律問題の決定に維れ日も足らず、積極的に能動的に當面の急務たる各般施設を創案促進することは思ひも寄らない。單なる消極的掣肘抑壓の機關となつて、多少の區々たる瑕疵を防止し得るに止まり、國家社會當面の眞の需要に對しては風馬牛の感あることは、少壯有爲の諸君の爲遺憾千萬の次第であります。

三

井上博士の創意は實行に遠いと稱せられたものです。一善を思ひ付いては直に之を實行に移さんとせられ、毎朝毎週部下に示される巻紙に項目を書かれた事項の中實行に適するものは十の一二に過ぎないと酷評するものもあります。部下も井上博士の思ひ付きに食傷閉口して、之に追隨し之を實現するの力が乏しかつた有樣です。併しながら時代の推移は驚く程急激でありまして、井上博士の創案を空想と難じ實現性に乏しいと貶したものが、今や着々と實行されて居るのであります。大正二年の冬か大正三年の春でしたらうか、井上博士は當時地方局府縣課に見習ひをして居りました私に、例の井上式巻紙の一々書き社會保險要綱草案と共に當時の大藏省參事官小野義一氏の獨逸社會保險制度の調査復命書を渡されて、獨逸社會保險制度の概要を一二枚に要約することを命ぜられました。當時の私は未だ社會保險に關し社會政策に關し何等の豫備知識を有たなかつたので、井上博士の注文には聊か面喰つた次第でありますが、或は桑田博士の著書を參照し、或はコンラードの辭書を飜し、最後に普國の統計年鑑に就て社會保險創始以來の實績を尋ねて漸くにして井上傳士に調査の結果を差出すことが出來ました。コンニャク版摺の井上博士の立案たる社會保險要綱草稿と其の參考としての獨逸社會保險制度並其の實績概要は、多分當時の何かの會合に井上博士から少數の先覺者に配付せられ説明せられたことゝ思ふのでありますが、恐らくは當時何人も井上博士の創案が遠からず我國の現實の施設となるとは考へなかつたのでありませう。健康保險制度の實施期日に迫つて私は今更に時代の急潮を痛感せざるを得ませぬ。而して何等の豫備知識を有たざる青年を指導して新時代の社會政策施設の調査に當らしめ、時運の進轉に先んじて計畫創案せられる井上博士を追懷せざるを得ないのであります。

四

大正元年の四月内務省に任官しました私は當初一二箇月殆ど意義ある用事がないので、甚だ不滿を感じて塚本祕書官に愬へて爲し甲斐ある仕事を與へられんことを求めたことが御座います。塚本祕書官は私を井上博士に紹介せられたので、井上博士はバーミンガムの市政に關する英書を讀んで其の大意を譯出することを命ぜられました。世界の最も進歩的なる模範都市、チヤンバーレーンの活躍した施設に依つて燦爛たる事績の見るべきバーミンガムの各般の事業は私の官吏生活最初の調査項目となつた譯であります。私の抄譯した『バーミンガムの市政』は其の頃よく地方局で印刷頒布した樣にパンフレツトとなつて、當路者に多少の參考となつたかと思ひます。又右の調査は當時雜誌『地方行政』にも登載されたので、私最初の仕事は先づ以て其の功を收めた次第であります。見習を指導し古今東西の民政資料を蒐集調査せしめ、苟も採長補短に資すべきものは之を餘す所ない井上博士の遺風は敬服の外はありませぬ。時に玉石混淆し時に反面に瑕疵缺點ある事績があつたにしましても敢て厭ふ所ではないのであります。

五

大正二年の地方改良講習會の折でありましたらうか、講習會に出席した學士有資格者の會合に臨まれた井上博士は、私共を激勵されて、最も進歩的な嶄新なる思想を有する少壯當局若は常に淸新なる意氣と高邁なる識見を以て上司を輔佐し、某府某縣の意見は何某に依りて立案せられたと推察し得るが如く、府縣の意見を指導するの概あるべきものであると謂はれたことがあります。地方行政に關して經世的識見を以て指導誘掖するの意氣を皷吹せられた次第であります。私は今日尚髣髴として井上博士の當時の風丰を想起して欽尙して居る者であります。

六

東京府政の概要を記述したものは御大禮記念事業として印刷刊行した『東京府治概要』の外何もありませぬ。府治概要は井上博士の時代の府政の狀況を一目するに便宜であります。爾後の府政の推移を明かにし、將來の方計を確立することは私共の責任であると考へまして、鋭意各課係を督勵して資料の蒐集整頓に努めしめて居ります。私は井上博士の定められた勸業の要目と其の後に於ける實施の狀況を對照し、或は府下產業組合の奬勵に、或は養鷄養豚畜牛の施設に、或は史蹟保存風致維持の問題に、或は敎育救濟の事業に、或は自治民育の施設に如何なる進展を爲したかを考究し、將來の施設經營を策案するに際して、常に井上博士を想起せざるを得ないのであります。私は井上博士のやられ方には時に妄評を試みるの無禮を敢てする者でありますが、井上博士の高風に對しては欽懷措く能はざる者で御坐います。

七

東京府の社會事業協會、市場協會、地方改良協會の三團體は井上博士の創立に係り、就中前二者は顯著なる成績を擧げて居ります。米騷動の寄附金を以て事業を治め震災義損金を以て單に應急救護の施設に止まらず、府下の社會事業施設の基本體系を整備した社會事業協會の事業に對しては、將來に於て恒久的の經營方計を確立し財政を鞏固にすべき時機となつて居ります。道路其の他公用地共公用地に一時的なバラックで開始した日用品市場は、賣上總額千二三百萬圓直營賣上五百萬圓の確乎たる組織系統が出來ましたので、市場の建物が本建築となり、協會所有地又は借地の上に恒久的の地盤を確立するの機運に到達したので御坐います。井上博士の遺業たる商工奬勵館は化學試驗に諮問調査に實驗研究に、貴金屬の檢定に機械材料の試驗に、展覽會共進會の開設に盡す事は勿論でありますが、或は產業能率の增進を圖り、或は南洋貿易振興會を創立し、南洋貿易見本品を蒐集頒布し旅商派遣の方法を講じ、或は取引の改善市價の低廉を期する爲見本市を開催し、織物新製品見本市の取引高千萬圓を突破したるの成績を擧げたるが如き、或は上海に於て東京府商工奬勵館主催の見本市開催の計畫中であるが如き事柄は、故井上博士に申上げると例の莞爾とした温容で喜ばれることと思はれる。

四　バーミンガムの市政

一

バーミンガムは其の昔水草を逐うて轉移せし『アングロサクソン』族がリー河畔に定住せるに始まる。『バーミンガム』なる名稱は『サクソン』語にして『バーム』又は『ビオーム』といふサクソン會長の『インガス』(子孫)の『ハム』(住地)の義なり。現今市の中心たる小丘は往時鬱蒼たる森林にして其の間に荊棘繁茂し雜草叢生せる荒野介在せりき。

此等の『サクソン』族は他の種族の侵入に具へ且つ猛獸等の襲擊に備ふる爲めリー河に近く小砦を築きて酋長茲に住し其の周圍には塹濠を作れり。其の後領主ド、バーミンガームの一族久しく茲に住せり。此の地前世紀の初め市の所有に歸し塹濠は之を埋立てゝ家畜市場を設け最近に至り青物卸市場を建設せり。

千八十五年ウイリヤム戰勝王の命に依りて撰錄せる風土記に據れば當時の所有者はリチヤードなる者にして耕地四百八十『エーカー』と長さ半哩幅之に半する森林とを有し小作人總計九人鋤六個ありしといふ。假りに此等の小作人何れも一家五人の家族を有するものとし更にリチヤードの一族郎等を十人として之に加ふるときは總人口は五十五人となるべし。土地の收益は一箇年二十志にして之を今日の貨幣に換算すれば三十磅に相當せり。領主はウイリヤム、フイツ、アンスカルフにして其の本城はダツドレー城なり。

千百六十年ヘンリー二世はウイリヤムの子ピーターーに附與するにバーミンガムに於て每木曜日市場を開設する特權を以てし、ヘンリー三世は更に耶蘇昇天祭より四日間續いて開設するを許せり。

此の市場及其の他領主の特權は千八百二十四年に於て一萬二千五百磅を以て市の取得に歸し現今市

屈指の財産たり。他市の特權を取得するが爲め費せし所二十五萬乃至五十萬磅に達すといふ。

十六七世紀頃のバーミンガムは單に風景明媚なる一小都會たるに過ぎず、其の著しき發達を爲したるは實に十八世紀以後に在り。其の人口の如き十六世紀の終りに於ては僅に一萬五千に過ぎざりしもの十七世紀は七萬に及び更に十八世紀の終りに於ては五十萬を超ゆるの一大都市となれり。バーミンガムが此の如く著しく進歩を爲したる所以のものは其の原因素より一にして足らずと雖も、蓋し宗派の異同を問はず來住する者を拒まざりしと、各種の職業に付職業組合『ギルド』等の團體なく、何人も自由に玆に移住し任意に職業に從事することを得しめたるとは其の主要なる原因なるべし。特に最も面白きは從前同市が久しく公共團體たらざりしこと同市繁榮の一原因たりしこと是れなり。千六百六十五年を以て夫の有名なる五哩法發布せられ、國教分離敎徒の宣敎師は公共團體たる都會の五哩以内に居住するを禁止したりしが、バーミンガムは公共團體に非ざるが故に同法の適用なく隨て國敎分離敎徒は續々玆に移住せり。而して十八世紀の末葉運河の開鑿せられて各地との交通運輸に利便を加へたると、更に近時鐵路縱横に敷設せられ一層交通の便を增したるとは同市發達の原因たることは論を俟たざるなり。

二

バーミンガムに於ける產業の盛大に趨きしは實に十七世紀に在り。當時の記錄に曰く『バーミンガムに於ては多數の鍛冶鐵工居住し鐵砧の音喧しく耳を聾す』と。クロンウエルの革命に際し住民は一萬五千の刀劍を民軍に供給せり。銃器の製作も漸次盛大に赴き千六百九十二年市の銃器製造者に爾後十二ケ月間每月二百挺の銃器を政府に供給するの契約を締結せり。其他の鐵器製作も亦盛んに行はれたるが如く、『アミアン』平和條約の後當業者は更に獵銃の製作に留意するに至れり。千八百十三年新に公設銃器檢査所設立せられ銃器は總て檢定を經るを要することゝなり、小銃の製作は現今尙同市に於ける重要の一產業たり。

十七世紀の終末扣子を著くるの風盛に行はれ獨り英國のみならず歐大陸並に米國迄流行し凡ての階級を通じて之を膝靴に著けたり。扣子には大小種々あり其の價格一對一志より乃至十『ギニー』に達す、需要頗る大にして之が大部はバーミンガムの供給する所に係かりしが故に一時頗る重要なる產業たりき、然るに千七百九十年に至りて此の風習全く廢れ爲めに數千の失業者を生じて非常の打擊を被むりしも、之に代りて金屬製扣鈕の製作行はれ斯業亦盛大に赴むりきたりしが、次で金屬製に非ざる扣鈕の使用せらるゝに至り、一時法律を以て金屬製以外の扣鈕を製造する者に制裁を加へたることありしも、遂に之に防遏するを得ず需要著しく減退せるを見るに至れり。然れども其の産額は尙依然重要なる位地を占めたり。獸皮及物鋼綿布麻布綿絲紡績業の如き亦一時市內に勃興したるも夙に衰滅に歸せり。以下少しくバーミンガムに於ける產業發達に關し功勞ありし二三人士の事蹟を錄せん。

ジョン、バスカービルは千七百五十年以降活版製作に熱中し多額の資本を投じて鮮明なる新式活版を案出し『バスカービル』版の名世に喧傳す。マシユー、ボールトンはジエームス、ワットと共同し『ソーホー』製作所を設立してワットの發明に成る蒸汽機關の製作發賣を爲し着々成功せり。其の他大砲時計望遠鏡喞筒の類にして世評を博したるもの頗る多し。由來バーミンガムの製品中には粗製濫造のもの甚だ多くバーミンガム製とは殆ど贋造品の異名なるが如く看做さるゝの狀態たり。贋造品の語は『バーミンガム』の訛にして『バーミングハマイズ』は贋造の義を有す。ボールトンは即ち銳意して此惡評を除去するに努め其製作發賣に係る物は凡て流行の魁にして精巧を極むるもののみならんことを努めたりき。贋造の幣は當時流通の銅貨に及び惡貨廣く流通して一般取引の不便少からず、依てボールトンの製作所に於ては其の考案に成る貨幣鑄造器を以て之を鑄造することゝし其製品は『ボールトン』銅貨の名を以て世の喝采を博せり。ウイリヤム、マードックは亦石炭瓦斯を燈火用に供することを發明せり。

十九世紀以前に於ては貨物の製作上分業行はるゝこと少なく企業は凡て小規模にして動力は僅に水力を使用せしに過ぎず、而かも夏期に於ては往々減水又は涸渇するを免れずして事業亦甚だ振はざりき、然るに蒸汽機關の發明と共に動力の供給容易となり分業益々發達を加ふるに及びて大企業は漸次小企業を壓倒するの趨勢を生じたり。されど此の所謂產業革命の傾向はバーミンガムに於ては比較的微弱なりき、蓋し市內產業の大多數は專ら精巧を旨とするものにして手工業家內工業に最も適する種類なるが故なり。此の如きは市の發達に對して極めて好影響を及ぼし、其の職業の多種多樣なるに加へて、何人も少額の資本を以て容易に一定の職業に從事するを得、殊に多數勞働者は之によりて身を立て產を作り、從つて比較的多數の中產階級を生じ、以て社會問題の發生する餘地少からしめたり。而して是れ實に他の都市に見る能はざる所なりとす。

近時に於てバーミンガム產業の第一位を占むるものは金屬工業なり、マンチエスターが紡績、ブラッドフオードが羊毛シエッフイールドが鋼鐵を以て世に知らるゝに對しバーミンガムは眞鍮を以て有名なり。同市に製作する眞鍮製器具は世界到る所之を見ざるなし。

寳玉類の製作は亦之に次で盛なり。バーミンガムの製品は一時世評頗る惡しく實際『プルマヂエム』（贋造品）の名に相當するもの少からざりしなり。然れども近時此の惡評は漸やく薄らぎ美術學校寳玉學校の設立は製品の性質を優秀ならしむるに與つて力あり。今日に於ては比較的優秀なる寳玉が同市に於て製作せらるゝことは爭ふべからざる所なり。近時電鍍術の發明と共に各種の電鍍業盛んに行はる。鐵『ペン』製造は千八百三十年に始まり市内の産額頗る巨額にして眞に世界の『ペン』製作所の名に背かず。

其の他留針『スクルー』葬具蒸汽電氣機關其他各種の機械類の製作せらるゝもの多く、近時に至りては自轉車自動車等の製作少からず。

三

『バロー』の自治權は國王の下賜せる特許狀に基づく。特許狀の中には『ノルマン』時代のものにして廣く各種の特權を附與せるものあり、封建時代に至り都市は各領主に隷屬して其の居城の附近に漸次物興し多く市場牧場又は課稅等狹き範圍の特權を與へらるゝを常とせり。今日に於ては『バロー』は特許狀に依りて構成せられたる議會の行政する所にして議會の權限は法律の附與する所なり

『バロー』が市となるは僧正又は國王の特許に依る。バーミンガムは久しく公共團體に非ず。十八世紀の後半に至るまでは主として領主の管轄する所にして二個の官廳あり、『コートバロン』に於ては條例を制定し地方行政事務を處理し『コートリート』は主として司法事務に關與す。『コートリート』陪審員の會議に於て年々『スチエワード』『ベーリフ』及び巡邏を選任す。『ハイベーリフ』は市場を監督し度量衡の檢定を掌り『ローベーリフ』は陪審員を召集し領邑の『シエリフ』の事務を行ふ。『スチエワード』は財政事務を管理し巡邏は秩序を維持し罪人を逮捕す。寺院監督者及看視者は寺區の事務を掌理し貧民の救助に從事せり。道路看視人は寺區會の選任する所にして街道に於ける事故に付て責任を負ふ。其の他酒類檢查員及肉類檢查員ありて市内に販賣する酒類肉類を試驗し、當時獸皮業盛なりしより亦獸皮檢查の制ありき。

千七百六十九年の法律に依り街路並に寺區の點燈及掃除を掌る委員任命せられ之に要する經費を支辨する爲め課税するの權限を附與せられ其の後更に法律を以て其の權限を擴張し市役所を設置することを得しめたり。而して從前の官吏は依然として其の職掌を有し市内の點燈道路下水其の他衞生事務に限り委員に於て之を掌れり。委員は初め法律に於て指名せられ死亡其の他の原因に因り缺員を生じたる時は他の委員之を選任し市民は毫も之に關與するを得ざりき。

千八百三十二年の選擧法改正に依りバーミンガムは下院議員選擧區となり議員二人を選出することゝなりたり。而して此の選擧權の擴張は更に市民が地方行政に關する參政權を取得するの念を盛ならしめたり。當時地方行政は不規律甚だしく市政腐敗し改正の必要止むべからざるものあり。千八百三十三年を以て遂に市政調査委員の任命を見るに至れり。該委員の報告を見るに曰く『大多數の都市の自治權はヘンリー八世よりクロンウエルの革命に至る間に附與せられたるものにして、一般に市民と獨立して行政權を執行す、多くの市會は議員の任命を自ら掌り市民の關與を許さず云々』更に曰く『法律に依り諸種の目的を以て市吏員以外に獨立せる委員を設け、市は殆ど何等の事業を執行するの義務を負はず、單に名義上行政權を有するのみにして實質上行政は凡て他の機關の掌る所なり云々』と。千八百三十五年の都市條例は如上の弊竇を除去せんとするものにして、初めて地方議會を設け都市に與ふるに多大の權限を以てし、殊に營造物の設置並に警察に關する權限を附與せり。此の法律は從來公共團體たりし都市にのみ適用せらるゝものたり。爾後數年バーミンガム市民の中公共團體の承認を得んとして請願又は集會等に依り運動する所少からず。然るに之に反對する者も亦少からずして容易に其議纏まらず漸やく千八百三十八年に至りて特許を得るに至れり。

此の特許狀に依ればは市會は市長一人議員四十八人參事會員十六人を以て構成せられ市を十三區に

分ち十區は各議員三人三區は各議員六人を選出す。同年中市會議員の選擧を行ひ第一回の市會を招集し市長參事會員の選擧並市書記の選任を爲したり。

千八百三十九年治安委員設置の許可あり、四期會議法廷設置せられ第一回『リコールダー』治安委員會書記並に『コロナー』任命せられたり。

特許狀の下附ありたるも市行政の改善は尙容易に行はるゝことなく殊に特許狀に關する爭訟數年の久しきに涉り漸やく千八百四十二年に至り新に法律を發布して纔に落著を見るに至れり。而かも此の間に於ける市內の混亂は實に名狀すべくもあらず、都市條例は市會に監督委員を設置して警察權を行使する權限を與へたるに拘らず市會は久しく巡邏を任せず。千八百三十九年七月選擧權擴張論者集會して暴動を企て一般市民の生命財產は頗る危殆に瀕せり、されど市內に於ては僅に數人の巡視人あるのみにして警察機關を缺けるを以て市長は遂に倫敦警察の助力を仰ぐの已むなきに至れり。かくて市長は市會に對して常設警察機關の設置を請求せしも市會は財源を有せずとの理由に依り之を後日に延期したり。國會に於てもバーミンガム市の警察狀態に就ては議論大に沸騰せしが、法律を以て內務省に隷屬せしめ政府の任命に係る警察委員を任命し、市會其他の地方官廳と獨立して巡邏を任命し其の他諸般の警察權を行使するの權限を附與し、之に要する經費は國庫より支辨することゝ爲したり。此の法律は市會並に市民の反對ありたるに拘らず千八百四十二年まで實施せられたりしが、此の法律の效力を失ふや市會は直に巡邏を任命し之に要する經費を支辨する爲め課稅するの措置を採りたり。

千八百四十二年乃至千八百五十一年に於ける市行政の狀態は左の如し、『バロー』執法官及四期會議法廷は司法權を行使し市會は警察權を有しバーミンガム、デリテンドエンボーヅリー及ダッドストンエンドエッチエルの三市に於ける市街委員は各其の區域內に於ける街路の掃除及其の他衞生事務を掌理し各其の道路看視人を置けり。

千八百五十一年『バーミンガム』改善條例發布せられて此等の委員は廢止せられ其の權限は市會に移されたり。此の法律は同市現今の行政組織の根本たり。

千八百三十八年より千八百五十一年に至る間を葛藤時代と稱すべくんば千八百五十一年より千八百七十一年に至る間は之を不活動の時代といふべし。當時の思想は市政に關し一に無爲姑息に甘んずるに在りて何等の施設を爲さず、隨て有爲の市民は何れも市會に關與するを好まず忌避侮蔑の狀況に在りたりき。

千八百六十六年を以てジョセフ、チャンバレンの市會に入るに及びて市行政の改善を促すこと急なるものあり、而してチャンバレンは實に此の時運に乘じて之を指導するに於て理想的の人材たりき、チャンバレン千八百七十三年を以て市長に當選し次で二回とも再選せり、かくて市の行政は此の間に於て著々改善せられ各種の事業成功して新興の氣運抑ゆべからざるものあり、卽ち其の著しきものを擧ぐれば瓦斯並に給水事業の完成市區改正計畫の成立等是れなり。爾後今日に至るまで市政振興し市をして第一位の名聲を博せしめたり。

以下市會の構成並に其行政一班を叙述するに先ち茲に密接の關係ある司法廷並に下水委員會に付略說せんとす。

市の裁判官は其の數、百人を超え國王の任命する所なり。市長は當然市の裁判長となり『リコールダー』は四期會議法廷の議長となる。裁判官は每日三個の法廷を開廷し簡易司法條例に依り犯人の審判並に請願の許可受理の事務を處理し、幼年犯並に靑年犯は特別法廷に於て審判す。裁判官は風俗取締委員に依り酒類の販賣並に音樂舞踊等の許可を與へ更に市會の委任に依り演劇其の他の諸興行物を許可す。何人と雖も裁判官に依り狂者と認定せらるゝに非ずんば癲狂院に入れらるゝことなし。期を定めて一定の判官は市の監獄を巡視す。裁判官は逮捕前六ヶ月間に犯したる犯罪に限り四之を審判するを得べく一定の場合に於ては之を臨時法廷又は四期會議法廷に移さゞるべからず。

期會議法廷は小會議法廷と臨時法廷との中間に立ち主として犯罪を審判す。多くの場合に於ては小會議法廷に控訴するものなるも風俗營業の取締に關するものはワーウイクなる『カウンチー』四期會議法廷に控訴するを要す。

下水委員會は『バーミンガム、テーム及リー』地方下水委員會と稱し委員二十三人より成る。バーミンガムより十四人アストンマノールより二人スメスウイク、サツトンコールドフイルド、アーデングトン、ハンヅワース、キングスノルトンエンドノースフイールド、ペリーバー及カツスルブロムウイチより各一人を選出し、委員會は上述地方の下水事務を管理す。テーム河谷二千八百『エーカー』の地所を購入し五十『エーカー』の細菌除却池數個の腐敗物除却箱暴雨水を受入るゝ装置等あり。下水の處分は數回腐敗物除却箱並に濾過池に沈澱せしめて行ふものにして下水は生物學的方法に依り清淨となるなり。委員會は單に下水處分を管理するに止まり各區域内の下水は其の關與する所に非ず。

バーミンガム市會は現時七十二人の議員より成り其十八人は參事會員五十四人は市會議員なり。市會議員たるの資格要件は市民名簿に登錄せられたる適格の者にして市民名簿に登錄せらるべき要件を具備する者なることを要す。適格とは法令又は高等裁判所の判決に依り資格要件を喪失せるものに非ざることをいふ。而して特別資格要件の喪失は左記の一に該當する場合に生ずるものとす。郎ち(イ)公選監査役　(ロ)市會の下に報償ある事務を執る者　(ハ)諸宗敎々師　(ニ)單に株式會社の株式を所有する場合の外直接又は間接に本人又は其の婦が市會に對し契約又は雇傭に關する利害關係を有すること　(ホ)現役軍人　(ヘ)重罪を犯したる者是れなり。市會議員は市より十五哩以上を隔てゝ住居することを得ず、其の七哩以上を隔てゝ居住する場合は特別名簿に登錄せらるゝを要し、財産上資格要件の制限あり。市會議員は市民の選擧する所にして、其の任期は三箇年とし各區三名を選出す。全數改選の制を採らずして年々十一月三日を以て三分の一(各區一人)の改選を行ふ參事會員は市會議員と同一の資格要件を備ふることを要し市會に於て選擧せらる。其の任期は六ヶ年にして三年毎に半數改選を行ふ。市長は毎年十一月九日參事會員並に市會議員の選擧する所に係る、適格者にして市會議員たるべき資格を有することを要す。市長參事會員及び市會議員は市會を構成す。

市會は執行機關として特定の目的の爲に委員會を設定するの權あり。現今養老基金法に依る地方基金委員會の外十九の常設委員會あり。各委員會は八人の委員を以て組織し市長は當然委員たるを原則とするも例外なきに非ず。一般委員會は他の委員會の代表者に依りて組織せられ市長其委員長となる。尙前市長並に下水委員長も一般委員となる。瘋狂院委員會は十二人敎育委員會は三十二人災害委員會は四十人公共圖書館委員會は十四人美術館及美術學校委員會は十六人の委員を以て組織し其の或者は市會議員に非ざるものもあり。委員は每年市會の選任する所にして職務權限亦一定せらる、時として凡ての權限を委任し其の專行に委するも多くは其の計畫を實施するに付市會の認許を經るを要す。之が爲め市債を起すの必要あるときは市會の承認を經べく其の實行は財政委員會之を掌る。課稅は凡て市會の權限に留保せらる。

此等各種の委員會の事務を詳說するは困難なるが故に以下保健行政街路及建築行政休養機關制度市の公營事業警察行政財政の各項に付略說することゝし、敎育行政美術館圖書館災厄救濟の事業は次章に讓る。

保健行政は市會の最も主要なる職務の一にして保健委員會公共勞働委員會及住家委員會の管理する所なり。保健行政の振否如何は直に市民一般の安危に關するを以て市民の安寧を害し福利を害するものは速に之を探知して之れが除去又は減少を圖れり。卽ち煤煙塵芥汚水臭氣等の處置、一定の危險なる職業は之を許可營業とし特に監督を施すこと、塵芥汚物は各戶より集めて燒却すること、運河の船舶は檢査して許可を與ふること、宿屋下宿貸家等は時々檢査を爲すこと、商店は時々臨檢し青年雇傭者が法定時間以上の勞働を强ひられざるかを監視すること、街路の掃除等は其の任務の主要なるものなり。幼兒死亡率の增進を防遏する方法として法律を以て市會の權限を增し市會は義務として之を努めざるべからざるに至らしめたり。產婆は凡て免許狀を有し充分其の業務に堪能なるを要す。貧民街に於て小兒出生の屆出あるときは保健巡閲者は直に玆に赴き必要あらば其の養育に付相當の處置を執るべきなり。保健巡閲者は女子にして保健醫官の指揮監督を受く、醫術開業免許狀を有する女醫は市內二個の細民窟內に於ける此等の事務を監督す。

市會の指定せる一定種類の傳染病患者を診察したる醫師は直に保健醫官に屆出つる義務あり。痘瘡猖紅熱實扶的利亞腸窒扶斯等の患者は市會の設置せる隔離病舍に之を收容す、痘瘡隔離病舍一其の他の傳染病隔離病舍二あり、各別々の醫員及び看護婦あり。實扶的利亞患者は大學と聯合して細菌實驗を爲す。市內の患者の治療に要する實扶的利亞血淸は常に用意あり。肺結核の傳播を防止する方法としては特に療養所を設け初期の患者を收容す。傳染病豫防に關する施設は完全無缺にして時流に先んづるものあり。

飮食物の淸鮮は特に周到に注意し試驗員を任命し食物牛乳の檢査を行ひ違反者に刑罰を科す、牛乳並に肉類は特に重要なる飮食品なるが故に牛乳に對しては牛小屋並に搾乳場を檢査し牛乳販賣者共に之を登録せしむ。結核に罹れる徴候ある畜牛は之を隔離し牛乳を搾取するを禁ず。肉類供給に關する施設は多少缺點あり、市會は市立屠畜場を設置し市内に販賣する肉類は周到なる檢查を行ふも往々市外に於て屠殺せる腐肉の市内に輸入せらるゝことあり。市内にも數個の私立屠畜場ありて周到なる檢查に漏るゝものあり、是れ獨りバーミンガムに止まらず英國各都市を通じ獨逸其の他大陸諸國に倣ひ公設屠畜場設置の必要を唱道する者ある所以なり。

バーミンガム保健行政の效果は死亡率の遞減となりて現はる。卽ち千八百七十年乃至千八百七十四年に於ける五箇年間の平均死亡率は千人に付二十四人五にして往々にして二十六人に達せるを見たりしが、千九百五年乃至千九百九年に於ける五箇年間は平均千人に付十六人八なり。特に千九百九年は十六人以下にして此の如きは從來類例を見ざる所なり。

千八百二十六年法律を以てバーミシガム水道會社設立せられテーム河及ホーゾン河に水源を求めたり。其後ペリー河ブラント河ブライズ河ボーン河より引水するの權利亦同會社に附與せられ各所に井を穿ちたり。千八百五十一年以來市會は屢々同會社より水道事業を買收せんとせしも國會の容るゝ所とならず。然るに其の間主要なる水源テーム河河水溷濁し市民甚だしく困却せり。仍て新に水源を求むるの議ありしも市會は先づ會社の權利を買收すべしとなし、千八百七十五年遂にチャンバレンの斡旋に因て其目的を達したり。爾後水道事業は屢擴張せられ千八百八十三年シャストーク貯水池の造らるゝや水道事業は將來永く完全なるべしと稱せられしに拘らず、千八百九十二年に至り濁溷又は給水杜絶の虞ありしより、市會は更に中部ウェールスに新水源を求むるの議に決し、地勢上地質上豫期以上の種々の困難なる大工事に遭遇せしも遂に千九百四年に至りて完成せり。上水は水道に依りて七十三哩を距つるフランクリーに通じ此所より市中に給水す。沿道四萬千百『エーカー』の土地を購入し水の溷濁汚穢を防ぐ。此の水道工場に投下せる資本は總額八百萬磅を超え、年々六萬五千磅の市税を賦課す。

下水の處分は下水組合の管理する所なるも市内の下水事業は市會の任務に屬せり。今を距る五十年前に在ては下水の設備頗る不完全を極め、各戸の便所庭園等より排泄せる汚水は地表を流れ不潔甚だしかりしが、今やホックリー河谷リー河谷並にコール谷に沿ひて三大下水道を作り、爾餘の小下水道は總て之に通じ、新市街並に舊市街の一部に於ては別に雨水を排泄する設備を見るに至れり。而して各戶の下水は市會の設定せる準則に從ひて之を設備し、當局吏員の檢査を經べきものとす。

勞働者の住家に關する行政は亦市會の重要なる任務の一なり。市會は公設住家建設の主義を採らず、市會の建設せるものは僅に二三あるのみ。往時に在ては家屋は彼此密接して建築せられ、爲めに空氣の流通を缺き適當の設備を缺くもの少からずして不便甚だしかりき。是に於てか住家委員は家屋の移轉街路の擴張衞生給水等の設備を强制し、數年前に比して街路の面目を一新するに至れり家屋委員は理想的恩惠會其の他の團體又は個人が所々に模範的住家を設備せるに觀るときは、田園都市の主義に依り勞働者階級に適當なる住家を供給することの不可能に非ざることを知るを得べく、更に近時に至りてはスモールヒースミルス及ソールトリーに於て建築せる家屋より電車の便に依りて勞働者が市内及市の近郊に於て五百六十一『エーカー』の土地を購入して之を公園又は遊園地と爲せり。

街路及建築行政に關しては市會は先づ建築條例を制定し、其の住家たると工場たるとを問はず總て建物は堅牢を旨とし相當の空地並に通氣の設備を爲さしむることゝせり。尙街路は一定の幅員を存すること並に其の大體の計畫を定むるを要するも、此の點に關する市會の權限は頗る狹くして一に地方政務院の制定に成り全國都會地に適用ある街路條例の準則に遵據せざるべからざるは遺憾の至りなりとす。抑々地方に依り各其の便否を異にするは固より數の免かれざる所なり、此の故に市會の權限を擴張し各地其の便宜とする街路條例を制定するを得るに至らんことは最も望ましきことに屬す。而して是れ實に市區整理事業の根本たり。

建築並に街路に關し一定準則に依らしむるの外、市會は一定の線を定め其の範圍内に於ては家屋の建築を禁止するを要す。尚舊市街は之を擴張し改善するを要す。市内の街路漸次擴張せられ現代の要求に應ずる程度に改善せらるゝの日は蓋し遠きに非ざるべし。

市内の軌道敷設は早く千八百六十年を以て米人トレーンに特許し蒸汽車を運轉せしめたり。千九百三年市會は軌道敷設權を獲得し千九百五年蒸汽車を廢して電車を運轉せり。現今市内の電車線路は三十四哩に達し三百の客車あり。軌道市營以後七萬六千四百九十磅の收益を以て市税の輕減に充て別に八萬三千九十九磅の積立金あり。尚從業者の賃銀を增し其の勞働時間を減少せり。市營電車の動力はサンマー、レーンに於ける電力供給所より供給せり。電力供給事業は千九百年四十二萬磅を以て電力供給株式會社より市の買收したるものにして、爾來事業も頗る擴張せられ著々成功を收めつゝあり。積立金として七萬磅を有するの外千九百十年に於ては一萬磅の益金を以て市税の輕減に充てたり。電力使用料は漸次遞減せられ千八百九十九年電燈料は單位に付四片半乃至七片なりしもの道現今は二片乃至四片に減じ、電力使用料の單位二片なりしもの〇、七片に減じたり。

千八百七十五年市長チャンバレンは二百七十萬六千百二十五磅を以て二個の瓦斯會社より瓦斯事業を買收せり。本市の瓦斯事業は經營頗る巧にして英國内に於て最も成功せるものゝ一なり。瓦斯燈の料金は千八百七十五年には最低三志なりしもの今日に於ては最低一志十片に減じ、別に動力用のものは一志六片の特別料を徴せり。今や瓦斯事業は其の益金の中百十萬八千五百六十六磅を以て市税の輕減に充て更に十萬磅の積立金を有せり。而して瓦斯事業經營の爲め起せる公債の元利償還として支拂ひたる金額は既に三百萬磅に達せり。瓦斯事業に關しては、今後は一切起債せざるの方針を執り、千九百四十四年に至り元利の償却を了する豫定なりといふ。

市場の權利は早く千八百二十四年を以て領主より之を買得し、爾來大に之が擴張に勉め現今に於ては各種食料品豚家畜馬羊等の市場を開設せり。千九百八年に於ける市場使用料等の收入は四萬磅に達し其の内四千磅は市税の輕減に充てたり。

肉類市場と關聯して市は完備せる公設屠畜場並に私人に貸附する屠畜場を設置せり。此の設備は英國中最も完備せるものゝ一にして衞生行政の一大發達を示すものなり。

市内の警察に關しては九百五十人の警察官あり。中央警察署の外四警察分署あり。警察官は警務長の指揮を受け警務長は市會に於ける監督委員の任命監督する所なり。警察行政に關しては監督委員は市會の掣肘を受けず、單に之に要する經費支辨に關し市會の議決を經るのみなりとす。

消防機關は警察機關と獨立し監督委員の指揮を受け日常之に從事する職員百人あり。中央消防署の他の消防署あり、市内所々に七十以上の火の見臺を設く。

癲狂院二個あり患者二千人を收容するの設備を有す。

變死其の他檢屍を要する屍體を藏置する建物並にウイツトンに一大墓地を設けたり火葬場は私立會社に於て公共の使用に供するものあるを以て市會は別に之を設けず。

市の財政に關しては大體左の方針を採れり。

臨時大資本を要する經費は市債の發行又は擔保の提供に依りて借入れたる金額を以て支辨し、其の他の經費は市の收入より支辨す。市の收入は市の公營事業より生ずる收入、國庫交付金、市有財產より生ずる收入、特別の便益を受くる者に對する賦課、手數料科料等より成り、不足あるときは市內に於ける各種の財產所有者に課稅して之を補ふ。而して此等の收入中より國會又は地方政務院の定めたる一定期間內に市債の利子支拂及元金償還の資を求めざるべからず。倘給料の支拂各種市營事業の維持其の他市內に於ける司法事務行政事務の經費を支辨せざるべからざるなり。

市稅中救貧稅は救貧法監査員之を賦課し改良稅は市會自ら之を定め改良費を支辨するを目的とす。市稅は市內に在る財產の一ヶ年間に於ける純收入に對して之を賦課し、改良稅に於ては鐵道農業地に付ては稅額の七割五分を輕減す。改良稅は市內の寺區を通じて均一なるも、救貧稅は財產の多寡に應じ稅率を異にし、貧困なる寺區に於ては富裕なる寺區に於けるよりも其の須要とする經費を支辨する爲め高率の課税を必要とし、從つて寺區に依りて稅率を異にす。バーミンガム全體を通じ市稅の平均稅率は一磅に對し八片半志にして其の內譯左の如し。

一、救貧監査員の經費　一志五片半
二、『バロー』稅（敎育稅を包含す）　二志八片
三、敎育費　一志八片半
四、公共圖書館稅　一片半
五　改良稅　二志一片

『バロー』稅は警察費司法事務費吏員の給料浴場公園維持費度量衡局費市立墓地費傳染病院費水道修繕費公共圖書館費美術學校費癲狂院費敎育費下水委員會費分擔費等の經費支辨に充て、改良稅は道路下水道の維持費消防費及住家委員の經費を支辨す。一般地方稅を設け改良稅を設けざる都市に在てはバーミンガムに於て『バロー』稅よりも支辨するものは多く一般地方稅より支出す。

市政の成績は一に當局者の手腕熱心識見の如何に依る。三十年間バーミンガム市政の振肅せる所以のものは、一に市民が勞力と時間とを惜まず市の爲に盡瘁する公共心に基かずんばあらず。市會は市政活動の中心たり。市長は常に最高吏員として、其の職業の何たるに關せず市長の任に在る間

は常に之に相當する尊敬を拂はれ、市内の各階級は市長の職務執行に付き助力聲援を與へたり。市民が常に市の公共事務に熱心なるの傾向は實に他の市町村の模範とする所にして、近時同市に行幸せられたる英國皇帝は『市政に關し爾く多數の手腕あり識見ある市民の助力を受くる都市は多幸なるかな。バーミンガムは都市の生命たる最良の風習ある所なり。此の風習が將來益維持助長せらるべきを信じて疑はず』と嘉稱せられたり。

四

第一節　學　校

一、市立小學校

市立小學校の起源發達は僅々四十年間の事に屬す。千八百七十年以前に在ては初等敎育は凡て寺院に關聯して個人の任意施設する所に任せ、政府は單に之に對して一定の補助金を下附したるに止まれり。而して此等の學校に於て敎育に盡瘁せる人士の功勞は頗る賞揚に價するに拘らず、當時初等敎育の旣設は世界多數の文明國に比し英國は遙に劣れるものありき。千八百七十年の調査に依るに敎育を受けざる兒童は國内總兒童の三分の二を算し國家の施設は頗る缺陷せるを見き。同年イングランド及ウェールスに於て公立小學校を設置するの法律發布せられ、各地の學校委員會は私立小學校の不足せる場所に於ては小學校の設置維持の爲め課税するの權限、並に地方條例を制定して五歲より十三歲に至る兒童の就學を强制するの權限を附與せられたり、從來の私立小學校は一定の設備を有し且兒童の信仰に付ては父母の任意とする所たるに於ては、從前と同じく政府より補助金を下附すべきものとせり。

仍てバーミンガムに於ては、直に學校委員會を設け十五人の委員を以て組織せり。其の調査に依れば小學敎育を受くべき兒童の數は五萬九千七百十人なるにも拘はらず、私立小學校を合せて僅に三萬七千四百四十二人を收容する設備あるに過ぎず。卽ち二萬二千二百六十八人を收容する設備は新に之を爲さゞるべからず。依て先づ一萬六百八十三磅を投じて敷地を購入し校舍を建築し千五十九人の兒童を收容する小學校を設立したり。千八百七十一年條例を設定して四學年を卒業せざる兒童は必ず五歲より十三歲に至るの間就學すべきものとし、翌年兒童就學督勵吏員を任命せり。千八百七十六年初等敎育法に依り、父母は必ず其の兒童をして讀書算術習字に關する初等敎育を受けしむる義務あり、之を怠る者は一定の刑罰を科すべきを規定したり。次で千八百八十年就學强制の條例制定は學校委員會の任意とする所に非ずして必ず之を設くるを要するに至れり。

學校委員會設置後十年間に小學校の設置せらるゝもの二十八校兒童二萬八千七百八十七人を收容する設備を爲したり。其の全年平均出席兒童二萬五千七百二十人あり。而して之と略々同數の兒童は他の私立小學校に通學せり。學校委員會は勧誘吏員三十人を置き公立小學校又は私立小學校へ日々兒童を通學せしむべきを勧誘し出席數は著しく增加せり。設立後十年目に於ける同委員會の經費は三萬九千磅にして一磅に付六片十分の三の率を以て市稅を徵收せり。

爾後小學教育の改善發達頗る著しく千八百七十四年に至りては夜學校を開設し料理裁縫圖畫唱歌を教授し又義務年限を延長せり。幼年學校に於ては幼稚園式の方法實物教授の方法を採用し體育奬勵の設備をも設けたり。尙特種學校を設けて聾啞を教勸し千八百九十一年には授業料を全廢し手工教育部をも設立せり。又盲兒教育の方法も設けられ聾兒の學級も新に作られ、低能兒及不具兒童に對する特別學級も制定せられ、更に少しく程度高き學校も開設せられ年長少女に洗濯をば學ばしむるが如き狀態に迄進步せり。

夙に個人又は私團體に於て貧民兒童に對する補助方法講ぜられ、食物を供し其の疾病を治療し放課後種々の娛樂方法を供して之を慰藉せり。學校委員會の吏員に於ても種々の方案を立て改善方法を採用せり。料理實驗場を設け上級生に對しては手工を教授し下級生に對しては其の準備教授を施したり。教師は成るべく成年者を以て之に充て准教員を增加し各學級の生徒數を減じたり。教育の監督方法も亦改善せられ學事教育の視察稍々完全となるに至れり。

千九百二年の教育法に依りて學校委員會廢止せられ更に教育委員會設けられたり。教育委員會は三十二名の委員より其の中十八名は市會議員七名は教育事業に經驗ある人士の中より、市會之を任命し、其の他は『バーミンガム』大學『エドワード』王高等學校『バーミンガム及ミッドランド』學院『バーミンガム』商業會議所、教會學校協會『バーミンガム、デオシーサンカソリック』學校協會、並に英國教師會『バーミンガム』地方會等七個の團體の指名せる團體代表者を以て組織す。委員會は六部會並に市の北部中央南部を代表せる三部の學校管理者を包含す。委員會は市立小學校たると私立小學校たるとを問はず小學校に於ける宗教科目以外の教授を監督す。私立小學校の數は四十八校にして委員會は市立小學校と同一の取扱を爲す。市立小學校の數は六十三にして其の建築設備に費す所百十萬磅内三十二萬磅は市收入より之を償却せり。市立工業學校並に『シャストーク』實業學校の經費は十二萬磅に上り其の中六萬六千磅を償却せり。市立諸學校は啻に生徒の學習する所たるのみならず屢市民の集會所となり其の他各種の講演娛樂を擧行す。運動場は放課後之を開放して附近の兒童の遊步場となす。市立小學校の在籍兒童數六萬八千二百五人出席兒童數六萬千三百三人私立小學校の在籍兒童數二萬八千九百六十八人出席兒童數二萬五千五百五十人出席兒童合計八萬六千八百五十三人にして在籍兒童百人に付出席兒童八十九人四の割合なり。敎師の數は二千百八十八人にして敎育委員會と特に親睦なる關係を保持す。兒童四十四人に付成年の敎師一人正敎員のみに就ていふときは敎師一人に付兒童五十二人の割合なり。

敎育法並に之に基づく條例の規定に依り兒童滿十四年に達するまで在學するを要するも十二歲以上の兒童は七學年の課程に達せりとの視學官の證明を得たるときは通學するを要せざるなり。視學官は上級に對するもの三名幼年級に對するもの一名にして後者に女子を採用す敎育委員會には四十五人の訪問吏員及一人の監督吏員あり。千九百八年に於ける敎育委員會の經費總額は各般の敎育費を合して四十三萬八千八百七十二磅を算し、內二十一萬四千六百四十六磅は國庫補助金及雜收入より成り其の他は市稅より成る。一二の學校に於て特例を設くる外凡て小學校に於ては授業料を徵收せず、敎育稅率は十八片十分の四なり。

宗敎々育は凡ての小學校に於て每週約二時間半を充つ。一定の敎授要目編纂せられ讃美歌を歌ひ祈禱を爲す。幼年級の外兒童を數級に分ち聖書の或部分を暗記せしめ、之に關聯する簡單の說明を加ふ。幼年級に於ては祈禱の後聖書を讀み又は聖書中の文言若くは讃美歌を暗誦し、其他聖書中の說話道德上の教訓を授く。私立學校の宗教教育に關しては教育委員會は全然關與するを得ず。正義誠實勤勉節制節儉禮儀等の道德教育は公立小學校に於て爲す所なり。

小學校に入學する兒童は先づ身體檢査を受く。此の際兒童の父母を招待し其の多くは之に立會し兒童の身體上の缺點を指摘し父母をして之を了知せしむ。在學中三回身體檢査を行ふ。將來に於ては單に身體の檢査にのみ止めず更に適宜の治療方法を講ずること必要なるべし。現時に於ても視官に缺點ある兒童に對して眼鏡を所持せしむるに付便宜を與へつゝあり。

貧困なる兒童に對しては無料にて朝飯を供し其の經費は市税を徴收して支辨す。其の施與に就ては周到なる注意を加へ濫用を防ぎ其の父母にして資産あれば必ず其費用を支拂はしむ。千九百八年に於て無料朝飯を供したる兒童三千五百六十三人三週間以內施與したる朝飯四百二千二十四囘に及び其の費用は二千四百四十二磅を算せり。

體操は一週約一時間半教育委員會の任命せる監督吏員之を監査し每年狀況を市會に報告す。游泳に關しては各兒童は一定期間內每週半片の料金にて公設浴場に於て之を習練す。遊戲競技等は二個以上の小學校間に聯合して舉行することあり。

初年級に於ては兒童の心身の發達に留意し五歲以下の小兒に對しては各種の幼稚園的の教育遊戲

を爲さしむ。圖畫折紙土を以て模型を作ること唱歌暗誦談話自然敎授等を行ふ。一年生二年生に對しては授業時間の大半を讀書算術習字に充て同時に運針及縫方を授く。上級生に對しては學科目稍多く文部省の年々發布する敎授要目に從ふ。

聾兒の爲めの學校及跛兒の爲めの學校各二あり。是等の兒童を通學せしむる爲め特に馬車を用ふ。保護婦附添人數人ありて是等の兒童を保護す。又白痴兒童の爲七校を設く。是等の特種小學校の兒童は一千人を超え敎師五十九人あり。其の入學に就ては特に細密なる注意を施し此等不幸なる兒童に對し當局者は厚き同情と熱誠とを以て事に從へり。盲兒の中三十八人は市の公費を以て敎育を施す。

市立高等小學校三あり生徒千三百三十人を收容す。其の敎科目は特に注意を加へ生徒の將來に有益なる科目を授く。サッフォルク街に工業學校あり市内に三個の分校を設く。生徒三千五百各工業を修得して直に之に依りて生計を立つるを得せしむ。夜學校二十四校あり生徒五千人を有す。シャストークには實業學校を設けあり。又敎員養成所あり養成所に於ては二百人の生徒を有せり。敎育委員會の管理に屬する奬學資金は其の額少からず。一定の生徒は、之に依りて大學其他に於て修學を繼續するを得るなり。

市内の最も貧窮なる兒童と雖も一錢の學費を要せずして小學校に入り初等教育を受くるを得、而して此等は兒童の權利として認めらるゝも更に之を擴張するの必要あり。此の如くして將來の國民は智德優秀にして社會國家に貢獻する所少からざるを得るに至るべきなり。

二　成人學校

成人學校の目的は聖書に表はれたる人生の理想に關聯して深邃なる人生問題を討究し一致緝睦の精神を養成するに在り。其の特色は個人の交際を親密ならしむる友誼的精神の養成に在り。人をして單に自己の利益のみを考へしめず一般社會的の生活方法の妙諦を悟らしむるに在り、此の如き事業は都市生活をして優美豐富ならしむるものなり。要言すれば成人學校とは相互輔助の目的を以て組織せる十七八歳以上の男女の會合なり。其根本は基督教に在り、特別なる信條に關するに非ずして各員の實際生活を補助するを目的とす。聖書を自由に討究し而も之を輕侮することなく實際的に研究し討論を爲すこと同校の中心事業なり。

千七百九十八年ウイリヤム、シングルトンはサミユエル、フオツクスの補助に依りて日曜成人學校をノツチンガムに創立し聖書と共に習字及讀書を敎へ現今尙存續せり。千八百四年に起れる聖書協會はヂヨーヂ三世の懷抱せる英領土の臣民をして悉く聖書を携帶せしめんとする思想を實現せんとせり。然るに其大部分は之に聖書を所持せしむるも之を讀むこと能はざるを發見し前記の成人學校の外ウェールス、ブリストル、プリマウス、ヤーマウス、倫敦其他の都市に於て續々設立せられたり。千八百四十二年バーミンガムの人ジョセフスチーヂなる者ノッチンガムに赴き前記の學校を見て深く感ずる所あり、同志と相謀り十四歳以上の兒童を集め六七歳の兒童は日曜日の夕に於て之を集めて教授せり。千八百四十八年女子學校を開校せり。爾後生徒增加し校舍亦擴張せられたり。バーミンガム成人學校の盛運に伴ひイングランド各地に於ても之と同樣なる施設を爲すこと行はれ現今總數千六百五十校十一萬人の生徒あり、右の内四百校は兩三年來の開校に係る。

成人學校に關聯せる『エージエンシー』は各地の狀況により多少差異あるも貯金部社交倶樂部疾病倶樂部醫療倶樂部夜學校圖書館傳道集會戶別傳道禁酒會相互改善講話會社交會社交研究會書籍倶樂部慈惠會各種の音樂會體操『クリッケット』『フートボール』等の體育會及散策會觀花會等を設け社會公共の利益幸福を圖る。千九百九年に於ては講演を開催せる成人學校五十校あり。土曜日曜の午後講演を開き茶菓晩餐の饗應を爲せり。

婦女成人學校は國內に於ける婦女の生活を發展上進せしむるを目的とし現今六百校あり、其の中百校は千九百八年の開校に係る。國家隆昌の根本たる家庭の圓滿幸福に關する諸問題は凡て之に依

り て改善せんとするなり。從來男子成人學校の分校たりしもの多く獨立し婦女は男子と同數の代表者を『カウンチー』組合に出すことを得。各『カウンチー』組合に於ては常設婦人部委員會あり、議事の整理講演會及び各校の協議會開催等の事務を掌る。

十九世紀の中葉より成人學校は『フレンヅ』初日學校協會の下に組織せられたるが、其の後半に至り之を特定の宗派と區別して組織するの必要を生じ、全國を分ちて之を地方組合として中央に成人學校組合全國會議を置き各地方組合の代表者を以て組織するに至れり。『ミッドラント』組合内に男子校二百二婦女校五十九總計二百六十一校あり。全國會議は年四回の集會及年一回の協議會を開き『智識上進の機會』『盲者跛者病者救濟に對する成人學校の施設』『都市生活と基督敎』『如何にして聖書敎科に於て興味を喚起すべきか』『祈禱』『自然に於ける人類の地位』等の如き種々の問題を論議す。地方組合に於ても同樣の集會及協議會を開く。

成人學校に於ては特に讃美歌集を備へ一年間に於ける聖書敎科の要目を編纂頒布し之に詳細なる註解及び參考書目を附せり。尙『ワン、エンド、オール』と題する雜誌を刊行し英國各地に於ける成人學校の事業の記事の外宗敎的社會的題目に關する論文及每週の聖書敎科を載す。こは月一回の發行にして千九百九年に於ては三十萬部以上を發賣せり。

各學校は出來得る限り各員の任意に管理する所にして、之に入校せんとする者は無制限に之を許す。其の如何なる宗派に屬するか又は何等の宗派に屬せざるかは問はざるなり。

三、『バーミンガム』及『ミッドランド』學院

『ミッドランド』學院の目的とする所は既に一定の職業に從事せる者に敎育を施さんとするに在り。普通の學校の如く學生たる者全力を之に傾注して講究するに非ず、主として夜間開校して晝間諸種の職業に從事せる者に學事を敎授せんとするに在り。

千八百二十五年『バーミンガム』職工學院創立せられ、職工の日常從事する工藝の原理其の他の科學を授くるを目的とし、初年級に於ては算術代數幾何三角等並に其の應用を敎へ、講義は自然科學及び實驗科學實踐的工學等に關し、校內に參照圖書室巡回圖書館讀書室實驗室等を設けたり。工藝家會其の他の寄附によりて維持せらる。創立以後十數年間は成績見るべきものありしが經營宜きを得ず遂に多額の負債を生じ閉校するの已むなきに至れり。次で『アテニウム』なる會組織せられたるも間もなく解散し、千八百四十三年工業學院創立せられたるも亦見るべきの成績なくして閉校せり。哲學々院は千八百年の創立にして千八百四十九年に至るまで繼續し、講義を爲し敎育上多大の勢力を有したり。千八百四十九年『ミッドランド』學院成立の議あり、政府に請願して學院の創立維持に

必要なる權限を市會に附與する法律の發案を求めたるも何等の反響なかりき。チャーレス、ヂッケンスは市民の計畫を贊し種々の好意を表し市廳に於て其著『クリスマス、カロル』を朗讀し寄附金を募集し多大の成功を博せり。千八百五十三年市民大會に於て學院設置の議を贊し金員を募集する爲め委員を設けたり。其の後數回法律を以て學院の設置に關する事項を規定せんことを請願し千八百五十四年遂に其の目的を達したり。學院の發展と共に屢々校舍の擴張を爲し千八百八十一年校舍を新築し大約八萬磅を費せり。本學院の目的は科學文學藝術の普及發達に在り。普通部に於ては讀書室新聞室圖書博物室美術室鑛物標本其の他科學的標本類高尙なる科學上の講義及討論會を設け、實業部に於ては數學及實踐科學其の他本學院評議員に於て必要なりと認めたる科目の學級及實驗場標本其の他本校の目的を達するに必要なる事物を設備せり。

本學院の管理は二十五人の委員を以て組織する委員會の掌る所にして、第一專任委員即ち校長一人、副校長二人、收入官一人、『エドワード王』文典學校長、女王學院監督者、『バーミンガム』大學代表者、各一人、第二『バロー』委員即ち市長一人、市會議員四人(年々市會に於て互選す)、第三選擧に依る委員十三人(其の中十一人は本學院の會員二人は實業部の學生とす)を以て組織す。校長副校長及選擧に依る十三人の委員は本學院會員の定時總會に於て年々選擧する所にして、臨時缺員あるときは評議員會之を補缺す。此の如きは本學院に止まらずして各學校に於ける管理員團體には必ず他校の代表者を加入せしめ、種々の問題は容易に解決せられ相關係する者の間に相互補助を爲して種々の不便を避けんとするなり。本學院の管理を掌る委員會に於ては前記の如く市長市會議員大學其の他の學校の代表者を委員とすると等しく、本學院の代表者は市教育委員となり、亦勞働者教育『ミッドランド』協會の委員となるなり。

千八百八十五年に至るまで美術學校は本校の一部たりしものにして同年獨立して一校となれり。工業學校も亦初めは本學院の一部たりしも千八百九十一年獨立の一校となれり。工業學校は現時學生五千八百人あり經費年額二萬三千磅を要する大なる學校たり。千八百八十五年音樂學校を本學院の一部とし年々盛大に向へり。音樂學校と關聯して『素人オペラ』會あり千八百九十一年には『バーミンガム素人オーケストラ』會を本校の附屬とし千九百七年其目的を遂行して解散せり。

音樂學校の教師三十二名學級四十常時出席學生二百餘名の外本學院に於ては近代の國語及び文學歷史及び古代文學(十九學級)算術及び數學(六學級)科學(二十三學級)商業(二十三學級)公務(一學級)發聲(一學級)總計七十三學級を有し二十餘人の教師之を擔當せり。千九百九年中の入學者二千四百四十五人音樂學校の入學千七百二十九人合計四千百七十四人あり。特に市內小學校の教師の入學する者多し。

本學院の學生を奬勵する爲め多數の賞與金を設け各部門に分ち成績優等なるものに與ふることゝせり。普通部に於ては學生の授業料のみを以て經費を支辨するを得ず國庫の補助金其の他普通部會員の醵金等を以て之を補ふものなり。千九百九年中に於ける會員の醵金は二千四百七十八磅に達せり。本校經費總額は年額一萬磅内外にして收入は之に達せず千九百九年度の豫算左の如し。

普通部經費	二千二百四十六磅十志十片
實業部經費	七千五百十六磅十九志十一片
修繕費借金利子其他	二百五十二磅十七志二片
經費合計	一萬十六磅七志十一片
普通部收入	二千五百二十一磅七志二片
實業部收入	五千六百八十二磅三志四片
雜收入	一千二百二十九磅十片
收入合計	九千四百三十二磅十一志四片

卽ち收入の不足は五百八十三磅十六志七片にして年々此の傾向を以て推移するときは不足額巨額に

達すべし、隨て速に年々確定せる收入を得るの途を開く必要あるべし。

本學院に附屬せる會合種々あり、就中『バーミンガム』考古學會は千八百七十年を以て開設せられ、時々會合を催し考古學に關する論文の朗讀討議等を爲し夏期に於ては古跡名所等を尋ね地理上歷史上の研究を爲し、年一回報告書を發刊す。其の他將棋倶樂部あり、自轉車倶樂部徒步漫遊會あり、文學及討論會沙翁研究會あり。學院雜誌は千八百八十二年に發刊せらる、ハワード、エスピーアソンの編輯する所にして現今有力なる文學及歷史の雜誌たり。科學會は千八百五十九年創立會員百三十五人あり、集會及討論を催す。『素人オペラ』會は時々開演す。教師及學生組合は師弟間の友誼親睦を圖る。

四、『バーミンガム』市立美術學校

千八百十四年市内美術家有志家美術院を創立したるも暫時にして解散し、千八百四十二年『バーミンガム』美術協會創立せられ、美術及工藝の獎勵を目的とし其手段として學生を養成し優秀なる彫刻の模型其他諸般の美術の傑作品を蒐集陳列すること並に展覽會を開催せり。其後會員中意見を異にするもの二派に分れ、一は『バーミンガム』美術家協會を組織し、他は『バーミンガム』美術及意匠圖案學校協會を組織し後者は更に意匠圖案學校を設立せり。千八百五十八年に於て學生八百二十名あり、校舍は初め美術家協會と同一家屋を使用したるも千八百五十年『ミッドランド』學院に移したり。校舍新築の必要ありたるも經費支辨の方法を缺き久しく種々の建物の一部を借りて滿足せり。千八百七十七年無名氏の寄附金一萬磅を得たりしが、後に至りて此寄附者はルイザ、アン、ライランド孃なること判明せり。而してライランド孃の寄附は良校長を任命し其の俸給を年額六百磅とすることを條件とし寄附金殘額は之を奬學金に充つべしとせり。其の結果イ、アール、テーテー校長に任じ千九百三年に至るまで在職して專ら其の職務に盡瘁し校運頗る隆盛なりき。千八百八十一年生徒增加し校舍狹隘を告げたるを以て校舍を改築するに當り補助金を市會に請求せり。而して一方に於ては更に本校を市立に變更するを條件として、無名氏より一萬磅（ライランド孃なること後日判明せり）リチャード、タンギー、ヂョーヂ、タンギーより校舍建築費として一萬磅の寄附あり。市會は此の條件を充し校舍を新築せるも須臾にして狹隘を告げ更に校舍を擴張するに至れり。

『ヴイットリア』市街學校は千八百九十年本校の分校として創立せられたるも、市の寶玉商銀細工商組合は之を以て足らずとし之を獨立校とするに決したり。寶玉商銀細工組合は學校維持費として年々一定の金額を醵出するの外、學生授業料の半額を負擔し他の半額は學生の雇主をして負擔せしむ。組合は雇主に對し學生を晝間通學せしめ而も從前と同額の給料を支給すべきを勸奬せり。

本校に於ては市內の各小學校を巡視する敎師及視學六人を置きて繪畫等の敎授を指導監督す。各小學校は普通每三週一回宛巡視する制なり。尙時々小學敎員の講習會を開設す。政府の認許により年々繪畫敎員の檢定試驗を施行す。市內に五個の夜學部を設け其の中四校は之を小學校內に置き一校は千八百九十八年工費一萬磅を以て建築せる校舍を使用す。

本校の管理は美術館及美術學校委員會の掌る所にして千八百八十四年以來引續き市參事會員ウィリャム、ケンリク之が委員長たり、同委員會は美術學校部『ヴィクトリア』學校部財政部美術館部の四部に分かたる。委員は市會議員七名終身委員(本校が市立に變更せし以前本校委員たりし人々)及委員會に於て選擧せる委員等を以て組織し年々委員長を選擧す。委員會は普通每月一回開會一定の委員を選び每月一回學校を視察し狀況を報告せしめ、政府は三年每に本校を臨檢し補助金を下附す。其の金額は千九百九年に於ては約四千磅なり。

本校には特別科として眞鍮器科家內裝飾科及建築科を置く。本校の在籍生徒數は約四千人敎師百餘人にして敎師は實際美術工藝に經驗ある者より採用したる者多し。獎學金特選給費の制あり成績優秀なる學生は之に依りて硏究することを得るなり。

五、『エドワード』六世の學校

千五百五十二年のエドワード六世の特許状に基づき創立せるものにして市の營造物中最も古き歷史を有するものなり。本來の名稱は『エドワード』六世公共文典學校と稱し始め『ギルド』の事務所を校舍に充用し千七百七年校舍を新築し市内に分校二夜學校一を設けたり。現今の校舍は千八百三十六年の建築に係る。

千八百七十八年の頃本校は古典科英語科及初級科に分れ生徒五百八十四人あり。校内に八個の分校を置き男生六百七人女生五百五十四人を教授せり。千八百八十三年前記分校は之を高等小學校とし文典學校と名づけ本校は之を高等學校と稱するに至れり。近時新に『ハンヅワース』女子文典學校を開設する議あり。

六、『バーミンガム』大學

千八百二十五年ウイリヤム、サンヅ、コックス『バーミンガム』醫學校を創立し、翌年ウイリヤム四世の特許を受け『バーミンガム』王立臨床學校と改稱し、千八百四十三年女王病院と合し女王學院と稱するに至れり。千八百八十年『メーソン』學院開設せられ、千八百八十二年『メーソン』學院及女王學院は各同一講師を以て双方の講義を擔當せしむることゝし、千八百九十二年に至り女王學院は『メーソン』學院の一部として女王醫學部と稱するに至れり。『メーソン』學院はジョシュア、メーソンの寄附により創立せるものにして、同人は建築設備費として價格二十萬磅を有する財產及金員六萬磅を寄附せり。メーソンは千九百六十九年を以てアーヂングトンに孤兒院を開き三百人の孤兒を收容する設備を爲し價格二十萬磅の土地を寄附せり。メーソンの歿後十五年卽ち千八百九十六年に於て評議員は「メーソン」學院を大學組織と爲すの議を立てジヨセフ、チヤンバレンを其總長とせり。之に先だつこと一二年敎員養成所を本學院の一部としジヨーヂ、ヂクソンは二千磅サー、ジヨージ、ケンリクは五千磅を寄附せり。千八百九十八年大學設置の特許をヴイクトリヤ女王に請願して寄附募集を開始す。ジヨージ、ケンリクは一萬磅別に市長として一萬磅を寄附しチヤンバレンの斡旋に依りカーネギーより五萬磅無名氏より五萬磅(後に至りサー、チヤーレス、ホルクロフトなること判明せり)を醵集しホルクロフトは後更に五百磅を寄附せり。かくて千九百年特許を得千九百一年一月二十世紀の初頭より開校するに至れり。

第二節　圖書館及美術館

一、圖書館

『バーミンガム』公共圖書館は英國內の公共圖書館中最も盛大なるものにして、啻に國內のみならず文明國を通じて一般に重視せらるゝ所なり。參照圖書館貸出圖書館の二種あり、前者は二十一萬二千卷後者は十二萬二千卷總計三十三萬四千卷を具ふ。國內各地より特に參照圖書館を利用せんとして來る者少からず。何等物質的利益を得て市稅の輕減に充つるを得ずとするも住民の受くる精神上無形の利益は測り知るべからざるものあり。市の所有する一大財產なりといはざるべからず。其の藏書に係る三十三萬四千卷の圖書は之を一列に並立するときは其の長さ殆ど八哩に續くべし。千九百九年中に於ける圖書館の貸出冊數は百五十萬卷に上り中百萬餘卷は貸出圖書館より市民が自宅に借出したるものなり。一面には市民に高尙なる娛樂を供し一面には其の敎育感化の效を擧ぐ、其の利益莫大なるものあるは贅辯を要せざるなり。

千八百五十年の公共圖書館條例に基づき千八百五十二年バーミンガムに於て公共圖書館を設置するの議起れり。同年市長は市會の決議に基づき同條例を採用すべきや否やを市公民總會の投票に附したりしに、市公民總數七千人中投票總數八百九十七可とする者五百三十四否とする者百六十三ありしも、同條例の施行に關しては投票總數三分の二の多數を要するを以て廿五票の不足にて遂に否決となりたり。然れども千八百五十九年に至り同條例施行の議市會に提出せられ、特別委員會の審査報告の後市會之を可決し、市長は之に基づき市公民總會の議に附し其大多數の贊成を得て同條例施行に決せり。仍て之を實行する爲め市會議員八名特別の學識經驗ある者八名を以て組織する委員を任命せり。委員は周到なる調査の後經營方針を定め市會の議に附せり。其計畫の大要を擧ぐれば中央參照圖書館に於ては讀書室新聞室を具へ美術館を附設し市內に四個の貸出圖書館を設け各新聞室を附屬せしむるに在り。貸出圖書館は借家とする計畫にして新設費を合せ初年の經費各八百十三磅合計三千二百五十二磅爾後の維持費年額各三百七十磅合計四百八十磅なり。而して市會は之を可決し同委員をして之を實行せしめたり。貸出圖書館は千八百六十一年に於て其一個を開始し他の三個は位置選定等の困難の爲め遲延し、千八百六十四年下院議員アッダーリーの寄附に依り別に一個の貸出圖書館開館するに至れり。次で委員は貸出圖書館及新聞室を兼ね具へたる參照圖書館設置に著手し千八百六十五年貸出圖書館及美術館開館翌年參照圖書館開館同時に他の貸出圖書館も成功し當初の計畫全部完成せり。千八百六十八年沙翁記念圖書室開設せられて特に一室を之に充て沙翁の著作並に沙翁に關する著作を蒐集せり。右に就ては特に寄附を爲せるものあり、其初めに於ては千二百三十九卷を蒐集せしが逐年增加して七千卷に上れり。

圖書館條例は一磅に付き一片の課稅を認むるに止まるが故に經費の不足を感じ必要なる書籍を蒐集する能はざりき。蓋し其收入總額は四千五百磅なるも其中二千磅は圖書館設置の爲め發行する市債の元利償却に充つるを要し、殘額二千五百磅を以て凡ての圖書館及美術館を維持せざるべからざればなり。然れども千八百八十三年に至り圖書館條例に依る課税制限解除せられ收入增加せし爲め圖書館の設備も亦完全となるに至れり。當時之が爲め或は經費の膨脹を來すべきを虞れたるものありしも、爾後今日に至るまで冗費を支出せることなく常に一磅に付き一片半を超ゆることなし。千八百七十二年に於て圖書館日曜開館の議あるや市内の宗敎團體は盛に之に反對し、寺院十二其の他宗敎團體七連署して日曜公開反對書を市會に提出し議論頗る沸騰せしが、遂に十七票に對する二十五票の多數を以て日曜公開に決せり、千八百七十五年二千二百八十五磅を以てワーウイクシヤイアの古記錄を購入し歷史家の珍重する所となりたり。

千八百七十九年圖書館の一部より火を失し圖書館全部烏有に歸し參照圖書館の藏書五萬卷中燒失の災を免かれしもの僅に一千卷に過ぎず。沙翁書籍室ワーウイクシヤイアの古記錄も總て燒失貸出圖書室は階下に在りしより一萬七千卷中一萬五千卷は無事なることを得たりき。公共圖書館委員會は直に圖書復舊の手段を講じ保險會社より保險金二萬五千磅を領收し一般市民の寄附金一萬五千磅を合して圖書の蒐集に著手し國内各方面の同情助力に依り迅速其の功を收めたり、而して一方市會に於ては同年を以て圖書館建築の議を決し千八百八十二年を以て竣成開館するに至り。從來圖書館に附設せる美術館は之を分離し別個の委員をして管理せしむることゝなれり。爾來市內の圖書館分館は或は之を新築し或は從來の建物を改築し或は其規模を擴張し、當初の計畫たる圖書館は全く其の面目を一新せるのみならず新に五個の圖書館を設くるに至れり。かくて年々之が進歩改善を施し特に市民の利便を圖る爲め圖書の貸出閲覽は出來得る限り簡便の方法を採れり。

千九百九年中貸出圖書館より特別貸出を受けたる者三萬八千人中一萬四千人は十四歳以下八千人は十四歳乃至二十歳にして成年者は一萬六千人に過ぎず。市民中成年者は其の數十萬を超ゆべきを以て將來更に多數の市民が圖書館を利用するに至るを望む。毎日の貸出は五千に上る。尚圖書館に附設して公開講演の制を設け一般市民をして圖書館の內容を知り益之を利用するに至らしめんことを期せり。講演は種々の題目に涉り其の效果少からざりしものゝ如し。

各圖書館には新聞室を附設し倫敦其の他の都市又は地方に發行する新聞の主要なるもの並に外國新聞殖民地新聞を備ふ。中央新聞室の閲覽人は毎日七千人に上り參照圖書館讀書室新聞室閲覽人を合するときは毎日二萬九千人以上となる一ヶ年總計九百萬人に上る割なり。然れども閲覽者中には之を利用するに非ず單に暖爐の附近に午睡を貪る者もなきに非ざるべし。尚新聞室に入る者は大多數は廣告欄を見るに在るを以て、數年前より特に之が爲め就業案內欄を切り拔き午前七時三十分までに廊中に貼出し何人も容易に之を見るを得しめたり。

千九百一年以來日曜日に於て兒童圖書室を開くことゝせり、是れ前年日曜日に於て參照圖書館に入館する者非常に多く殊に兒童の入館者多かりしに依る。兒童の大多數は讀書するに非ず、多くは口繪を見て娛しむに過ぎずと雖も、之によりて讀書の習慣を養成するを得べく、街上惡戲を爲すに比して優るべきものあるは論を俟たず。

參照圖書館に於ては書籍の增加に從ひ藏書室を增築する必要生ず。貸出圖書館の新刊書增加するも同時に舊書籍の不用なるものは漸次之を除くが故に其の數必ずしも增減する所なしと雖も、參照圖書館に於ける藏書の增加は底止する所を知らず、久しく藏書室增築の必要に迫られたるが、千九百九年工を始め新聞室の地下を掘り十萬乃至十五萬卷を藏むべき藏書室落成せり。今後二十年乃至二十五年間は別に增築の必要なかるべきなり。

二、美術館

千八百六十四五年の頃個人所藏の繪畫を市に寄附する者あり。市會は之を圖書館の一室に收め別に個人所藏の繪畫を借り受け併せて千八百六十七年に於て之を一般公衆の觀覽に供せり。其の規模極めて小なりしも尙五ケ月間に於て三萬四千五百六十人の觀覽者あり。千八百七十二年に至り稍規模の大なる展覽會を開設し、陳列畫の點數を增し各土曜日の夜並に日曜日の午後公開せしに觀覽者十四萬五千人に達せり。千八百七十五年當時の市長チヤンバレン千磅を寄附して工藝美術品の蒐集費に充て、次で翌年武器博覽會より多數の美術品の寄贈あり。同年の觀覽者總數四十萬人に上れり。千八百七十八年タンギーは市會が常設美術館を建築するに於ては美術品蒐集費として五千磅を寄附すべく、尙市會が同額の寄附金を募集するに於ては尙五千磅の寄附を追加すべき旨を申込みたり、依て市會は此二條件を充たし美術館建設委員を任命したり。委員に於ては當時新築の必要に迫れる瓦斯局の階上に常設美術館を設くることとし、其の建築費は瓦斯事業の益金を以て之を支辨することを瓦斯局と協議し、工費五萬磅を以て之が建築を爲すに決せり。かくて千八百八十一年を以て其の工を起し千八百八十五年の開設式には當時皇太子たりし故エドワード七世陛下親しく臨場せられたり。美術館に陳列すべき美術品は同時に之が蒐集に著手し獨り美術品のみならず工藝品裝飾をも併せて之を陳列することゝせり。仍繪畫に就ては個人の所有品を借受くるを以て足れりとせず更に出來得る限り速に之を購入するの方針を採れり。次でタンギーの寄附金を基礎とし一般の寄附を募り旬日にして一萬七千磅の申込を受けたり、即ち之を美術品購入基金とし特別委員をして之を管理せしめたりしが、爾後美術品の蒐集完了せるを以て此の委員は解散せられたり。個人の繪畫を寄贈するもの亦甚だ多く館內の所藏品は漸次增加せり。此の如くして美術館の建築は瓦斯事業の益金を以て支辨し、美術品又は美術品蒐集費は市內實業家の寄附する所にして、市民の負擔する所は單に美術館の維持費に止まれり。美術館入口の紀念碑に於て『產業の利益を以て美術を奬勵す』と記せるは蓋し此の意を示すものなり。

館內美術品の陳列方法に付ては力めて觀覽者に便宜を與ふるを期し、各品に就きて詳細なる說明を附せり。美術館所有品の價額總額十六萬五千磅內繪彫刻品十一萬五千磅裝飾品工藝美術品五萬磅なり。此の他常時借入の陳列品の價額頗る巨額に上るはいふまでもなきなり。

陳列の繪畫は英國近代に於ける傑作品の粹を集めたるものにして、就中所謂ラファエル前派の作品は本館の所藏を以て世界隨一とするは歐洲批判家の一致する所なり。ロセッチ、バーンジョーンス、ミレー、フォードマドックス、ブラウン、サンディス等の作品は其總數八百點に上り、他に類例あるなし。亦デヴィドコックスの油繪を所藏すること本館に及ぶものなし。工藝美術品の蒐集亦頗る多く文藝復興期の伊太利工藝品の如き地方美術館中及ぶものなし。陳列品點數千八百八十五年に於ては一萬千百二十四部に止まりしもの現時は二萬九千部に上れり。寶玉類、金銀細工、象牙木材大理石の彫物、玻璃器、鐵器、裝飾品鋼、「レース」、繡物、陶磁器等の類なり。工藝美術品は當業者をして圖案意匠に關し參考模範となる所多し。美術館開館以來借入れたる繪畫七千點、其の他の美術品五千點に上り王室所藏品其の他各地の貴族紳士の所有品を包含せり。此の中にはゲーンスバロー、レーノルヅ、ロムネー、レーバーン、ホップナー其の他大家の作品あり。遠く大陸より特に之を觀覽せんとして來るものあり。本館の價値を高めたること少からず。

所藏品の增加と共に舊美術館は狹隘を告げ展覽會を開くこと能はざるに至り、千九百五年ジン、フィーニー五萬磅を市に寄附し美術館建築費に充て剩餘は美術品蒐集費に充つべきものとせり。仍て市は市廳新築の必要あるを以て其の階上を美術館とする計畫を立て目下設計中に屬す。新設美術館には博物部と希臘羅馬の彫刻品の模型を陳列する部を設くべし。後者は漸次擴張して之を古代美術部と爲す計畫なり。

美術館は市會議員八人委員の選擧せる者八人を以て組織する委員會の管理する所なり。經費一ヶ年平均三千七百磅にして英國内に於ける他の美術館の經費に比し頗る小額なり。一ヶ年中耶蘇復活祭前の金曜日及耶蘇降誕祭の二日の外休館せざる規定なり。

第三節　病　院

バーミンガムの病院は百五十年前の創業に係り特に最近三十年間に著しき發達を爲したり。盲者聾者啞者狂者に對する設備の外病室二千七百八十七の設けあり。其の現狀を述ぶるに先ち聊か茲に其の沿革を討ねんとす。

遠く十三世紀の後半使徒『セント、トマス』病院なるものあり、僧侶の居らざる寺院に外ならずして始めは行人の宿泊所を兼ね宿屋たると同時に病院たり。就いて救助を求むる者あれば身體の保育と共に精神の教養をなさしめんとしたりき。同病院はヘンリー八世の時廢止されたり。

中世に於ては病院は僧舍と同義にして共に等しく病者老癈者を看護するに努めたり。外來患者は一週一回診察して其の處分を與へたり。十八世紀の初めに至りて始めて大なる病院建築せらるゝに至りたるも、衞生設備頗る不完全にして多數患者を密集せしめ、其の他傳染を防ぐの設備無きこと等の理由より自宅患者に比し其の死亡率遙に高かりき。其の病氣の種類如何に拘らず治療方法は總て同一にして一病室に數人の患者を收容し、其の食物及投藥の如き極めて粗惡なるを見れば其の死亡率の高き亦怪しむに足らざるなり。

一、普通病院　千七百六十五年ドクトル、ジョン、アシュは病者又は不具者に對する病院設置の必要を切論し有志の集會を催し病院設立のことを發企せしに寄附の申込を爲す者少からず、依て翌年敷地を購入し病室百個を有する病病院の建築に著手せり。然れども種々の故障ありて寄附の應募額豫定額に達せず、建築に著手せしより漸く十四年を經千七百七十九年に至り病室四十醫師四人看護婦四人を以て開院するに至れり。爾來病室の數漸次增加し千八百八十五年には「ジャッフレー」郊外分院を設けたり。

時勢の進步と共に病院の設備不完全にして周圍の衞生に害ありとせらるゝに至り千八百九十七年新に病院を建築せり。寄附金額七萬五千百五磅寄附者三百二十餘人而して其の後旬日の內更に八萬四千磅の申込を爲せるものあり。新病院は國內に於て最も壯麗なる建築物の一にして患者に慰安を與へ病苦を輕減するの設備頗る完備せり。入院患者に對する病室三百四十九外來患者の診察室控室等あり。之と離れて傳染病を治療する建物あり。敷地建物其の他一切の設備費二十一萬九千四百五十九磅を要せり。千九百九年中に於ける入院患者五千五百二十六人外來患者六萬五千五百五十一人にして、中入院患者四千九百四十八人外來患者四萬三千八百九十七人は無料治療に係り、急病者は特に應急の手當を施せり。最近三ヶ年間に於ける經費年額二萬六千二百二十二磅收入二萬三千九百七十一磅にして收入不足二千二百五十一磅なり。

二、女王病院　バーミンガム第二の大病院にして千八百四十年「バーミンガム」醫學校と共に創立せられたり。同校は千八百四十三年營造物法人となり女王學院と稱せり、內科部醫師三名外科部醫師三名外來患者掛內科醫二名外科醫三名眼科專門醫等あり。

初め千八百二十八年を以てバーミンガムに醫學校を設置するに決したりしが、爾後同校の位置に付屢變更あり。千八百三十八年ドクトル、ワーンフォードは十四年間に二萬七千百五十磅の寄附を爲し上は王太后アデレードを始め之が寄附を爲す者少からず。千八百四十年病院建築に著手し翌年病室七十を以て開院す。故ヴイクトリア女王の眷顧を被むり女王病院と稱しアルバート親王之が總裁に任ぜらる。千八百八十年「メーソン」學院の開院せられし以來生理學化學生物等の講義は同學院に移され、更に千八百九十二年女王學院の醫科は「メーソン」學院の女王醫科となり、現時は「バーミンガム」大學の一部たり。而して女王病院は同時に之を擴張し千八百四十五年新に傳染病室をも附設せり。

入院者は其の初めに於ては寄附者の切符を携帶する者に限りたるも、千八百七十五年無料病院として當局者に於て診療を受くべき者を認定することゝなりたり。一志の登錄手數料を徵收するの定なるも多くの場合に免除せらる。其後漸次發達を見遂に千九百八年新式の設備を施し看護室を增設せり。病室はその數百七十八にしてこの中普通病室六十外科室百十八外に眼科治療室等あり。

千八百七十七年に於ては患者數一萬六千百十七人なりしに千九百八年に於ては三萬九千四百八十三人內入院患者二千六百八十五人外來患者三萬六千七百九十八人なり。最近三年間に於ける經費年

額平均一萬四千七百二十九磅收入一萬七百七十八磅收入不足三千九百五十一磅なり。

三、類似療法病院　入院患者部外來患者部往診部あり。入院患者に對する取扱は他の病院と異なり一定數の病室を設け相當の治療代を支拂ふことを得る者に使用せしむる組織なり。千九百八年に於ける患者總數四千六百九十八人内四百三人は入院患者なり。

四、普通施療院　英國に於ける施療院は千七百九十年倫敦に設置せるものを嚆矢とし、其の成績良好なりしよりバーミンガムに於ても早く千七百九十三年より之に倣ひて個人の經營するものあり。千八百八年施療院開院せられ千八百七十一年以降漸次擴張して市内所々に支部を設けたり。千九百八年に於ける患者は五萬八千九百七十七人に及び其の取扱件數七萬四千六百九十五を算す。患者一人に對する費用は平均三十志五片にして一般人民殊に勞働者の施療を受くる者頗る多し。

五、畸形矯正病院　千八百十七年の創設に係るものにして千八百五十八年以降漸次規模を擴張せり。身體各部の畸形を矯正するを以て目的とす。一年大約三百人の入院者あり多くは小兒なり。最近三ヶ年間に於ける取扱件數一ヶ年平均千三百六十六件外科手術五百四十件千九百九年の治療件數は一萬二千八十件なり。經費は大部分機械器具の設備に充つるものにして一ヶ年大約三千磅なり。

六、眼科病院　千八百二十四年を以て開設す。此の地方に於ける特科病院の最良なるものゝ一なり。

市內並に市附近の貧民に便宜を與ふる所少からず。ミッドランド地方に於ける主要なる眼科醫學校たり。一ヶ年の經費は約七千五百磅にして約四千五百磅の寄附あり。

七、産婦病院　千八百四十二年に開設せり。初めは産婦のみならず小兒科婦人科患者をも收容したるも、成績不良にして殊に入院者の死亡率多かりしより、之を産婦の取扱のみに限定し且患者を入院せしめず、往診して各自宅に於て保養せしむる方法を採りたり。近時難產の場合に於ても産婦をして入院せしむる方法を設け尙産婆の養成に努むる所もあり。

八、耳鼻咽喉科病院　千八百四十四年開設病室四十一患者數七千八百二十七人經費年額三千磅を算せり。

九、齒科病院　千八百五十九年開設一ヶ年齒科手術三萬を超ゆ。千九百九年市內の小學兒童二千人を診療したる結果に依れば百人中九十六人は齒に故障を有せりといふ。齒科學校として大學と聯結し齒科醫免許狀を附與す。

十、小兒病院　千八百六十四年の開設に係りバーミンガムの病院中最も成功せるものゝ一にして無料病院組織を最初に採用せるは本病院なりとす。

十一、婦人病院　千八百七十一年開設現存の病院は千九百四年の建築に係れり。千九百八年中に於ける治療回數一萬八千八百四十五件數三千百七十三大手術七百十九件中三百八十六件は腹部切開の手術を施せるものなり。

十二、皮膚毛髮病院　千八百八十一年開設現存の病院は千八百八十八年に於て建築せられたるものなり。千八百九十年患者入院の設備を爲し藥湯其の他浴場を附設せり。

十三、「ブラックフェル」療養所　千八百七十三年開設男女病室各四十室寄宿舍二棟各二十室を備ふ。患者の入院は冬期中二週間乃至三週間とし一「ギニー」を以て入院することを得。

十四、「モーズリーホール」兒童保養病院　初め兒童病院に附屬せる療養所ありしも故リチャード、カドバリー之を不足なりとし其の寄附主唱によりモーズリーに之を設立するに至れり。他の病院に於て治療の結果回復期に向へる兒童其の他疾病に罹り身體虛弱なる者を收容するを目的とす。千九百八年に於ける收容兒童九百五十四人其の入院日數平均三週間なり。

十五、看護婦會　千八百七十年の設置に係る。千九百八年中看護婦が家庭を訪問すること每週千八百回にして、繃帶其他諸種の看病方法に付き市民に多大の便宜を與へたり。

十六、跛者組合　近時ジョージ、カドバリーの寄附せる所にして、庭園を設け淸鮮なる空氣中に休養せしめ出來得る限り不具の患苦を輕減せんとす。

病院維持に須要なる金員を得るの方法として、僧侶宗教々師等の有志と聯合し、市並に市附近の寺院に於て地方醫療慈惠會を作り一般寄附を募集し病院日曜基金を作る。爾後他の都市の之に傚ふもの多し。千八百五十年普通病院の爲め五千二百磅を募集し、翌年は女王病院更に其の翌年は其の他の病院の爲に募集し、爾後此の順序に從ひたるが千九百四年以降各病院を合一して募集し、一ケ年通例五千乃至六千磅の寄附金を醵集せり。次で主として職工の爲に設けたる病院に對しては職工に於ても一定金額を寄附するを得べしとし、早く千八百六十九年に於て小額の寄附を募集し、醵金四千七百五磅を以て千八百七十三年病院土曜基金を創始せり。目下毎週市內並に市附近の各工場に於て募集す。此の金額漸次增加し一ケ年二萬磅に達するに至れり。千八百九十一年以前に於ては集金額は總て直に病院に交付せるも同年以後一萬磅を病院に交附し、殘額を以てタイニコード、マールホール、レッドハウスの保養所等の設立維持費に充つるに至れり。千八百九十一年初めて一萬磅を病院に交附せる當時は病院の經費年額六萬千百六十八磅に止まりしに、現時は九萬六千百五十五磅に上れるが故に、病院土曜基金より病院に交附する金額も之に應じて增額するの必要あるべきなり。

以上を以て個人の任意の寄附金を以て維持する病院を終れり。以下市費を以て維持する病院に就きて略述する所あらんとす。

「バーミンガム」病院は千八百八十九年を以て開始す。病室千百室卽ち内科病室八百室癲癇病室三百室看護婦百二十五人あり。癲癇病室は近時之を分離しバーミンガム、アストン、キングスノルトン聯合してマネーハルに之を置く。癲狂者に對する大病院の外熱病院あり。傳染病院は千八百七十一年開設せるものにして千八百七十五年公共保健條例に從ひ設備完全となり比年病院の增築あり、目下患者八百四十九名を收容する設備あり。千九百九年は例年に比し比較的傳染病流行せざりしも尙猖紅熱患者二百六十二人實扶的利亞四百六十六人腸窒扶斯百十人を收容せり。近年市內に於ける初期肺病患者を收容する療養所設備の必要痛論せられ、保健委員は敷地を購入し患者四十人を收容する設備ある療養所を設置せり。

從來個人任意の寄附を以て維持する病院に就ても總て市稅を以て維持せんとする議あり。施術治療の經費は漸次增加し單に之を個人任意の寄附に依賴する能はざるに至れるなり。將來或は國庫補助を仰ぐと共に市の公費を以て之を維持する必要生ずべし。

第四節　貧民救濟の設備――貧民保護員及び「バアミンガム」市救濟會

一、貧民保護員

十一世紀以前より貧困者は僧侶寺區の住民之を救濟すべきものとし、何人も衣食に窮して死するに至ることあるべからずと思惟せられ、千五百年の頃には病者貧困者救助の爲め普通寺院其他の設備七百五十に上りしが、十六世紀の中葉に至り此等の病院は廢止せられたり。之より先薔薇戰爭（一四八〇年）の結果多數の人民職業を失ひ糊口に窮し乞丐の國内を放浪する者少からざりしより、遂に法律を以て各寺區の寺院に於て金員を醵集し、以て此等の乞丐をして正業に就かしむべきを命じたり。其後寺院の醵金を以てしては不足を告ぐるに至り、千五百六十年エリザベス女王の朝に於て住民の家屋土地に課税するの方法並に貧民税を徴收することゝ定められ、尙同女王朝の千六百一年現行貧民法の根本たる法律制定せらるゝに至れり。當時失業者をして就職せしめんとせる生業は農業に非ずして麻布羊毛織器等の製造業にして、失業者は此等の職業に從事するの熟練を缺き之を習練せしむる手段も講ぜられず。貧民税として徴收せる金錢は單に貧困者に對する施與金其の他無益なる事業の賃銀として支拂はれ其の結果賃銀低落し貧民增加せり。ジョージ三世の頃病者不具者の外健康者は勞働に從事せしむべく之が工場を設けんとせるも失敗し、千七百九十六年再び健康者にも救助金を施與するに至れり。千八百三十二年委員を命じて貧民救濟に關する法律の調査に從事せしめたり。其報告に依れば救助金の濫用に依り國民は却て依賴心を生じ、殊に健康なる貧窮者に救助金を與ふる爲め、正當なる勞働者の賃銀を減少し却て困難を感ずるに至らしめたりといふ。千八百二十四年修正貧民法發布せられたるも、同法は從來の法律を廢止することなく單に寺區の組合をして工場を設置せしめ、貧民なりや否やに就ては一層嚴格なる調査を爲し、救助金の施與に制限を加へ殊に壯健なる貧民は必ず工場に於て勞働に就かしむるに在りたり。尙國內に於ける救貧行政は總て有給委員の掌ることゝ定めたり。後千八百四十七年此委員を廢し貧民法委員會を置き千八百七十一年以降地方行政委員會之を處理することゝなれり。工場に於て病者老者幼者を混同して入らしむるは夙に非難せられたるも現に尙病者壯者老者幼白痴不幸又は罪惡に依る貧困者等總て同一家屋に住せり。而して是等のものに對しては何等の條件を設けずして少額の救助金を與ふ、充分なる調査監督を爲し充分なる救濟を與ふるの主義は屢等閑に附せられたり。社會の事情は交通音信又は新聞紙の發達富の增加機械の發明諸種の會合職業組合其の他公私の諸團體の發達等に依りて多大の變化を來したるに拘らず、之に對する施設方法は陳腐を極め不完全なるものなり。

四十年來貧民救助金の施與の外敎育に公共保健に癲狂院に國家の支出せる經費莫大なるのみならず、病院孤兒院其他各種の慈善團體の施設經營する所少なからず。然るに貧困者の數は減少せずして却て逐年增加しカーライル、ラスキン、ヂッケンス其の他論客文豪經世家の此の點に關し絕叫するあり。諸種の施設は多少改善せられたるも其の效果極めて微々たり。千九百七年の地方行政委員會の報告に依ればイングランド及ウェールスに於て貧民法に依り救助を受けたるもの一時的の貧困者瘋狂者を合し同年中百七十一萬九千八にして千人中四十七人七の割合なり。國家の之が爲め支出する所千四百五十萬磅に上り今後益増加せんとする傾向あり。

市内の救貧行政は市税負擔者家屋所有者の選擧せる貧民委員會の掌る所にして現時市内三部に保護委員會の設けあり。卽ち

バーミンガム寺區「バーミンガム」貧民保護委員會

エヂバストン、ハーボーン、バルザルヒース、クイントン、キングスノルトン貧民保護委員會

市内のアストン寺區(サルトリー及リツトルブロムウイチを包含す)「アストン」貧民保護委員會市内の救貧行政を統一し一個の機關をして掌理せしむる方便利なるべし。

貧民數

	戶內收容者	戶外救助者	瘋狂者	計
バーミンガム	三、九三九	二、二九九	九五一	七、一八九
アストン	一、六五八	一、六九七	五二〇	三、八七五
キングスノルトン	四一四	七七七	二〇四	一、三九五
計	六、〇一一	四、七七三	、六七五	一二、四五九

市住民四十四人に對し一人の貧困者即ち千八中二十三人の貧民ある割なり。右の統計は日々救助を受くる者のみにして、其の他臨時救助を受くる者を加ふるときは其の數更に增加すべし。

救貧行政費年額十八萬九千八十三磅にして貧民法に依り一磅に付一志五片の率を以て市稅を徴收す。

市債利子を合算せる救貧行政費

	勞役場	救助金	住家	モニーハル	瘋狂院	計
バーミンガム	勞役場二九、一一五磅 病院三四、八五六	一一、七九七磅	九、二七一磅	四、八五二磅	一六、一七三磅	一〇六、〇七三磅
アストン	病院二二、八五一	一〇、三九八	二、八二一	一、六七〇	二一、七六七	五九、五〇七
キングスノルトン	勞役場六、〇三三 病院四、七三九	一〇、〇四三	二、二六五	〇	一二、七〇七	三五、七八七
計	九七、六〇三	三二、二三八	一四、三五七	六、五二二	五〇、六四七	二〇一、三六七

救貧行政市債額

バーミンガム	一〇一、〇六四
アストン	一四〇、五一五
キングスノルトン	一五五、三五三

計　三九六、九三二

貧民保護員はバーミンガム三十七人アストン十五人キングスノルトン十二人總計六十四人なり。貧困者を收容する爲め勞役場三個あり。此等の勞役場に於ても男女老幼壯者病者に應じ各相當の處置を採れり。勞役場に於ては園圃庭園の農作家禽豚の飼養入場者の衣服の製造等を爲す。癲癇病者白痴者を收容する爲めバーミンガム、アストン及キレグスノルトン聯合貧民法移住所をモニーハルに設く二百十八人の收容する設備あり。次に「バーミンガム」及「キングスノルトン」病院あり、貧困者の救濟並に其の獨立市民たる地位を恢復せしむるに努む。更に三個所に兒童住屋を設け勞役場に在る貧民の兒女を收容して其の敎化に努む。

千九百十年一月一日貧民保護員の保護を受くる兒童

	バーミンガム				アストン				キングスノルトン			
	男	女	三歲以下	計	男	女	三歲以下	計	男	女	三歲以下	計
勞役場	○	○	六○	六○	二一	一九	八一	一二一	?	?	?	三一
兒童住屋	二八四	二四二	○	五二六	一七一	一四四	○	三一五	一三六	一二四	○	二六○
病院	五○	二七	二七	一○四	○	○	○	○	?	?	?	四○

バーミンガム貧民保護員の調査する所に依れば千九百九年以前五年間に於て兒童をして一定の地位に就かしめたる結果左の如し。

特許學校	四四	八七	○	一三一	三六	二七	○	六三	?	?	?	二五
下宿せる者	二	三	○	五	四○	四○	○	八○	?	?	?	五
盲唖學校	○	○	○	○	○	○	○	○	?	?	?	九
計	三八○	三五九	八七	八二六	二六八	二三○	八一	五七九	?	?	?	三七○

	成績頗る佳	成績相當佳	不充分	惡	成績佳中途他に轉ずる者	行方不明	地位より遷れる者	死亡	白痴	能力不足	未だ報告の期に達せざる者	計
男	四六	三九	八	三	四	一五	四	○	九	○	二	一三○
女	三○	三七	六	○	七	三	○	○	二	三	三	九一

尙千九百六年以前六年間に於けるキングスノルトン保護員の調査に依れば一定の地位に就かしめたる男女百六人中八十五人は成績佳良なりといふ。自ら生計を營む能はざる者は獨り其者の不幸たるのみならず亦公共の安寧に害あるものなり。現行法に於ては之を强制して救貧の爲め施設せる勞役場其他に入らしむる能はず。尤も此の如き者の勞役場其他に入るを拒む者は其の數多からずと雖も往々にして之れ無きに非ず。殊に不都合なるは二三週間妻子と共に勞役場に入り故なくして勞役

場を出で數日にして更に墮落して歸來する者少からざるに在り。現行法の下に於ては之を如何ともする能はず其の取扱甚だ困難なりとす。

保護員の殊に留意する所は壯健なる貧民の處置及救助金の施與に在り。壯健なる貧民中には或は放蕩の結果たるあり不運に因るあり不義を行へるに因るあり。救貧事業の困難は特に壯健者に對する處置に在りて從來批難の燒點たりしものなり。之に對する充分なる處置方法の講ぜられざるに依り、各種の慈惠救濟會は之を補充せんとし却て徒に紛糾を加へたり。從來壯健者に救助金を施與するは勤惰なる勞働者をして却て貧困に陷らしむるの結果を生じ、法律を以て此の如き方法を禁止するに至れり。壯健者は勞役場に於て勞働に從事せしむるは早くより行はれ現に實行せるも適當の仕事又は相當の練習を爲さしむる方法なきにより困難少からざるなり。救助金受領者殊に其子女を有する場合に於て之を監督すること、其の他救濟金の施與を以て出來得る限り之を有效ならしめんとすることは、保護員の殊に注意する所にして各種の慈善團體其の他一般人士が特に此點に就き一層助力を與ふるを望むものなり。現行貧民法は種々改正を要する點あり、早晩新法の制定を見るべきも之をして充分の效果あらしむるが爲には一般社會の同情助力を後援とせざるべからざるなり。

二、「バーミンガム」市救濟會

十九世紀の中葉社會の先覺者は當時の貧民法の不備缺點を喝破せり。千八百三十四年の同法改正は疑もなく多大の改善を爲したるものなり。案ずるに舊貧民法は其の根本思想に於て英國の産業を以て跛者とし外部の杖に依るに非ざれば立つ能はずとせるが如きに反し、新法は産業は自ら支持する力あるのみならず亦自ら支持する義務あるものとなすに在りて外部の助力を仰がざらんとせり。此の點は新法の思想を正當とす。唯新法に於ても貧困の原因を尋ね根本的救濟の方法を講ずることを爲さず、單に貧困者を收容するを以て滿足せり。此の缺點は夙に識者の痛論せる所にしてカーライルの如き貧困の眞の原因を尋ね救濟策を講ずべきを說けり。獨逸に於てもダニエル、フォン、デヤ、ハイド此の點に關する研究を公にし救濟方法は社會一般の好意に訴へざるべからずとせり。「エルバーフエルド」式はハイドの說に基づくものにして啻にエルバーフエルド市のみならず、伯林、漢堡萊府等獨逸の大都市の之を採用せるもの多し。其の要旨は地域を分ち一定の家族に對し各自相互の責任を負はしむるに在り。人口十五萬のエルバーフエルドは之を五百十八區に分ち救濟員五百人を置き、人口二百萬の伯林に於ては四千餘人の救濟員、人口七十萬の漢堡に於ては一千五百餘人、略バーミンガムと同數の人口を有する萊府に於ては一千人を置く。然るにバーミンガムに於ては同樣の職責を有する保護員三十七人キングスノルトン及アストンを合するも六十四人を置くのみ。

私人的慈惠團體は千八百六十年倫敦に於ける國民災厄救濟會を嚆矢とし。次で千八百六十八年貧困及び犯罪防止會を創立し、近時獨逸の制度に倣ひ「エルバーフエルド」式を採用せる都市頗る多し。即ち千九百四年ブラツドフオード市翌年フアリフアツクス市之に亞ぎ、千九百九年には三十有四、千百十年には六十二市之を採用せりといふ。多少獨逸の制度と異なる所あるも其の趣旨は即ち相同じ。

「バーミンガム」市救濟會は千九百六年創立、市内を北、南、東、西、ボーズリー、中央、エヂバストンの七部に分ち支部は各區域内の救濟事業を處理す。支部に三四又は五の支部委員を設け各事務を分掌せしむ。特に困難にして支部に於て斷行する能はざるものは諮問委員會の議に附す。執行部は本會並に支部の役員並に市民中の有志四十一人を以て組織し、本會事業の遂行に必要なる會員を社會より募集すること並に本會事業の成績を監督す。本會經費は市民の喜んで醵出する所にして通常年額二千磅に上り千九百九年の如きは八千磅に上れり。

習慣的乞丐を調査識別するは殊に留意する所にして、實地に取調ぶるの外各種の慈善團體と氣脈を通じて之を窺知するなり。實直なる勞働者が疾病其の他一時的の失職に因り困難に陷れる場合に於ては、或は救助金を與へ或は地主家主又は雇主と交渉して貧困者に對し特に好都合なる處置を採らしむる等本會の事業は頗る成功せり。然れども一般的の不景氣恐慌等より生ずる失業者に對する處置又は就職難に關して本會の事業として見るべきの效績あるを得ざるなり。固より本會の事業は根本的救治策に非ずして僅に一時の糊塗瀰縫に過ぎざるべきも、現時の狀態に於ては之を以て滿足し改善を施し見るべきの成績を擧ぐるは之を將來に期するの外なきなり。

五

裏町場末に於ける貧民兒童は田園の風趣に接するを得ざるのみならず、一の綠葉だに見るの機會なく、只雜鬧殺風景なる四周の塵埃場裡に起臥するの外なきなり。然れども往時は必らずしも然らずして、都邑の風趣美はしく田園市街を圍繞し、中世に於ては城壁を以て圍まれ場末なるもの之れなくして、城外は庭園果樹園或は郊外打續きたりき。依是觀之近世文明は幾多の公益を齎らしたるも、之と共に亦厭ふべき裏町場末を生じたり。急速なる文明開化は田園の風趣を復活するの遑なからんなり。

都市の繁榮田園の荒廢は近時の現象なり。機械の發明は從前各戶每に營みたりし工業者勞働者の合同を來せり、勞働者は工場に近く住居するの必要あるが故に勢ひ田園を去りて都市に向ふ、田園に於ける兒童の敎育進歩は往々彼等をして單調なる田園生活に飽かしめ亦同樣の傾向を生ず。都市に於ては土地高價なるが故に、之より相當の報酬を得るが爲に出來得る限り多數の家屋を建築し、其の結果家屋櫛比し日光も空氣も射入せざるに至る。勞働者の墮落と死亡率の增加は避くべからざるなり。國家の一大財產は國民の健全なる發達に在るが故に此の如きは實に國家の大損失なりといふべし。

以是觀之裏町場末は之を改善せざるべからざるなり。其改善の方法は頗る困難なりとす。單に此等の家屋を取拂ひ其居住者をして他所に密集せしむれば是亦弊害を生ず。同じく彼等が支拂ふこと能はざる程の高價なる借賃を要する家屋を建築し、又は工場より距れる場所に設備を爲すも詮なきことなり。家賃高からんか借家人は更に下宿人を止宿せしめ家賃の一部を負擔せしめんとすべく、其の結果多數人の密集するに至るべきは避くべからざる所なり。千八百九十年の勞働者の住家法律の下に於て裏町場末に關し市の採るを得べき方法二あり。一は漸次裏町を買上げ住家を改築するに在りて多額の金員を要し長年月を經て始めて其目的を達すべし。他は衞生吏員の報告に基づき非衞生的なる家屋の所有者に命じて修築を爲さしめ、何等の施設を爲さゞる者に對しては之が取拂を命ずるに在り。ネットルフォールドは其「實際的住家問題」なる著書中此の二主義を比較し、第一主義に依り國內の都市を再建するに於ては一人平均七十七磅十五志を要し、第二主義に依りバーミンガム市が各地主を強制して修築せしむるに於ては一人一磅四志三片に止まるといふ。嘗てチャーレス、キングスレーは街路の狹隘なるに伴ふ不便不利を指摘せることありしが、バーミンガム市會に於ては地主に相當の賠償を爲して家屋を取拂ひ街路を拓くの方針を採りたり。ネットルフーオールドの調査に依れば五年間にて修補するの不能又は困難なる家屋六百三十四戶を取拂ひ十二「エーカー」の空地を作りたりといふ。

自轉車及電車は勞働者をして工場より離れて居住し、市內に於ける裏町場末を取拂ふも彼等は郊外に居住するを得るを以て苦痛を感ぜざるに至らしめたり。然れども從前富裕なる市民の居住地たりし郊外の現狀果して如何。市の擴張に伴ひ此等の土地は今や家屋建築用として取引の目的となり之を購買して樹木を伐採し道路を通ずるも、何等之に關する條例の規定なきが故に幅員は廣きを要せず、道路を通ずるの經費は成るべく之を低くし放下資本に對する收入の饒多なるを圖るが爲め、其投機業者たると否とに拘らず、常に出來得る限り多數の家屋を建築せんとす。其の結果如何なる街路が新設せらるゝやは絮說の要なかるべし。勞働者が市內の裏町より去りて住居を求むる所は此の如き近郊なり。空氣日光等に就ては此の如き近郊は裏町に優ると雖も、田園の風趣は等しく求むべからざるなり。その活氣なく單調極まるは到底免るべからざる所なり。

市區整理に關しては獨逸人の施設見るべきもの多し、ケルン市の市區整理は之を模範とするに足る。然れども同市は巴里市の先蹤に從へるものなるを忘るべからず。更に多數有志家が田園都市の施設に依り、適宜なる庭園あり田園の風趣に富む家屋を建築し低廉なる家賃を以て賃貸するの經濟上不可能に非ざることを明示せられたるを注意せざるべからず。市區整理に關し碁盤式と蛛網式の二種あり。一は各街路互に直角を爲すもの他は各街路放射線を爲し又は圏狀を爲すものなり。碁盤式は古代より行はれたる所にして其の遺跡少からず。亞米利加に於て此の直角の街路少からず。此の式は直角なるが故に普通家屋の形に適合するの長所あり、而して是れ唯一の長所なり、然れども單に機械的にして趣味なく、又三角形の二邊は常に第三邊より長きが故に交通の不便あり。圏狀の街路の缺亡せることは北米合衆國の各都市を通じて其の不便を感ずる所にして、之を改正せんとする計畫少からず。而かも其の經費莫大なるべきが故に市俄古市が放射線狀の街路を作らんとする計畫の果して何れの日に實現せらるべきやは頗る疑はしといふべし。

蛛網式は市の自然的發達と調和し又中心點を作ることを得べく、各地方の道路は總て都市の中心に向つて之を作ることを得べし。バーミンガム市は此の主義に從ひ發達せり、然れども官衙公署を中心とし嚴正なる放射線狀又は圈狀を爲すの街路は碁盤式と等しく人爲的にして特徴を缺く。放射線狀を採るときは其の極醜惡なる三角形を爲し家家屋の建築に適せざるに至る。更に放射線狀の街路は一直線にして單調に失し、圈狀の街路は循環して終極なきが故に通行者に不快を與ふ。故に最良の方法は此の二主義を折衷して其の中庸を得るに在り。主要なる官衙公署が主要なる中心點となるの外、停車場港灣橋梁等も小中心點となりて放射線狀の道路之に通ずべきなり。主要なる大通を放射線狀とするの外、其の他の街路は略直角として家屋建築に適せしむべく、更に主要なる圈狀街路は之を連絡し尙特別の主要なる場所を連絡するが爲には對角線の街路を作るべし。殊に設計は自然の地形に應じ或は丘陵河川に沿ひて曲折すべく或は平地を一直線に貫通すべし。之によりて都市は其の自然の地形特徴に應じ各其の特色を發揮するを得べきなり。中古の都市が發達せるは大抵右の順序に從へるものにして其の美觀は亦一に之に依る。倫敦市が大火に罹り市區整理の好機會を生じたるときサー、クリストフアー、レンの採れる所は上記の市區整理の方針に適合せるものなりき。クリストフアー、レンは更に此の場合に於て私有土地を一應混合し、新市街の計畫熟したる後成るべく從前の位置に近き同一面積の土地を舊所有者に分配すべきを說けり。此の方法は英國內に行はれたるを聞かずと雖も、獨逸に於ては往々之を強制することゝし、一般社會のみならず各所有者の便宜を得たること少からず。

一直線の街路は長きに失すべからず、長きに失するときは終局なきが如く見えて單調厭ふべし。宜しく其の眼界の終局する所を作り、一定の建物其の他重要なる事物に依り行人の厭倦を慰むべし。此の方法は巴里市に於て實行せられたり。少しく曲折せる街路は多少の趣味あり。市區の計畫は宜しく直線の街路と曲折せる街路と共に之を存すべし。亞米利加の市街の單調なるは曲線の街路を缺くが故なり。丘陵上の街路は殊に曲線たること多かるべし。尙家屋の高度全體の調和に付き等閑に附すべからざるものあり。此の點に付てはバーミンガムは何等の方法を採らず市第一の街路たるコーポレーション街の如き家屋は一に寄せ集めに過ぎず。大通りに於ても幅員の不規則なる家並の揃はざるは亦時に興味なくんば非ず。以て單調なる直線を破り家屋の側面を見るを得しむ。家屋の高度は其位地並に街路の幅員に依り制限を加へざるべからず。ケルン市の如きは此の點に關し一定の條例を設く。亞米利加に於ては徒らに高き建物を作り市の美觀を傷くるを顧みず、其の覆轍に倣ふべからざるなり。

佛國の都市は多く中世に於て城壁を以て圍繞せられ、近世に至り之を破壞し其の遺跡は之に樹木を植付け遊園地とし全市を繞らしむるが故に、啻に愉快なる散步地並に公道たるのみならず近代に於て此の以外に發達せる街衢に淸鮮なる空氣を與ふるの便あり。英國の都市は此種の便宜を缺くも機會の生ずる每に之に新設するを得ざるの理由なし。

將來バーミンガムに於ては主要なる街路の交叉點を空地とするのみならず、多數の裏町は其の建物を取り拂ひ兒童並に勞働者等の遊步休憩すべき空地を作るに至らざるべからず。貧民の住屋に光線空氣を供給する爲め空地を存するは極めて必要のことたり。數個の街路が交叉する所は之を空地とせざるべからず。其の計畫は特に注意し單に數個の道路が中央に交叉し空地を作れるのみにては不可なり。之に依りて單に通路の距離を短縮するを圖るが如きは誤れり。其の中央に於ては各方より交通する人馬密集して却て交通の便利を阻害すべし。此の不便を除き交通の便を圖るには一見奇なるが如きも却て其の中心に障碍物を設くるに在り。然らば之を迂回して交通するを要するが故に雜沓の弊を除くを得べし。尙其の障碍物たるや之を公園泉水又は銅像等と爲すを得べく附近に美觀を呈せしむる亦難からず。

バーミンガムの起源は微々たるものにしてリー河畔の道路に沿ひ鍛冶鐵工の住せる小都會に過ぎざりき。爾後漸次發達し殊に十六世紀に至り産業の盛大となると共に次第に擴張し、遂に狹隘にして汚穢暗黑なる新市街增加したりき。市街を改善する爲め千七百六十九年「ランプ」法發布せられ委員を任命して次第に發展する市區の改善を圖らしめたり。此の權限はバーミンガムが千八百三十八年公共團體となると共に市に移りたり。千八百七十六年チャンバレンの發案に成る市區改善の計畫に依り從前市の中央を占むるに拘らず最も醜汚なりし市街を改造してコーポレーション街を作りたり。近時市區整理法發布の議あり、速に之に基づき市區整理委員を設け市區整理の計畫を立て場末裏町を改造するに至るべきを切望するなり。

バーミンガムの周圍には未だ投機的建築家の侵入せざる墓地公園私有地等の空地存するもの少からず。從て是等の土地にして市の所有に歸し之を利用するに於ては市民の幸福健康に益する所少からざるものあるべし。若し此の希望にして實現せられ、各公園の間には庭園村落庭園近郊相連なりて各戸怡和雍容の風あり、庭園には草木繁茂し貧者と富者と勞働者と工場主と共に住し、相共に協力して公共の利益を圖り、近郊の美觀を維持するに努むるに至り、更に日々通勤往來する市の中心に達する街路を擴張し樹木を植付け田園の風趣を市内に移し、暗黑不健康なる裏町場末を改善し庭園公園遊園地に改むるに努むるに至らば、市民の幸福や更に一層大なるものあるべし。

蛛網式の市區整理方法はバーミンガム市に於て採用するを得べき唯一の方法にして、之に依り放射線狀の街路と共に圈狀の街路を要す。バーミンガムに於て佛國の都市の如く舊城壁の遺跡を利用するの便宜を缺くも。財政上之を許すに於ては現存の街路を擴張して市を一周する遊園地を作るを得べし。其の幅員は百呎以上とし樹木を植付くべく之を實現せば附近の街路は多大の恩惠に浴すべし。之に電車を通じて交通の便を圖り之に沿ひて官衙公署等を設け、酒店大陸風の「カフェー」を置き其の主要なる大通と交叉する所は庭園遊園地となし銅像を建設する等の施設を爲すべきなり。然れども此の如く市區を整理するも今日の如く空氣不潔にして煤煙市を蔽ふに於ては其の詮なかるべし。卽ち日光を通せしむるも大氣溷濁して之を朦朧たらしめ、空氣を流通するも不潔有害たるべく、樹木を植付くるも煤煙の爲め成長せず、壯麗なる建物を作るも空氣の不潔酸性の煤煙によりて之を腐蝕するに於ては其の效少かるべし。是れ速に煤煙を防止する方法を講ぜざるべからざる所以なり。化學工業の發達は煤煙を防ぎて之を淸淨ならしむる方法を發明せり。工場の煙突より生ずる煤煙は機械的煽火の方法に依りて防止するを得べく、家庭に使用する燈火其他の煤煙は瓦斯燈電氣燈の使用に依りて避くるを得べく、炭火を要するときは骸炭を使用して煤煙を生ぜざるを得べし。骸炭製造に當り生ずる副産物は種々の用途あり、製造費を償ふことを得るが故に骸炭は普通の石炭と略同額の價額を有するに過ぎず。煤煙の除去は社會一般の健康安寧に多大の便益を得べく、從つて將來に於ては已むを得ずんば條例を制定して之を强制するも不可なからんか。

此の如き方法を採れる將來のバーミンガム市を想像せよ。美麗なる圏狀の樹木立ち列びたる街路あり、閑雅幽邃なる公園庭園遊園地あり。圏狀の市を一周せる大街路あり、庭園近郊之に接續し、裏町場末又は之に伴ふ煤煙は嘗て見るを得ず、空氣は田園の如く清鮮なるべし。是れ空想に非ずして實現し得べき理想なり。唯之が實行は一に市民の聰明なる協力と犧牲とに俟つあるのみ。（完）

五　審議調査の機關に就て

一

我行政の最大缺陷は審議調査の十分ならざることに存する。緊要の施設も有益なる事業も『調査中』なるの故を以て或は未だ調査せられざるの故を以て爲されずして終るものが頗る多い。我官場の文書中に綿密精細公私共に之を典據とするに足るが如きものは殆ど之を求め難い。世運日に進み人事益々複雜となる。聖賢哲人の指導に從つて政を爲すの必要は益々多い譯である。將に來らんとする社會問題の難關を切り拔け怒濤洶湧すべき民衆運動に善處して、平穩なる彼岸に到達するには現在將來に亘り國民中の最も進歩したる智識賢明なる判斷に從ひ、國民全體の協力に依つて始めて遺憾なきを得やうか。此の見地から政治に行政に衆智を綜合し、最善の方策を確立するが爲、周到なる審議調査の制度慣例を作ることが必要であると思ふ。

固より議會制度があるが併し議會は政府施政の得失を論難是非して、政府に必要なる授權を爲す事を任務とする。議會から政治行政の方策指針を求むる事は無理である。審議調査の機關は議會と政府との中間に存して別に重要なる役割を努めるのである。行政の整理爲政の改善の上から適當なる審議調査の制度慣例を作るの必要は極めて大なりと考へる。

二

廣く審議調査の機關を擧げれば君主最高の諮問府にして重要なる國務を審議する樞密院、國庫歳計の審査を任とする會計檢査院、各行政部内の參事官監察官督學官、調査課又は臨時調査を任務とする事務官の類がある。併し就中特定の事項審議調査の爲に設けられる各種の委員會調査會は最も重要なる審議調査の機關である。吾人は專ら此の調査會委員會を論じ、次で行政各部の調査審議に及びたいと思ふ。

清浦内閣は行政整理の趣旨を以て臨時財政經濟調査會道路會議鐵道會議臨時治水調査會教育評議會航空評議會馬政委員會小作調査會を一擧にして廢止し、新に帝國經濟會議文政審議會を設けた。

内閣更迭ある毎に前内閣の設けた調査會委員會を廢止し、又は廢止せざるも之を開かずして有名無實とする事は、我官場多年の慣例で世人亦怪まないのであるが實は委員を愚にした處置である。歷代內閣の調査會委員會を設ける趣旨は、誠心誠意之に依つて重要なる國策の審議調査を爲すの醇眞なる動機に出づること稀であつて、多くは責任轉嫁の機關とし當面の糊塗策とし民間實業家の懷柔策とし關係者の緘口策として政略上の動機に基く場合が多いのである。往年英國に於てもヂスレリー卿は常套手段として調査委員會を濫設し遁辭とすると評されたのであるが、我官場は全然此の評を避くるを得ない有樣である。此の惡例を改めることは政界刷新の一要目であると思ふ。

三

近時英國に於て重要なる委員會を總理し權威ある報告書を作成することは、平凡なる國務大臣の地位に就くよりも遙に重要視せられて居る。社會上政治上緊急重要なる當面時務の審議調査を任務とする委員會は實に人氣の中心であつて、國內を擧げて其の成行結果を環視仰望するのである。蓋し平時に於ける國務大臣は慣例に依り下僚の提案するが儘に行動すれば足るので、大臣の何人なりやに依つて社會上政治上格段なる差異ある譯では無い。之に反して國政上至要至重なる事項の審議調査を附託せられた委員會は國家百年の大計大策を確立するのである。其の結論は宜しく朝野一異辭無く國政進轉の指針盤たるべきである。英人が委員會を重要視するは至當の次第である。委員會は從つて國民環視の中に立つて有ゆる方法を盡し最善最美の結論に到達する事に努めることは當然の結果である。即ち委員會の調査は精細周到であり其の結論は爲政の根本方針となるのである。英國憲政は此の委員會制度に依つて品位を高め圓滑なる運用を見ること多大なるものがあるのである

例へばゲッデス委員會である、十七億五千萬圓以上の財政緊縮を斷行するの方法如何を調査するの任務を負ひ、六箇月間熱心なる審議調査を遂げた三回のゲッデス報告書は英國財政立て直しの基礎となり、塗炭に苦しむ國民負擔の輕減方法を確立したものであつた。之に依つてゲッデスは英國政界に於ける地位を昂め名聲中外に喧傳されたのである。又例へば戰後改造の問題に付き産業組織の根本原則を立てたホイートリー委員會、或は炭鑛問題に關するサンキー委員會の如き、劃時代的な大策を確立したものである。此の如き權威ある國家百年の長計大策を審議調査するものであればこそ、委員長委員たる者眞に心血を傾注して任に當り、一流の人材一代の人傑が爲し甲斐ある任務なりと爲すのである。從つて亦官民共に其の結論に指導せられて疑はないのである。

四

英國の委員會の如く權威ある機關とするには其組織權限に自ら相當意を用ゐることを要する。能否の如何に拘らず各派各勢力を代表せしめるが如き、或は特定の人の歡心を求めるが爲にする人選の如きは論外の事である。人員は十人以内で足りる。一代の人物を簡選し事案の一切を附託すべきである。從來我國の成例は、人選に於て、組織に於て、缺陷歷々たるものがある。

次に委員會の開閉行動は委員會に一任すべきである。政府の便宜に依つて開閉するが如きは勿論不當である。其の他苟くも審議調査の目的を達するに必要なる一切の權限を附與すべきである。卽何人を問はず傾聽するに足るの意見ありと思惟すれば其の意見を徵し得ること、何人に對しても出頭して意見を述べしめ又は書面を提出せしめ得ること等、恰かも裁判所が證人鑑定人の召喚實地檢證を爲し得ると同樣の權限を附與すべきである。英國の委員會には碩學鴻儒政府の大官職工鑛夫一切の國民を參加せしめ、其の主張を聞き意見を參酌し動かすべからざる結論に到達するのである。

然るに我各種委員會調査會の官制は叙上の點に付千篇一律一向に意を用ゐない。委員會も單に政府部內から提出する調査書を閱讀し、當局の說明を聞き、答申書までも當局の起草に成ることが多い衆智を綜合し國策を確立するの慨あるものは尋ぬるに由も無い。世人も官場も委員會を無用視することは寧しろ當然と云ふべきである。

五

委員會の報告書は悉く公表される。重要なるものは會議の速記錄も公刊される。委員會報告書は英國公文書の極めて重要なるものである。堂々たる論策であり高邁なる識見である。國家民人を指導するの大文章である。我官場の文章中に之と比肩し得べきものは遂に發見し難い。委員會の報告に限らず英國政府の刊行物はブリユーブツクコンマンドペーパー等憲政の基礎玆に存するかと思ふものが多い。英國議會刊行物の豫約價年額二十六磅卽ち二百六十圓に上るの一事に徵しても浩翰にして綿密周到なること明かである。

議院法に依れば各院は政府に對して必要なる報告又は文書を求むることが出來る。元來立憲治下に於て政府は各部行政に付施設の狀況を國民の代表たる議會に精細に報告することは當然の義務である。然るに我國に於て責任ある報告書を作成する官廳は極めて稀である。ヴエルサイユ條約に依り帝國は國際聯盟事務局に對し南洋群島委任統治狀況を年々詳報する義務を負ひ、年々報告して居る筈であるが政府は國民に議會に報告したことが無い。英國に限らず歐米各國に於ては年々精細なる報告書を夫々政府の各部局から精練したる文字責任ある意見を附して議會に提出するの慣例は我國に於て大に學ぶべき必要がある。殊に社會問題勞働行政に關する調査報告の如きは最も其必要がある。殊に況んや勞働行政を統一したる社會局創始後の第一回の責任ある報告書の刊行は急務中の急務である。ヴェルサイユ條約に基く國際勞働事務局設置の理由の一半は各國勞働事情を調査整備するに在る。英國工場監督官の精細なる工場視察報告書は夙にエンゲルスの英國勞働問題研究の基礎となりマルキシズム構成の材料となつたのである。

六

官場文章の缺陥を指摘した吾人は其の責任者たる各省文書課長の職務に論及せざるを得ない。調査報告書其の他官場文章の不備缺陥は文書課長の責任である。文書課長が滔々として其の本來の職分を忘れ秘書官的となり、大臣次官の爲にする文書の下讀みを以て能事終れりとし、各省の文書課が受附と宿直と書類編綴保管の機械的事務のみに止まる現狀を怪しまないが如きは吾人の與するを得ない所である。各省奏任官中の錚々たる人材が任に就くを例とする文書課長は、宜しく文書課在在の本分に省み施政の成績を明にし、施政の大綱方針を筆錄し或は報告書調査書の編纂刊行に意を致し、我官場に責任あり意見あり精神ある文章を作成するに盡すべきは當然では無いか。

各省參事官が其の職分の根本義を忘れて法律技師に墮落したとは我行政組織の一大弱點である。法制局の存在が果して國家の爲有利なりや否やは往々各省に於て問題とされるのであるが、歷代内閣に於て行政整理を策するは法制局なるが爲か、「其ノ」「此ノ」の詮議に浮身をやつす抽象論議の結晶たる無用の機關も未だ廢止される模樣が無い。各省參事官亦法制局に傚つて徒らに法理小理窟の審議機關たるに至つた。各省行政の重要なる事項を參畫審議し省議を定め大臣次官を啓發するの任務は何時か忘れられてしまつた。熟々各省官制を案ずるに組織の中心は書記官參事官である。一は執行を任とし決定したる政策に從ひ國務を遂行する、一は創意を主とし新なる政策新なる事案施設の策案を任務とする。從つて書記官には專ら事務の能才を任じて精勵事功を擧げしめる。參事官は創意あり識見あり學問あり是非判斷に擢んでゝ大臣啓發指導に適する人材を簡拔すべきである。參事官を擧げて課長として執行に當らしめ、單に消極的に受動的に各局の立案を審議するを以て能事終れりとするが如きは參事官本來の任務を忘れたものである。日進の事案に對し行政各部の方針政策を策案し、省務に就き常に大臣次官を啓發し得るが爲には、紛々たる常務に煩はされてはならないのである。

行政整理に際し勅任參事官を廢し、或は官制存續するも其の人を任ぜざるが如きは參畫進言の機關を輕視する惡風である。創意を輕視し學問識見の尊重すべきを忘れ、官場の平凡化當面眼前の事務處理に沒頭して國家百年の長計大策を考究することを忘るゝが如きは國家の不祥である。既に國家重要の事案に付積極的に參畫進言するを得るが爲には平素精細なる調査周到なる研究を爲すことを要する。各省各部の調査或は臨時調査の爲に置く事務官技師の多くは宜しく參事官に附隨せしめ或は參事官として諸般の政策異例に屬する事案、新なる問題の調査に當つて省議確立の基礎たらしむるが當然であると思ふ。

七

之を要するに我政治行政の組織は創意識見を蔑如するものである。其の結果は政治行政を低級にし眼前一時の施設を爲すに止まり百年の長計大策を忘るゝに至らしめる。英國に於ては上述したる各種の用意あるに拘らず、英人は尚之を以て足れりとしない。國家機關組織に關する委員會は大戰後に於ける行政機關の組織改造に關する根本方針を調査審議するを任とし、其報告書は學者識者の典據とする所であるが、英國各部行政機關に於て一層組織的なる調査研究を爲し、國家各部行政の方針確立に遺憾なからしむる爲、行政各部に於ける調査審議の機能の充實擴張を爲すべき提案を力說して居るのである。行政の整理爲政の改善を論ずるの人は一層創意を重んじ衆智を綜合し、現代に於ける最高最良の知識々見を爲政に參贊せしむるの方策を講ずることを以て根本義とすべきではあるまいか。

第五章　自治體又は自治體吏員の聯合組織

一　獨逸市町村聯合會の發達に鑑みて我國全國市長會及び町村長會の將來を思ふ

一

郡役所廢止問題並義務教育費國庫負擔金增額問題に對する全國町村長會の決議は政黨及び政府を動かして、其の結果國策を左右するの原動力となりました。之は問題自體が當面重要の時務であつたが爲で、之を全部町村長會の功績に數へることは或は過ぎて居りませう。夫にしても此の事柄は全國町村長會の存在が社會上、政治上極めて重要なる意義を有することを示したものと謂はなければなりません。時運の大勢を洞見するの經世家は此の事柄に深甚の注意を拂ひ、我國地方行政の發達振興に如何なる意義を有するかを諒解すべき筈であると思ひます。私は窃に全國町村長會の將來を案じ、二三の理想を畫いて見るのでありますが、更に獨逸や英國や米國に於ける經驗事績を探討して多大の興味を感ずる次第であります。全國町村長會から選ばれて歐米視察の途に上られた諸君の歸朝の曉には、更に最近の事實の報告を受ける機會があらうと思ひますが、此の場合獨逸の事例に關聯して卑見を述べて見たいと存じます。

二

我國の現行制度中にも各種産業團體には聯合會中央會等の制度があります。市町村農會と道府縣農會、帝國農會、産業組合聯合會中央會、漁業組合聯合會、水産組合聯合會、水産會、山林會等の制度は地方公共團體の上下階級、卽ち市町村と府縣との關係とは性質を異にするのであります。又府縣組合市町村組合町村組合も此等のものとは違ふのであります。市町村にも聯合會中央會を設けしめてもよいではないかと云ふ考方もあります公共團體にも公共團體相互間の共同の利益を增進し、自治權を擁護し、地方自治の發達振興を促進すべき聯合組織の方法あつて然るべしとする見方も御座います。固より地方自治の發達振興は國家的利害の問題であり、國の官廳就中內務大臣に於て大に努力すべきであり、又努力して居ると申しますが、其の實績殆ど見るべきものがないことは事例を擧げて屢々私は論議したことが御座います。成程自治體の監督官廳は御座います、干渉乃至は國家の利害の犧牲たらしむる壓迫的監督の實例は頻々とありますが、自治體の指導者助言者として地方自治の發達振興に眞に盡瘁するの機能は尋ぬるに由もないのであります。監督の基調を改めて地方自治の中樞機關たる機能を發揮すべしとする卑見は、其の實現を見る迄には尙時日を要しませう。其の實現を見た場合に於ても、自治體の側に於て、自治體自身の力を以て發達向上せんとする努力を必要とすることは勿論でありまして、自治の本義に適する譯であります。案ずるに現代は聯合組織の時代であります。如何なる事柄でも如何なる人々の間にでも、苟も其の間共同生活が發達しますれば、團結の力聯合の組織に依つて、共同して仕事をし利福を增進するは時代の大勢であります。公共團體たる市町村の聯合組織の出來ることは敢て異とするに足りませぬ。公共團體の聯合組織に至る迄に公共團體の代表者たる市長又は町村長の聯合組織が出來るのも不思議はない。更に進んで英國の事例の如く市町村收入役會議、市町村土木吏員會議、市町村建築吏員會議、市町村衞生吏員會議の如きものが出來るのも其の道理を異にしませぬ。是等の結社が治安警察法の支配を受けると致しましても、其の事は敢て禁止解散の處分を受くべき筋合はありませぬ。市町村の聯合會には敢て新たなる法律の規定を必要としない。或は之を法人組織として民法第三十四條の規定に基き內務大臣の認可を得て法人格を享有する途も開けて居ります。公法人の組織する私法人と云ふことは我國私法制度上毫も不條理ではない。內務大臣も亦敢て此の如き法人設立を不認可にすべき理由もないと思ひます。法人格を享有せざる組合組織も勿論差支がないので御座います。自然人が相互の共同の利福增進、相互共濟等の爲組合又は法人組織が出來ること丶、公私を問はず法人相互の組合聯合又は法人組織を認めることは何等其の道理を異に致しませぬ。社會の進運、時代の要求に基いて此等の組合組織が自然に發達するならば、達識ある爲政者は敢て之を忌避するに及ばず、善導して社會公共の發達に資せしむべきであります。

三

併しながら舊式保守の中央當局は聯合組織が漸次勢力を得て、其の思ふ儘に頤使し得ない狀態に至ることを虞れて、口實を設けて聯合組織を阻止すること丁度勞働組合に對すると同樣であります。而も到底之を抑止し得ないのと、之を抑止すべき正當なる口實を有しない爲、早晩聯合組織を見るに至ること、恰かも勞働組合の發達と同樣であります。獨逸に於て都市の聯合組織運動は既に十九世紀の五十年代に其の萠芽を見ました。併し中央政府は此の運動を目して國權に對抗する機關に發達するかも知れないと云ふ考の下に、其の成立を希望しないので無殘に散つてしまひました。千八百五十五年の夏伯林警視總監は內務大臣の特命に基いて市長及有給市參事會員の聯合組織に對して恩給共濟金庫の組織することは差支ないが、廣く市町村の事務を論議することは之を禁止すると云ふ處分を致しました。千八百七十九年に名譽市長であつて當時下院議長の職に在つたフォンフォルケンベックが全獨逸都市聯合會を組織しようとしました折も、獨逸政府は之を阻止しました。鐵血宰相ビスマルク公がバイエルン王ルードウイッヒ二世陛下に捧げた千八百七十九年八月四日附の書信にも右の企てを面白からざるものと謂つて居ると云ふことです。併しながら中央政府の意向に拘らず、都市の駸々たる發達の大勢は聯合運動を抑止するを得なくなりまして、最初は聯邦各國に漸次に地方的都市聯合會が出來、後更に之を綜合聯合する獨逸都市聯合會が組織さるるに至りました。次で町村聯合會郡聯合會州聯合會も同樣に出來上りました。即ち千八百六十六年三月十二日にハンノーバー都市聯合會が出來たのを始めとし、翌年はザクセン都市聯合會、千八百六十九年にはチユーリンゲン都市聯合會が出來ました。續いて千八百七十三年にブランデンブルグ都市聯合會、七十五年にポンメルン七十六年にウエストフアリアと云ふ樣に漸次增加しました。千九百五年に獨逸都市會議（Deutsche Städtetag）千九百十年に獨逸全國都市聯盟（Reichsstadtebund）が創立されました。最近には千九百十七年下部シレジア都市會議、千九百十八年メックレンブルグ都市會議は成立しました。町村聯合會は千八百九十七年ウエストフアリアのアルンスベルグ縣町村聯合會を始とし、千九百五年にはプロイセン町村聯合會が成立致しました。千九百十九年にプロイセン並獨逸全國町村聯合會の組織を見ました。プロイセン郡聯合會は千九百十七年、バイエルン縣聯合會は千九百十九年でありまして、プロイセン州聯合會の組織は更に其後に屬すると云ふ事です。

四

獨逸の公共團體聯合會には法人組織のものと組合組織のものと二通りあるさうです。其目的は普通簡單に經驗の交換及び利益代表に在ると稱されます。（Erfahrungsaustausch und Interessenvertretung）政黨政派を離れて純乎たる市町村行政々策の調査遂行を目的とする。自治行政に關す諸般の問題に關する各會員の意見經驗を蒐集頒布する。重要なる自治行政問題を調査し、關係公共團體共同の利益を增進し、自治權の强大自治行政の發達を圖ることゝ云ふ樣に言ひ表はしてあります。聯合會の機關としては通例第一議決機關としての會員總會、第二執行機關としての理事を具へ、大きな團體では尙第三小議決機關として評議員會を置く。會員總會は通例每年一回開會する。プロイセン都市會議、獨逸全國町村會議、獨逸全國都市會議の如き大團體は二年又は三年每に開會する。町村會議は一町村一票を原則とし、一定數を超ゆる人口の大町村に例外として二票三票を與へる。總會の委任を受けたる事項會議に於ける表決權は都市の人口階級別に依つて複數表決權を與へる。町村會議は一町村一票を原則とし、一定數を超ゆる人口の大町村に例外として二票三票を與へる。總會の委任を受けたる事項又は總會を開かざる間は評議員會之に代る。理事は總會の選擧に依るのであるが獨逸都市會議は二十四人、其他普通は三人二人一人又は理事副理事と云ふ樣になつて居る。從來は大團體のみ此外更に專任有給の事務員を置いて居たが、最近は中小の團體迄大抵設置するに至つた。夫は聯合會の常務が次第に增加したからであります。聯合會の經費は概ね人口を主要な標準として公共團體へ割當てるのであります。

五

總會は公開し重要なる自治行政上の問題につき熱烈なる論議を重ねる。新聞紙は常に此の總會を重要視する。或は特定の市町村行政上の問題に關する一流の名士の講演を聞く。或は市町村に關係ある法律案命令案乃至は監督官廳の態度、例之非募債主義、起債不認可方針等に對する決議をする。今從來の總會議事中の顯著なるもの擧げると、獨逸都市會議は千九百八年及び同十一年に都市の金融關係、補習敎育制度、失業問題、下院議員選擧區改正問題を議題として居り、千九百十四年には都市不動產金融組織、經濟的企業に對する都市公共團體資金及び個人資金結合方法を論議して居ります。評議員會では大戰以降食糧問題、石炭供給問題、住宅問題、都市新財源問題、電力社會化法强制經濟廢止後に於ける農業振興問題等を論議して居ります。プロイセンの都市會議千九百六年の臨時會には學校維持法案が議題になつて居り、其の他或は千九百十年の帝國土地增價稅法案に關し或は建築線法に關する問題等極めて廣い範圍に亘つて居ります。自治行政經驗交換の領域には例之獨逸都市會議中央部（Zentralstelle des Deutschen Städtetages）があつて、參考資料の蒐集配布、機關雜誌の刊行情報交換、圖書の整備等行き屆いて居つて、公共團體の依賴に依つて必要なる調査及び材料供給をする。即都市行政の實狀は此の中央部に於て常に明瞭になつて居るのであります。或は電氣瓦斯運河水道等に關する技術相談部を置いて居る聯合會も御座います。市町村に關する法律案の如きは常に此等の聯合會に諮問せられる慣例になりました。聯合會は又常に市町村行政又は市町村に影響する問題につき有力にして眞摯なる意見を立て、政治上社會上重要視せられる有樣であります。

六

獨逸の公共團體聯合會は大戰中及び大戰後の經濟復興の各種施設に參加して重要なる役目を果しました。政府も社會も聯合會を尊重し、其の代表者を各種委會員に常に加へる慣例が出來ました。

例之千九百十九年八月二十一日の石炭經濟規律に關する法律施行令に獨逸石炭會議は都市及び地方に於ける石炭消費者を代表する者として、獨逸都市會議及獨逸郡聯合會の代表者を加入せしめました。更に千九百二十年五月四日臨時獨逸全國經濟會議令には消費者を代表する者として第一に市町村代表者十二人、內六人は獨逸都市會議、二人は全國都市聯盟、二人は獨逸大町村聯合會、二人は小町村長中から上院に於て任命すると規定してあります。此の點に於ける獨逸の既往の事例は彼のギルドソーシャリズムの徒の理想とする消費者側の利害を代表するの機關として公共團體が將來に於て社會上極めて重大なる位置を占めることを豫想させるのであります。誠に勞資二階級の闘爭は止むを得ない免かるべからざる數でありますが、單に生產界に於ける此の二階級の爭闘を其の儘に調節するは消費者一般の存在を無視するものです。社會問題の根本的解決の要諦は生產界に於ける利害調節と共に、消費者の利益代表の發達を圖るに在ります。獨逸市町村聯合會が此の方向に發達すべき傾向に在ると云ふことは尙早斷に過ぎるかも知れませぬが、時勢の機微を明察するの士は此の間に重要なる意義あるを看取するでありませう。公共團體聯合會の將來の使命は社會問題解決に際し、今日一大勢力となれる勞働組合と相對立して之を牽掣し調節して行くに在ると考へることも出來ます。

世界を敵として戰ひ力屈して國步艱難なる獨逸が、國內の秩序國內の公共施設に大なる混亂退步を見ないことは獨逸人の强みであり、獨逸行政組織、獨逸地方自治の力でありまして、依然として我地方制度の母國として尊重するに値ひします。國の統一を見ない時分にもハンザ同盟の諸都市は世界文化に多大の寄與を致したのであります。ワイマールの故國は小なりと雖燦然たる文化は世界史上忘るべからざるものが御座います。近くは三十年戰爭に疲弊困難を極め鐵蹄に蹂躙せられながらも、其の復興隆運の力は世界を壓するものがありました。獨逸の地方行政獨逸の都市行政には戰敗國に拘らず、否却て戰敗に基づく各般の困難を排除して公共施設に成績を擧げる所に我國行政當路者の學ぶべき點が甚だ多いのであります。ライン一帶の佛軍占領地帶にライン占領地帶獨逸都市同盟(Städtevereinigung der besetzten Rheingebiete)を組織し、プロイセンのラインプロビンツ及ベツセン、バーデン、ラインバルツ自由國の三十八都市が、其の共同の利益を擁護するに努めて居ることは誠に同情すべき所でありますが、獨逸國權の保護を得られない地位にあつても、支障なく地方公共の施設に盡し、地方人民の利福を全うすること恐らくば世界大多數の都市に讓らない所に、獨逸地方自治の强みがあります。

八

郡役所が廢止になつて府縣廳と町村とが直接することになる。府縣町村長會が次第に重要なる地位を占める樣になる。此の場合に市町村自體の聯合會中央會が出來ることは、監督官廳の脅威であることを私は認めます。府縣知事も内務當局も市町村の聯合會を喜ばないに違ひありません。町村長會も幸ひ郡役所廢止問題、義務教育費問題は會々政府が民論を容れるに吝でなかつた爲に事なく過ぎましたが、問題如何に依つては内務當局と抗爭する如き場合も御座いませう。併し之は止むを得ませぬ。中央當局の地方自治體に對する態度や監督方針やにも町村長會議が相當に意見を述ぶべき必要があり、又之あるに依つて始めて中央當局の態度方針も改善される機運が作られると思ひます。勞働組合が漸次勢力を增大すると同じ樣に、官僚の意向如何に拘らず、地方自治の團體運動が盛大になることは社會進化の上に國家の將來の爲に慶すべき事であると思ひます。地方自治體に關係ある法令が地方自治當局者と無關係に制定せられ、或は地方自治體に關係ある政策其の他が地方自治當局者の意向と沒交渉に定められるが如き點も、聯合組織を利用するに依つて漸次に改めらるべきでありませう。社會政策の決定に勞働組合代表者が參加する事例が始まると同樣に、國の各種委員會に市町村聯合組織の代表者が參加する樣になつて行くことが豫想されます。或は貴族院の組織に關し歐米諸國中に其の例ある如く、公共團體の機關をして一定數の貴族院議員を選擧せしめる。乃至は公共團體聯合會の代表者を以て議員とする等の問題も、將來の貴族院令改正の機會には考慮すべき事項となりませう。消費者代表の意味合も自治人格代表の考方も極めて深遠な意義と價値とを包含して居ります。社會的にも政治的にも社會國家の運命に重大なる寄與を爲すべき使命があります。全國市長會議町村長會議、道府縣會議長會議の類が以上の點に如何なる經緯を經て發達進化すべきかは之を將來に徵するの外ありません。

二　自治行政の振興發達を任務とする自治體の聯合組織に就いて

一

地方事業の振興如何は國運の隆昌に關係する事多大であるから、何人も自治行政の振興發展には異存を唱へることはあるまい。歷代の當局も亦常に自治政の成績如何に多大の關心を懷き熱心なる後援を爲して居ると吹聽する、併しながら地方自治の指導監督と云ひ地方自治の發達助成と云ふが現在の行政各部に於て、何事を爲し何事を企てゝ居るかと追究して見ると殆ど捉ふる所を知らない、地方自治の監督はあらう、掣肘はあらう、指導誘掖に至つては殆ど皆無と謂つて可なりである。

更に地方自治の現狀如何も中央當局には殆ど之を組織的に知るべき途がない。曾て監察官の制度かあつたが、地方自治の狀況を知るには何等の益もなかつた。地方自治の振興發展を圖るに中央當局が從來何等かの施設努力を爲したかと尋ねると、遺憾ながら皆無に近いと云はざるを得ない。

所謂地方自治體の監督官廳が其の態度方針を改め、英國の從來の地方政務院及現在の保建省の如く地方行政の知識技術の淵叢たり、懇切なる指導者忠言者たるの方向に轉換すべき必要あることは吾人の宿論であるが、其の實現を見る迄には尙時日を要すると思ふ。併しながら地方自治の發達振興は地方自治當局者自體に於て自主的に自發的に大に努力し活動するの道がある。卽地方自治體又は地方自治當局者が團體を組織して、共同して自治行政の振興發展を圖ることは、最も有效適切な自治行政發達の一手段である。之を歐米の實驗に鑑み之を我國の現狀に照し、自治行政の將來を按じて見ることは此の場合無駄ではあるまい。

二

英國に於ける地方行政に關係ある各種協會聯合會組合等の類は百を以て數へる。地方行政各部面に付て夫々貢献する所がある。地方自治體の吏員從業者の組織する團體にも例之我東京市電の自治會の如き勞働組合又は其の聯合會の如きものがある。或は中産階級組合もある。英國地方稅務監督補助吏員及地方稅徵收補助吏員協會(法人)、英國地方團體財務吏員協會英國市町村被傭者組合、全國敎員組合の如きは主として團體員の地位の向上權利々益の擁護を目的とする樣である。或は又救貧法及地方公共團體吏員共濟組合の如く團體員の共濟を目的とするものもある。吾人の特に興味を持つ團體は此等のものでないので、市町村吏員委員又は市町村議會の組織する團體であつて、市町村行政の發達振興を目的とするものである。

各種の吏員の組織するものとしては浴場監督吏員協會敎育事務主任吏員協會、下水事務管理吏員協會、建築測量及監督吏員協會、府縣出納吏協會、度量衡檢査吏員協會、掃除監督吏員學會、市町村會計吏員及出納吏員學會、土木技術者學會、電氣技術者學會、瓦斯技術者學會、機械工學技術者學會、市町村及府縣技術吏員學會、衞生工學技術者學會、建築工學技術者學會、水力工學技術者

學會、倫敦會計士協會、全國墓地監督吏員協會、全國地方公共團體吏員協會、全國官公吏ギルド、衛生監察吏員協會、保健督務吏員協會、女子衛生視察員協會の如きものがある。此等は勞働組合の系統に屬する地位向上權利々益擁護の爲にも活動することもあらうが、主とし各專門とする職務の研究調査及發達を目的とするものらしい。

更に各種事務の振興發達を目的とするものには救貧法組合協會、港務衛生機關協會、瓦斯事務協會、電氣事務協會、防火協會、水道協會、保養地遊樂會議、府縣會協會、學務委員會聯合會、田園都市及都市計畫協會、市町村電氣協會倫敦都市協會並市町村稅納付者協會中央會、倫敦市長公舍衛生及住宅會議、動力車立法委員會、市町村軌道協會、博物館協會、全國衛生會、全國住宅及都市計畫會議、都市計畫學會の類がある。其の他家畜飲水設備協會、動物虐待防止會、道路改良會、公衆保健學會、衛生學會の如きがあり、或は倫敦各區會聯合常設委員會、倫敦各區長聯合會、市町村協會救貧法會議中央委員會。市會町會又は村會聯合會の如きものもある。

三

試みに二三の團體の定款又は事業計畫を調べて見ると市町村會計吏員及出納吏員學會の目的及事

業左の如くである。

一會員其の他より市町村財政及會計に關する計數資料を蒐集し、之を分類集計整理して會員其の他に周知せしむること。

二立法機關其の他公の機關に市町村財政會計及統計に關する計數及資料を供給すること。

三市町村制度市町村歲計其の他に關する試驗を執行し、市町村の財務及會計に從事し又は從事せんとする者の知識技能を確かめ賞狀合格證書又は知識技能證明書を交付し、以て關係吏員の專門的並一般的知識を發達向上せしむる事。

特別會員は入會金二十一圓會費年額三十一圓五十錢、普通會員は入會金五圓二十錢會費年額十圓五十錢、學生入會金二圓五十錢、會費年額二圓五十錢である。

次に倫敦都市協會並市町村稅納付者協會中央會の目的及事業次の通りである。

一倫敦並國內に於ける地方行政の有效にして且經濟的なる事務の執行を促進し及維持すること。

二市町村又は納稅者其の他の協會聯合會等の連絡を圖ること。

三市町村債並經費の激增及市町村稅の漸增に對し一般的注意を喚起し、仍て以て議會及地方公共團體をして資本勘定事務費支出の制限及行政費節約を勵行せしむること。

四市町村税及市町村債の限度を規定する法律を制定すること。

五地方公共團體の財務の檢査を嚴密ならしむること。

六一般の利益を擁護するの目的を以て獨占的事業免許授權に關する法律案に注意し、左の原則を確立せしむること。
（イ）公共團體の主要なる任務は社會全體に必要なる任務にして私企業に於ては公營事務の如く好都合ならざるものを遂行するに在ること。
（ロ）特定の事業の經營に關する獨占的地位を私企業者に特許する場合に於ては相當なる公共的監督に服せしむること。
七社會主義の普及に反對し、公共的支出に充つべき財源は無限なりとする見解（社會主義者の見解）を排擊する事。
動力車立法委員會は千九百十九年の創立に係り、其の標榜する所は。
一道路橋梁の維持及補强、
二道路交通に關する法規の統一及追補、
三相當價格を以てする燃料供給設備、

四動力車の各種使用者間に於ける自動車税負擔の均衡分配を圖ること等である。

學務委員會聯合會の目的は。

一敎育に關する一切の問題に付學務委員會に知識資料を供給し、又は其の他の方法に依り之を援助し、

二敎育に關する事項其の他學務委員會に關係ある問題に關し適當の行動を爲すことである。

終りに市町村相互保險會社の事務を紹介する。千九百三年の創立であつて資本金二百二十萬圓地方公共團體の爲火災保險勞働者に對する賠償保險自動車保險工事保險等を爲すを目的とする。我國に於ても早晩此の種の相互保險の創立を圖るべき必要があり、且創立される時機があらうと思ふ。

四

獨逸に於ける市町村聯合會の發達に付ては『別』に詳述したから玆には其の概略を述べるに止めるが、千八百五十年代以來漸次盛となり、中央當局は常に之を喜ばずビルマルク公亦社會主義者鎭壓法制定の餘威を以て當時之に壓迫を加へたに拘らず。都市の駸々たる發達に伴ひ各地に聯合組織を

見るに至り、殊に二十世紀に入つて蔚然たる組織を見、且其の事業も大に見るべきものがある樣になつた。獨逸都市會議中央部の事業、地方事業資金統一運用の道を講ずる資金仲介所の施設の如きは勿論の事、大戰中には軍國の事業殊に食糧被服住宅等の配給國家總動員の任務に貢献する所が顯著であり、戰後の經濟復興には消費者代表機關として重要なる委員會組織に參加した。或はラインの占領地帶の市町村聯合會は獨逸國權の保護を求むるを得ない狀況の下に於て、自ら佛國主權に對抗し利益を擁護するに努めて居る。玆に千九百二十一年五月現在獨逸國內の地方公共團體の代表聯合團體の概要を說明して置く。

獨逸都市會議は人口一萬以上の都市及都市を主要素とする自治體聯合團體を以て組織する。直接會員たる都市數二百十、十五の聯合團體に依り間接に會員たる都市數五百五十六、都合七百六十六都市を會員とする。千九百五年の創立に係り最も有力なる團體である。獨逸都市同盟は人口四萬未滿の中小都市千二十六を以て組織し、千九百十年創立、獨逸村自治體會議は各州村自治體聯合會を以て組織する。プロイセン聯合會は四百三十郡を以て組織し獨逸全國に擴張の計畫中である。プロイセン都市會議は人口二萬五千以上の都市又は其の聯合會を以て組織する。千八百九十六年創立、直接會員たる都市百十六、十二の聯合會に依り間接に會員たる都市四百四十九である。

其の他東プロイセン都市會議ブランデンブルグ都市會議以下各州に都市會議がある。ライン占領地帶都市同盟は三十八都市を以て組織する。プロイセン村自治體會議（約六百村）とプロイセン村自治體聯合會（約八百村）とは合同の議進行中である。更にプロイセン各州（自治體）聯合會もある。バイエルンザクセン以下の各聯邦にもプロイセンと略同樣の都市會議同盟村郡等の聯合團體がある。

五

以上の獨逸公共團體聯合會は公共團體全般の目的を達せんとする團體組織であるが、別に特定の目的を達せんとする聯合組織もある。獨逸地方公共團體傭主聯合會 Arbeitgeberverband deutscher Gemein-den und Kommunalverdände は千九百二十年五月八日の創立に係るもので、地方公共團體の使傭する勞働者に對する勞働協約締結の當事者となつて、公共團體が傭主の地位に立つ場合に於ける勞働問題の解決に善處する任務を有する。獨逸公共團體振替取引中央聯合會は千九百十六年創立、獨逸市町村貯蓄金庫聯合會は從來から存し獨逸市町村銀行聯合會 Deutsche Verband der Kommunalen Bänken は千九百二十一年の創立に係り、市町村銀行の創設を促進せんとする。

ライン流域四十の港灣都市を以て聯合するライン河流域港灣同盟。千九百十二年の創立に係るラインウエストフアリア相互保險聯合會は漸次各聯邦に普及する形勢に在ると云ふが、加入町村數四千四百七十三郡數三十町村組合數八。ラインウエストフアリア學校聯合會もある。獨逸公共劇場聯合會は千九百二十年創立十三州二十四都市を以て組織する。獨逸都市敎化演藝同盟は特に活動寫眞の改善發達を圖り社會敎化の效用を擧げしめる施設を講ずる。

市町村及行政各部局長の聯合團體も固より多い。初は市町村長の聯合團體であつたものが公共團體の聯合會に發達したものもある。又是等の團體組織中單に其の地位向上又は權利々益を擁護するを目的とするものが多いが、行政上の目的を有するものも少なくない。千九百九年創立の獨逸大都市財務主腦吏員會議の如きは其の一例であつて、定期に大都市の財政關係報告を蒐集し各般の調査を進め意見を加へ成案を作り地方財政の改善發達に貢獻する所が多い。其の成案が基礎となつて獨逸都市會議の採用する所となつた事案の一例は吾人が曾て『地方公共團體有資金統一運用の議』に於て紹介した獨逸都市資金仲介所の施設の如きがある。

六

ペロポンネソス同盟デロス同盟の昔は謂はずもがな、ハンザ同盟の獨逸諸都市は世界史上重要なる役廻りを演じて居る。國內の公共團體が聯合組織をして、行政上社會上の問題に付き調査し決議し論議をする場合に於ては、有力なる地位に立つことは當然である。團體組織團體の行動は一大勢力となつて、氣の弱い中央當局者を手こずらす事もあるであらう。舊思想の持主は從つて公共團體の團結を喜ばないで、之を萠芽に抑壓せんとすることもあらう、社會主義者鎭壓法を制定した當時の獨逸中央當局の態度は之を實證する。或は國內の公共團體の聯合が勢力を占めることは、國家主權に對抗する形勢を馴致する虞があると云ふ者もある。

併しながら舊思想の持主が喜ぶと否とに拘らず、勞働組合無產者團體の類が續出し、漸次に勢力を增大することは抑ふべからざる大勢である。公共團體の聯合組織も中央當局の希望保守主義者の態度如何に拘らず、漸次其の勢を大にすると思ふ。却て將來に於ける行政の要道は是等の健全なる團體を善導して、一般消費者一般社會の代表者として、勞働組合無產者團體に對立せしめることに在りはしないか。吾人は此の場合是非の論斷を避けるが、大勢の趨く所を察し機微に徹するの達識の士は、是の間に處すべき途を發見するに苦しまないと思ふ。農會產業組合漁業組合山林組合の類には聯合會中央會の制度を國法は認めて居るのである。一般地方公共團體が聯合會中央會の制度を採らんとするに對して、强ひて反對すべき理由及必要はあるまい。市町村の共同の利益を增進し、自治行政の健全なる發達を企圖し、地方行政財政の改善を目的とする地方公共團體の聯合會の類の團體組織の發達は、我國地方行政史上正に其の時機に迫らんとして居る。

現行制度は敢て此等の團體組織を否認しない、此等の團體は民法に依つて公益法人とすることも差支ないと思ふ。公法人の組織する私法人は毫も不思議はない。市町村相互保險會社の設立も現行保險業法の否認しない所であると思ふ。市町村有財產の管理に付公有建物を火災保險に付するもの非常災害積立金を置いて所謂自己保險の制を採るもの、何等の手段を講ぜざるもの等區々たる間に在つて、公有財產管理事務の監督官廳は相互保險組織を如何と見るか知らないが、保險の本旨に鑑み蓋し適當の施設であらうと思ふ。

全國町村長會議の決議した郡役所廢止斷行の要望及義務敎育費負擔金增額の要望が、二つとも政黨及政府を動かして政策決定の主要動機となつた事例は、將來に於ける各種の地方公共團體聯合組織の前途を樂觀せしめるものがある。吾人は刮目して將來の發達に注意したいと思ふ。

第六章　地方財政研究

一　都市の土地課税改正の急務

一

地方税制の整理改善中都市の土地課税方法を改正し、其の增收を圖ることは當面の急務である。此の問題を解決するに非ざれば、時代の要求に應じて都市に於ける文化生活を可能ならしむる都市施設は到底之を講ずることが出來ない。貧弱なる現在の都市經營を改善し都市生活者の利福增進を圖るの途は之を措いて他に無い。

二

我國地方財政は農村偏重都市偏輕である。地方稅中の大宗たる戶數割家屋稅又は其の附加稅の負擔關係を調査すると、戶數課稅の農村は家屋稅の都市に比して約一億圓の餘分の負擔をして居る。蓋し戶數割及其の附加稅は郡部農村に施行されて居る。住民の出入の多い市街地は其の選擇に從つて戸數割及其の附加稅に代て家屋稅及其附加稅を採ることが出來る。即ち現行制度は兩者同性質の課稅と認める。從つて兩稅の倂課は之を許さないのである。然るに戸數割及其の附加稅の總額十一年度豫算に於て二三六、二七〇、九〇七圓である(特別稅戸數割を合算す)。其の納稅義務者一人當(一戸平均課額)は二十八圓八十四錢二厘である。(道府縣五圓七十二錢八厘町村二十三圓十一錢四厘)家屋稅及其の附加稅の總額は三六、九八六、一二五圓である。(特別稅家屋割水害豫防組合家屋割を合算す)、之を戸數割及其の附加稅と對比すべき其の一戸平均課額は正確な調査を缺くけれども大體十八九圓位であらう。道府縣家屋稅は戸數割との權衡上同一課額とすることが通例であるから一戸當五圓七十二錢八厘である。而して町村に於ける家屋稅附加稅は一戸當十三圓四十九錢七厘であるから其の合算額は十九圓二十二錢五厘である。

市に於ける家屋稅附加稅の課率は不明であるが、戸數割を施行する全國各市の一戸平均課額は十四圓七錢二厘であり、東京市の家屋稅附加稅豫算額五百萬圓を四十萬戸として計算すれば十二圓五十錢であるから大體十三圓と見て大差はないと思ふ。之を道府縣稅と合算して十八九圓である。

由是觀之家屋稅施行地は戸數割施行地に比して一戸平均十圓の大差がある。三分の一强も負擔が輕いのである。富の集中蓄積して居る都市住民が疲弊の兆候歷然たる農村住民に比して負擔力に乏しい譯は更にない。此の如き負擔の差異を來したのは家屋税戶數割の性質から來るのである。

三

戶數割は複雜な性質を有し家屋税的の分子と共に一般財產税的一般消費税的生活狀態所得税的の性質を併有する。家屋税は家屋たる不動產の收益税であつて、場合に依り住居の方面より見たる消費税(生活狀態)的性質を有たしめることが出來るが、之を叨りに增徵することが出來ないのは收益税たる他の税との權衡上自然課税の限界が出來たのであらう。

戶數割に至つては家屋税的の課税も出來れば更に其の上に所謂各戶の資力(財產、所得、生活狀態)に對して課税し地方財政の須要に應じて年々膨脹を重ね來つたのである。今日尙綽々として課税餘力が殘存する。論者或は戶數割の膨脹を抑制すべしとし、例之義務敎育費國庫下渡金の下附更に最近の增額下附の場合は專ら戶數割負擔輕減に充つべしと爲した。併し之に依つて改善し得る餘地は微々たるものである。戶數割及其の附加税收入の屈伸自在なるは所得税と同樣である。千萬圓二三千萬圓の增減變動は地方税制改善の上に何等見るべき結果を來さない。地方税制の整理乃至戶數割の處分問題を此の如き負擔輕減に依つて爲さんとしても殆ど其の效果は無い。

四

一體戸數割及其の附加税を施行せらるゝ地方殊に農村は戸數割制度の爲に地方税を重課される。市街地は家屋税制の爲に地方税負擔か輕いと云ふことは不條理も甚しい。若し戸數割施行地を悉く家屋税施行地と同一率て課税するものとすれば二億三千六百萬圓は減じて一億四千六百萬となる。九千萬圓は現在戸數割施行地(農村)か家屋税施行地に比して過重負擔をして居る譯である。或は市街地は家屋税制の爲には不當に地方税負擔が輕いのであると言ふことが出來る。併し之が爲に市街地に戸數割を施行する譯には行かない。寧ろ戸數割を全廢して家屋税を全國均一に施行する。其の收入(農村の家屋に對する課税は市街地に於ける課税よりも減率すべきものと考へるが茲には姑く同一率と假定する)一億四千六百萬圓である。殘額九千萬圓に代へて國税として財產税を起す。即ち新税とし財產税を起すのでなく戸數割の一部に代へ戸數割改善策として財產税とする。而するときは地租委讓解決の中心たる財源問題は一部分解決が出來る。且此の如くすることに依つて都市農村負擔の偏輕偏重を矯正することが出來る。唯市街地有產者は新に財產税の負擔を受けることゝなるが、之は從來負擔を免れて居たのが不當不公平であるから何等苦情を謂ふべき理由を持たない。

五

都市に於ける不動産の地方税負擔の低きことと我國の如きは世界無比である。例之東京市の有租地は千三百萬坪で地價は約一億圓である。地租は二百五十萬圓、府稅百二十萬圓市稅八十萬圓都市計畫特別稅二十五萬圓全部で五百萬圓である。今千三百萬坪の有租地を坪五十圓と評價すれば總額六億五千萬圓である。紐育の州稅市稅千九百二十二年度課率一弗に付二仙八の率て課稅するものとすれば千八百二十萬圓の收入が得られる譯で現在收入の五百萬圓の外に尙千三百萬圓の增收の餘地がある。又坪平均賃貸價格を年額二圓と計算すると總額二千六百萬圓である。千九百二十一年度英國地方稅平均課率一磅に付十三志三片半の率で徵收するものと假定すると千七百萬圓の收入があり、五百萬圓を差引いて千二百萬圓の增收が出來る。之を達觀して倫敦紐育と同樣の課稅をすれば千萬圓以上の增收がある。

論者或は都市計畫特別稅として最近土地增價稅及間地稅を認めむとして居るから一部分の解決を見ることが出來ると云ふものもあるが、此の如きは未だ謂ふに足らない。直接不動產課稅の增額を圖ることが焦眉の急務である。地租委讓は解決の一步である。併し地租は其の儘として置いて都市の土地課税のみを改正することは一層實行容易であり且公平である。

六

土地負擔の都市農村の比較をして見ると都市に於ける土地の課税が歐米大都市の夫に比して到底お話にならぬ程低いのみならず、農村に於ける土地の課税に比べても低きに過ぎる。

第一地價と時價との隔たりは農村に於ける土地は左程甚しくないけども都市に於ては大差がある。從つて地價を基礎として課税する地租地租附加税は農村土地に於て偏重である。地租委讓の一理由は委讓に依つて地價修正を容易にし都鄙負擔の均衡を得しむることに在る。

第二地方税制限法に依る制限外課税を許す場合に付、農村に付ては水利に關する費用賦課の爲にする制限外課税の場合が甚だ多いので、事實に於て多額の課税を爲すに拘らず、都市に付ては同法の認むる制限外課税を爲す途か少ない爲事實上低率の課税に止まつて居る。

第三農村に於ける土地改良事業就中耕地整理事業は之を町村の事業とせず、耕地整理組合事業又は關係地主の共同施行とする途が認めてあり、而も之に要する費用は市町村公共團體の財政の如く嚴密なる監督を受けず、且法律其の他の負擔制限の規定がない。適宜整理地區内の土地に賦課するこなつて居る。之に要する起債許可は全部地方長官限り自由に無制限に許可して居る。從つて農村土地は土地改良費の賦課を受けること多いに拘らず、都市に於て同樣の土地改良事業都市計畫事業を爲す場合に於ては課税の途は極端に制限せられて居る。地租附加税は僅に地租の百分の十二しか課税か許されない。農村土地負擔の偏重都市土地負擔の偏輕の一理由を成して居る。論者耕地整理費か地方費歳出に屬せず耕地整理費賦課が地方税統計に加算されないので此の點を看過する者が多いが正當ではない。

第四水利組合法に依る水利組合費及水害豫防組合費の課税も農村土地負擔偏重都市土地負擔偏輕の一理由である。普通水利組合費及水害豫防組合費十一年度課税額は九百萬圓に上る。

第五新開地山林の多い地方等の如く地價の低い地方では地租附加税に依ると其の收入が少いので地價を基礎とする課税に代へて段別を標準とする課税段別割を施行して居る。地方税制限法は土地に對する課税は地租附加税の外此の段別割を公認して居る。之亦農村土地負擔の偏重、都市土地負擔偏輕の一理由である。此の如き段別割課税額は大正十一年度豫算額千二百十五萬二千六百十七圓に上るのである。之を綜合して第二乃至第五の理由で都市土地負擔に比して農村土地が餘分の負擔をして居る金額は五千萬圓に近いと推算すべき理由がある。第一理由に依る負擔偏重額は無論一億を超える事であらう。此の如き課税の不權衡は富の都市集中農村疲弊衰微を助けて居ると云ふ事も出來る。農村振興を圖るが爲にも都市施設に要する費用を都市土地に負擔せしむることが適當であり公平である。

七

明治四十一年法律第三十七號地方税制限に關する件改正法律案、明治四十一年法律第三十七號地方税制限に關する件中左の通改正す。

第一條中「地租附加税又は段別割」を「地租附加税段別割又は都市土地税」に改め第二號に左の規定を加ふ

都市土地税を課するとき賣買價額千分の十又は賃貸價額百分の二十

第五條第二項に左の規定を加ふ

五都市計畫事業の爲費用を要するとき同條第三項中「其の段別割のみを賦課したる場合に於て一地目に對する賦課が制限に達したるとき」の下に「並都市土地税を賦課する場合に於て課税額が地租附加税の制限額に達したるとき」を加ふ

理由

現行法は地價の比較的低き新開地又は山林等の多き地方に於て地租附加税に代へて段別割賦課の途を認むるに拘らず、地價と時價と甚しく大差ある都市土地に付地租附加税以外の賦課方法を認めざるは不條理甚しく、從つて都市財政を窮迫ならしめ必要なる都市經營施設を爲すを得ざる現狀なるを以て、先づ農村と同樣附加税以外の課税方法を認むるの要あるに因る。更に農村に付ては土地改良の爲にする耕地整理組合費水利の爲にする水利組合費賦課の途を認むるの外、水利の爲にする費用に付制限外賦課を認むるに對應し、都市に於ける土地改良事業に付ても同樣制限外課税を認むるは權衡上當然にして公正なるに因る。此の改正法律が出來れば都市は條例を以て特別税都市土地税を課すれば善い此の條例は內藏兩相の許可を得ることを要する。

八

都市土地課税に付ては第一、都市の土地課税は甚だ低いこと、第二、都市經營施設殊に都市道路交通機關上下水道等の遂行か焦眉の急務であること、第三、此等の施設經營は畢竟廣義の都市土地の改良である、施設經營の利益は都市の土地が享受するのであるから之に負擔させることは公正であること、第四、都市土地課税の爲貸地料の値上其の他社會政策上惡影響を來す虞が無い。土地改良の爲土地の價格及貸地料昂騰の傾向を來すであらうが、併し一面課税增加が土地收益を輕減し土地價格を下落せしむる效果があり兩者相殺する、負擔は苦痛でなくして他に轉嫁する虞も無いこと等の利益もある。

（附錄の一）

直接國稅と地方稅を對照したる都市農村負擔比較

直接國稅の體系は所得稅を中心とし收益稅たる地租營業稅を之に配し、都市農村商工業間の負擔の權衡公正を得居るを以て、直接國稅は大體國民資力測定の好標準たり、從つて各地方團體內に於ける直接國稅は各團體住民資力に比例するものとして、府縣費分賦の標準とし其の他行政上常用せらるゝ所なり。或は現行國稅體系は農民負擔を輕減するの要ありと唱道するものあり、地租委讓を主張する者亦之を理由の一とす。或は營業稅の負擔か商工業を壓迫すと爲し、營業稅の廢止を期せむとするものあり。兩主張相併行し互に牽制するの事實は、偶々地租營業稅相俟つて商工業農業從つて都市農村負擔の均衡を得居れりと見るを穩當とする事を證するものと謂ふべし。

東京市民の地方稅負擔を見るに、直接國稅一圓に對し八十六錢五厘に過ぎず。之を全國地方自治體の直接國税一圓に對し一圓七十五錢五厘、六大都市を除く地方自治體の直接國税一圓に對し一圓九十二錢三厘を賦課する事例と對照すれば、東京市に於ける地方税賦課額は市民の資力に對し甚しく低率なりと謂ふことを得べし。從つて東京市内に於ける地方税増收の餘地多大なりと達觀することを得べし。

東京市に屬する直接國税額	（十二年度）	三三、四一八、三〇〇圓
東京市に於ける地方税總額	（同　　）	二八、九〇六、〇五〇圓
直接國税一圓に對する地方税八十六錢五厘		
全國直接國税額	（十一年度）	三四一、一一四、五二八圓
全國地方税總額	（同　　）	五九八、〇四六、一一八圓
直接國税一圓に對する地方税一圓七十五錢五厘		
六大都市を除く直接國税額	（十一年度）	二六八、九三一、七一一圓
同　地方税額	（同　　）	五一七、〇九九、六〇一圓
直接一圓に對する地方税一圓九十二錢三厘		

之を六大都市のみに付て見るも東京市は特に低率なり。

六大都市直接國稅額（十一年度東京市財政概要ニ依ル）　七二、一八二、八一七圓
同　地方稅額　同　八〇、九四六、五一七圓

直接國稅一圓に對する地方稅一圓十二錢五厘

東京市直接國稅一圓に對し地方稅　八十六錢五厘
横濱市同　九十錢
神戶市同　一圓
大阪市同　一圓十五錢
京都市同　一圓三十一錢
名古屋市同　一圓四十五錢

東京市民の地方稅負擔一人當額十四圓二十九錢、横濱市民同十一圓十四錢にして之を米國五十萬以上の人口を有する都市々稅一人當平均六十二圓二錢三十萬乃至五十萬の人口を有する都市々稅一人當平均六十二圓二錢三十萬乃至五十萬の人口を有する都市々稅一人當平均五十三圓八十錢に比較し頗る低率なりと謂ふことを得べし。ビアード博士曰く東京市の擔稅力を基礎として他都市と比較するときは租稅收入は甚しく低きに過ぐと斷定して謬りなしと右の見解を裏書するものと謂ふべ

し。

（附錄ノ二）

外國都市々稅一人當負擔額

人口五十萬以上ノ市	一人當稅額	人口三十萬乃至五十萬ノ市	一人當市稅額
紐育	七四圓四六	桑港	六〇圓三八
シカゴ	四七六二	バッファロー	六八五〇
フイラデルフイヤ	五一三四	ミルウォーキー	六〇一四
デトロイト	五一九四	ワシントン	四三三四
クリーヴランド	四七七六	ニユワーク	五七〇〇
セントルイス	四九三四	シンシンナチ	三七四二
ボストン	九五〇二	ミンネアポリス	五一七二
バルチモーア	四一二四	カンサスシチー	五六五八

人口五十萬以上ノ市	一人當稅額	人口三十萬乃至五十萬ノ市	一人當市稅額
ピッツバーグ	七一四六	シアトル	六五二六
ロスアンゼルス	六六七六	インデアナポリス	三七一六
平均	六二〇二	平均	五三八〇

備考　一　本表は千九百十九年の事實に依る一弗は金二圓に換算したり

附記　千九百二十一年英國地方稅總額一億七千三百萬磅人口一人當地方稅負擔額四磅十一志四片（四十四圓七十三錢）

大正十一年度我國地方稅額五億九千八百萬圓人口一人當十圓六十八錢

二　英獨二國に於ける土地增價稅實施成績

一

都市計畫財源として土地增價稅に關する勅令案が決定されることは地方稅制改正の第一步として大に歡迎すべきことであるが、問題は其の實施成績如何に存するのみならず、更に進んで土地課稅改革の根本問題を考慮する必要がある。此の點に於て英獨二國の土地增價稅實施前後の成績は我地方稅改正に多大の參考資料を供給する。茲に結論を云へば土地增價稅は英國に於て全然失敗し獨逸に於ては成功して居るが、共に本稅の設定は社會政策的見地から公平正義の要求として不勞所得を課稅するの趣旨を主とする者である。財政的見地からする財源としての價値は大した者ではない。然るに我國當局者は專ら財政的見地から本稅の將來に囑望して居る樣であるが、英獨二國の實績に鑑み失望に終らなければ幸である。仍つて之に關する調査を略說する事とした。

二

十數年間として土地に對する地方稅增課の主張に促され、ロイドジョージの鐵腕により千九百九年自由黨の政綱として社會政策的施設と共に財政法案に包含し、輿論を背景とし上院の强硬なる反對を壓迫して斷行したに拘らず、土地增價稅實施後の成績は極めて不良であつて收入額は土地評價費徵收費を償ふに足らず、實施後十年を經て千九百二十年廢止せらるゝに至つた。併し土地に對する地方稅增課の問題は尙未解決であつて當面重要なる懸案の一である。

三

土地改革運動、社會政策運動を背景としてフランクフルトアムマインの都市計畫事業斷行者として有名なる市長アヂケスが同市に土地增價税を施行するの法律を議會に提出したのが千八百九十四年であるが容易に議會の容るゝ所とならず。十年後千九百四年に至つて漸く議會を通過した。次で大小都市はフランクフルトの先蹤を追ひ數年內に同税を施行する市町村數六百五十二に上つた。千九百九年獨逸帝國々税として土地增價税を起す方針を定め、千九百十一年二月十一日帝國土地增價税法の公布を見、帝國は税收入の五割、聯邦各國は徵收費として一割各市町村に對しては税收入の四割を交付する事となつたが、千九百十三年帝國土地增價税法を改正し、國庫收入の部分は全部市町村に交付することゝし帝國は結局何等土地增價税を徵收しないことになつた。其の理由の一部には徵税費の多額であること、及徵税上紛議簇出することも重きを成したと云ふ。併し大體に於て獨逸に於ける土地增價税は良好なる實施成績を擧げて居り其の收入は大したものではないが、税制組織上動かすべからざる地位を占むるに至つたと認めるが相當である。

四

ロイドジョージの手腕によつて土地増價稅の實施を見るまでには多年の論議運動を經てゐる。元來從前に於ける土地所有者の負擔は第一地租として年額千萬圓未滿(千九百七年七百十萬圓)を負擔する、但し其の課稅價額は二百餘年前の評價である。第二、不動產收益に對する所得稅を負擔する。第三、地方自治體は專ら土地及建物其他土地に對する改良に對して課稅する、其の收入は實に地方稅總收入額の八割に上る、地方稅の外舊來の慣習に從ひ不動產に對し寺院稅を課する處もある。第四、土地は其の他の財產と同樣相續稅の目的となつてゐる。千九百一年委員會の報告書に依れば土地及建物其の他土地の改良に對する課稅額は國稅收入の一割七分五厘地方稅收入の八割二分を占めて居る。但し建物に對する課稅は土地所有者又は建物所有者の負擔とならず常に借家人の負擔に歸する。バステーブルに依れば不動產收益に對する所得稅中土地は二割三分五厘、建物は七割六分五厘であり、地方稅は土地六分の一、建物六分の五である。而して千九百年に於ける建物以外の不動產課稅總額は一億二千五百萬圓であり、同年の國稅地方稅總額の約九分に相當すると云ふ。而して土地課稅は常に土地收入の減少に因る土地價額減少卽ち財政學者の所謂 amortization capitalisation を來すので、稅制々定當時を除き其の後の土地所有者は何等實質上の負擔を受けないものであると論ずる。況んや土地に對する英國地方稅は土地所有者の負擔とならず、常に借地人借家人に轉嫁する。殊に地方稅は不動産賃貸價額に課稅するので未開發地は全然課稅を免れる。總じて土地の課稅負擔は輕きに失すると論ずるのである。

五

右の思想の下に千八百九十一年以降政府は數次委員會を設置して土地課稅の改正問題を調査審議せしめ、又地方自治體に於ても地方稅の土地課稅方法改正に付熱心なる調査研究を經たのである。地方課稅改正の主張は結局第一地方稅を不動産所有者と占有者に區別して課稅すること、第二土地の賣買價額に對して課稅すること、第三特別賦課を爲すものと三點に集中したのである。千八百八十四年の住宅問題委員會は市街地附近に於ける建築敷地に適する土地に對し賣買價額の百分の四の地方稅を課することを相當とすると報告した。蓋し土地所有者又は投機者流が土地を未建築の儘に置き故意に土地の供給を制限し土地價額の騰貴を促すからして未建築地に課稅して土地の利用を促進し樣とするのである。千八百九十二年の市街地不動産委員會は未建築地課稅竝土地と建物を分離して課税するの案を否決した。同委員會の少數意見は土地に對して賣買價額に依り建物に對するより高率の課税を爲すべしとするに在つたが、實行上支障ありとして否決したのである。千八百八十八年に設置した地方税委員會も土地賣買價額課税案を否定し千九百一年に其の報告書を公表した。此の間ロンドンカウンチー市會及グラスゴー市會は土地賣買價額課税を論議し、ロンドンカウンチー市會は千八百八十九年乃至千八百九十三年の報告書に常に改正意見を主張して居り、其の準備としてロンドンカウンチー內の土地の評價を開始した、グラスゴー市會も千八百九十一年及千八百九十五年に土地賣買價額課税を主張する報告書を公表してゐる。下院に於ても地方税問題として又は一般土地負擔の問題として屢々論議の題材となつた。千九百一年の地方税委員會報告書の少數意見に基き翌年市街地土地賣買價額課税法案の上程を見たが否決になつた。更に翌年提出された土地價額分別評價及課税法案も否決になつたが、其の可否決の差は僅かに十三名に過ぎなかつた。其の課税率は土地價額一磅に付一片卽ち千分の四である。千九百四年にも千九百五年にも提案された。千九百五年の案は土地賃貸價額は土地の賣買價額の百分の四として計算する規定であつた。

六

千九百六年以降下院の形勢は土地價額課税案を認める樣になり、下院を通過した案も二三あつたか、貴族及地主議員の多數を占むる上院に於て否決された。爲に一般の輿論は沸騰し一層土地價額課税を强調する傾向となり、之が爲には上院を改革するの要ありと論ずる者あるに至つた。右の如き形勢に際し新に藏相となつたロイドジョージは親ら獨逸に於ける土地增價税の實施狀況を視察し千九百九年度財政法案として養老年金案、癈疾保險案、災害及失職保險案職業紹介所案等の社會政策施設と共に土地課税案を包含し、自由黨の政綱として輿論を背景として上院に挑戰し遂に上院を屈服せしめて、財政法案に對する上院の權限を限縮して凱歌を擧げて土地課税改革を斷行したのである。從つて此の土地課税の改革は財政上の必要に出づると云ふよりも寧ろ主として社會政策的見地から斷行せられたと謂はれて居る。

七

千九百九年度財政法の規定する土地課税は第一、土地增價税、第二、借地權消滅の際に於ける課税 Reversion Düty 第三、未建築地税第四、鑛業權税の四種である。土地增價税は千九百九年四月三十日の土地の原價額に對する增價額の二割を課税する。土地增價税は土地又は土地に關する利益を賣却したるとき、十四年を超ゆる期間の賃貸を爲したるとき、死亡に因る土地所有權の移轉相續遺贈ありたるとき、及法人又は組合の所有する土地に付ては千九百十四年四月五日及其の後十五年目毎に課税する。土地の原價額は千九百九年四月三十日の現在に於て評價する、現在の賣買價額は其の土地に付何等の負擔條件制限等の存せざる場合に於て賣主の得らるべき價額である。現在の賣買價額から左の費用を控除する、(一)建物其の他工作物据付機械樹木果樹の類(二)下水整地廣告其の他土地改良の爲要したる一切の費用(三)公共の用に供する廣場公園道路又は空地として附近の土地を提供することに因り其の土地の價額を增加したる場合に於ては其の部分の增價額等。

Reversion Duty は一種の土地增價税である。英國の土地賃貸借は普通九十九年間である。借地人は建物を建築し其の他土地を改良し一切の危險を負擔し一切の租税を負擔する。而して借地期間の滿了するときは土地は建物其の他一切の改良工事と共に土地所有者に返還される。此の借地權消滅の際に於ける完全なる土地所有權回復の利益を一種の土地增價と見て課税するの趣旨である。課率は土地所有者が借地權消滅に因つて得たる一割である。

未建築地税は未建築地の評價額一磅に付半片即ち千分の二を課する。

八

新課税の成績は極めて不良であつて各年度の收入は左の通り（邦貨換算）少額で言ふに足らない。

税目	千九百十年度	千九百十一年度	千九百十二年度	千九百十三年度	千九百十四年度
土地增價税	一、二七〇圓	六一、二七〇圓	一七〇、〇〇〇圓	三一〇、〇〇〇圓	四八三、一六〇圓
借地權消滅税	二、五八〇	二二六、二〇〇	四八〇、〇〇〇	八〇〇、〇〇〇	一九三、一三〇
未建築地税	二三、五一〇	二八九、四七〇	九八〇、〇〇〇	二、七五〇、〇〇〇	八六、五七〇

加之訴願訴訟續出し、土地評價及徵税費は收入額を超過するので遂に千九百二十年之を廢止すること、なつた。尤も土地評價費の多額に上つたのは單に土地新課税の前提として爲すのではなく、土地全般の公正なる評價に依り土地收用の基礎價格とし、或は相續税賦課の際に於ける土地評價の材料として更に將來地方税課税法を改正して土地賣買價格を基礎とする場合に於ける材料とする、或は之を以て廣く經濟市場に於ける土地賣買土地擔保を簡便ならしむる目的もあるといふ。從つて土

地課税法の廢止を見たる後も全國に亙る土地評價を繼續し、特に土地評價局なる特別機關を置きゲツデス委員會報告に基く行政整理にも廢止せられず着々全英國に付土地評價を續行してゐる。夫で單に土地評價事務費が土地新課税收入を超過することを以て失敗とするは不當であるが之を除外しても英國に於ける土地增價税は全然失敗である。從つて土地課税改正論者は地方税課税方法の改正に依つて目的を達せんとし尚熱心なる努力運動を續けてゐる。

九

獨逸に於ては千八百六十一年一般財產税を改め土地家屋及營業に對する課税制度を定めたのであるが、土地に對する課税方法は略我地租と同樣で土地の平均純益を基礎として地價を定め爾來多年土地課税は定額負擔に硬化したのである。從つて土地課税收入は地方税收入中少部分を占めるに止まつた。卽ち千八百八十九年主要都市の租税收入中土地課税收入の百分割合は左の通りで、都市に依り區々であるが槪して一少部分を占むるに過ぎない。

アルトナ	四九、二〇
マインツ	一七、八一
フランクフルト アムオーデル	一五、一八
シユールハウゼン	八、四五

スツツトガルト	二八、五三	ライプチヒ	一八、五八	ベルリン	一四、八四	ストラスブルグ	五、六六
ニユールンベルヒ	二一、八六	カツセル	一六、八〇	アウグスブルグ	一三、三一	メツツ	四、四四
カールスルーエ	二一、〇五	ウイースバーデン	一六、三四	ケールン	一一、六九	フランクフルトアムマイン	〇
マンハイム	二〇、八八	ドレスデン	一六、一八	ブレスラウ	一〇、一六		
ミユンヘン	二〇、五四	ダルムスタツト	一五、二七	マグデブルグ	八、九三		

一〇

千八百九十三年藏相ミケルの大英斷に依る地方税制の改革は世界財政史上の偉觀であるが、右改革に依つて地租營業税の地方委譲を斷行したと傳へるのは誤りである。從前に於ても地方自治體は土地營業の課税權を有して居つたのである。千八百九十三年の市町村收入法は市町村に對し所得税附加税の外所得に對する課税を禁じ、肉類穀類燃料等に對する消費税を禁止又は制限したる結果自然市町村は專ら土地家屋營業等の物的課税を主とするに至つたのである。土地に對しては建築線の設定に依つて土地價額の昂騰した建築敷地に對しては其の他の不動產に比し高率なる課稅を爲し得る旨の規定(第十四條)は土地增價稅を豫想して居るものと謂はれて居る。一般土地課稅の方法に付ては別に制限をしては居らないが同法施行後主要都市は漸次土地收益に對する課稅を改めて土地の賣買價額に課稅するに至つた。卽ち千九百八年に於て人口七萬五千を超ゆる三十四都市中二十七都市は土地の賣買價額に對して課稅する。殘餘の七都市中カッセル、フランクフルトアムマイン及ポーゼンの三市は未建築地は賣買價額旣建築地は賃貸價額に課稅する。アルトナ、ハルレ及ハンノーバーの三市は依然賃貸價額課稅を繼續して居るが、其の理由は此の三都市の實狀は何れにするも負擔は略同樣となるから變化しないのであると云ふ。課率は賣買價額の百分の二乃至四である。土地課稅の大勢が從前の收益課稅主義から賣買價額課稅主義に進んだことは土地增價稅に近接して來たものだと學者は謂つて居る。

二

土地所有權の移轉に對する課稅は特に土地增價稅と密接なる關係がある。人口一萬以上の都市二百六十六中之を實施しない所は僅かに十三に過ぎない。課稅率は百分の一乃至二である。ベルリン市とケーニヒスベルヒ市は既建築地未建築地に依りて區別して居る。即ちベルリンでは既建築地百分の一、未建築地百分の二、ケーニヒスベルヒでは既建築地百分の二、未建築地百分の三の率として ゐる。以て未建築地に重課して投機賣買を抑制するの趣旨である。(我國の不動産取得税は十二年度に於て道府縣五百十二萬圓、市二百三十四萬圓道府縣税に對する市町村附加税は調査を缺くが通じて千萬圓を超ゆること疑を容れない。)

二

普佛戰爭以後に於ける獨逸各都市の急激なる發達は各都市内外の土地價額の暴騰を促し其の勢獨佛諸國に於けるものに比して格段なるものがあつた。到る處に經濟學者ロッシャーの所謂百姓長者Millionenbauernが出來た。ワグナー其の他の學者の不勞所得課税論が盛になつて來た。一方土地改革協會社會政策學者の活動となつて輿論は不勞所得の課税を促して止まない。フランクフルトアムマイン市の都市計畫斷行者として聲名隆々たる市長アヂケスが同市の土地所有權移轉税中に土地增價に對する課税を包含せしめる法律案を議會に提出したのが千八百九十四年である。然るに議會は容易に之を認めず連年運動を繼續した末、十年を經て漸く千九百四年議會を通過した。千九百六年にはエッセン、ドルトムンド、グロスリヒテンフエルデー、パンカウ、ツイセンゼー、千九百七年にはブレスラウヘツセンキール千九百八年にはハンブルグ千九百十年はベルリンが之に傚つて土地增價稅を施行した。次で續々之に傚つて同稅を施行する市町村は通じて六百五十二に上つた。然るに千九百十一年二月十一日帝國土地增價稅法が公布せられ稅制を統一し、其の收入の五割を國庫、一割を徵稅費に充つるため聯邦各國四割を市町村に交付し、尙從來土地增價稅を課し來つた市町村は五年間從前通り課稅を認め又將來に於て一定の範圍の附加稅課稅を認めることゝした。然るに實施二年間の後千九百十三年一般的財產增價稅を設置する爲帝國稅たる土地增價稅は之と重複するといふことを表面の理由とし、實は徵稅費の多額なること、或は、實質上地方稅たるべしとする主張乃至紛議續出等に因つて帝國稅としては之を廢し收入全部を市町村に歸屬せしむることゝなつた。

三

帝國土地增價稅法は地方稅土地增價稅制として依然效力を存續して居るのであるから其の內容を研究する必要がある。同法に依れば獨逸國內に於て土地所有權の移轉ありたる場合に於て土地所有者の所爲に基かずして生じたる土地の增價額に對して課稅する。增價額とは從前の購入價額と現在の賣却價額の差額を云ふ。從前の購入價額に加算すべきものは第一、土地購入に要したる經費として當事者が特に證明したる場合を除くの外購入價額の百分の四第二建物の新築改築增築其の他土地の永久的改良に要したる費用（但し其の改良の結果が現存することを要す、一時的の管理維持の爲にする改良を含まず）竝右費用の百分の五、第三課稅期間內に於て公共の利用竝改良工事（街路其の他交通施設運河等の工費）の爲支出したる費用又は負擔したる特別賦課（受益者負擔）竝十五年を超えざる範圍に於て一年に付百分の四の利息、第四土地所有權の移轉ありたる後一年に付購入價額に對する二分五厘の利息（但し購入價額が一アール百馬克を超ゆるときは一アール百馬克を限度とす）第五現實の購入價額と第四に依り計算した利息を加算した額との差額に對し未建築地は二分、既建築地は一分五厘の利息等である。又現在の賣却價額から第一、賣主の負擔に歸する賣却に要する經費第二、賣主が其の土地の收益が購入價額の年三分に達しなかつたことを證明したときは年三分に達しない部分の總額を控除する。而して若し當事者間に土地增價稅は買主に於て負擔する特約あるときは稅額を賣却價格に加算するのである。實際の課稅の須序を示せば次の通りである。

例之千八百九十三年に未建築地一〇、八〇〇アール（三十萬坪）を百萬馬克（五十萬圓）で購入し、四十萬馬克（二十萬圓）の建物を建築し、之を合せて千九百十三年一月一日二百六十萬馬克（百三十萬圓）で賣却したとする。尙收益は年額平均五萬馬克（二萬五千圓）であるが千九百六年乃至千九百十年に三萬馬克（一萬五千圓）に過ぎなかつたと假定する。土地增價稅は左の通算定するのである。

從前の購入額一、〇〇〇、〇〇〇馬克之を左の費用に加算す

（一）購入價額の百分の四　四〇、〇〇〇馬克

（二）建物建築費　四〇〇、〇〇〇馬克

百分の五の利息　二〇、〇〇〇馬克

（三）（改良工費の支出又は特別負擔なかりしものと假定す）

（四）二十年間土地價額の二分五厘の利息卽ち一萬八百アール、一アール百馬克の割を以て計算したる百八萬馬克に對する利息　五四〇、〇〇〇馬克

（五）購入價額（一、〇〇〇、〇〇〇）購入經費（四〇、〇〇〇）及建物（四〇〇、〇〇〇）計一、四四〇、〇〇〇と前項の計算價額一、〇八〇、〇〇〇との差額三六〇、〇〇〇に對する二十年間一分五厘の利息　一〇八、〇〇〇馬克

計加算額　一、一〇八、〇〇〇馬克

購入入額總計　二、一〇八、〇〇〇馬克

現在の賣却價額　二、六〇〇、〇〇〇馬克

右の內より左の費用を控除

（一）賣却經費

（二）千九百六年乃至千九百十年五年間の收入
馬克より實收入三萬馬克差引一萬三千二百馬克

五年間分　六六、〇〇〇馬克

小計　七一、〇〇〇馬克

差引　二、五二九、〇〇〇馬克

購入價額總計　二、一〇八、〇〇〇馬克

差引增價（總購入價額の一割九分九厘）　四二一、〇〇〇馬克

課稅率百分の十一　四六、三一〇馬克

二十年間每年百分の一半を控除す（後述參照）　一三、八九三馬克

差引増價税額　三三、四一七馬克

頗る手續は繁瑣であり而も實收入は僅少であるが、併し學者實際家の言ふ所に依れば計算上の手續が厄介であるに止まり、購入額賣却價額を當事者から申告せしめて手續を進めるので實施上何等困難はないと謂ふ。尤も訴願訴訟は相當數に上つたと言ふことである。税率は增價額が購入價額に對する割合の如何に從ひ一割乃至三割の累進率である。購入後一年を超ゆる每に增價税額の百分の一を減じ、又土地の購入が千九百年一月一日以前である場合は千九百十一年一月一日迄一年に付右百分の一を百分の一半減ずる旨の規定がある。同法施行後に於ける土地所有權移轉であれば其の增價額は同法施行前であつても差支ない。即ち同法の遡及適用があるのであるが、土地の購入が千八百八十五年一月一日以前であつた場合に於ては同日の價額を以て購入價額とすることになつてゐる

一四

多少の非難紛議に拘らず獨逸に於ける土地增價税の施行は最早動かすべからざる狀態となつて居る。收入額の如何に拘らず社會政策的見地、公平正義の要求として税制組織に缺ぐべからざるものになつたと謂つてよろしい。其の收入實績左の通である。

主要都市土地増價税收入成績表（單位馬克）

都市名	千九百四年	千九百五年	千九百六年	千九百七年	千九百八年	千九百九年
プレスラウ 人口四十七萬				五一、九四六	一九五、一六七	一七三、一五二
ケールン 人口四十二萬			二八七、一七六	三八五、一三三	六九、五三一	三〇三、〇一一
ドルトムンド 人口十七萬			七八、四九一	一五一、〇二七	二一一、五四九	一五六、五九六
エッセン 人口二十三萬			九〇、〇〇〇	一六四、二三五	一四一、八〇三	四六七、四六三
フランクフルトアムマイン 人口三十三萬	二五、五三六	三五三、〇六五	六三一、〇八四	二九五、五三五	九五、六六三	二八三、八二五
キール 人口十六萬				八三、八二六	一六七、七二七	一〇三、五三三
グロスリヒテンフエルデー 人口三萬			八、九〇〇	二九、四一六	五二、〇八〇	四六、一一五
リーグニッツ 人口六萬				四八、七八七	四二、一一三	七三、七八四
マルスタットブルバッハ 人口四萬				一四、二三〇	九、〇〇〇	

ミユールハイム	人口五萬				一、一〇五	一六、七六一	五、〇三四
パンカウ	人口三萬			三三、一六九	一四六、三七四	八五、三八〇	二六三、七四四
ライニケンドルフ	人口二萬				一三四、三三九	八三、五七七	九四、〇〇〇
ワイセンゼー	人口四萬			二六、九三〇	一五二、〇〇〇	三九、〇〇〇	一〇八、九五三
ハンブルグ	人口八十七萬					一、五〇〇、〇〇〇	

一五

膠州灣に於ける制度を以て土地增價課税の淵源なりとする說は必ずしも誤では無いが未だ說いて詳かならぬ嫌がある。フランクフルト市長アヂケスの提案は膠州灣の制度よりも古いが法律となつたのは膠州灣の制度より後である。膠州灣の土地政策は興味がある。政府は千八百九十八年帝國議會に建築敷地に充つる爲必要なる土地を支那人より買上ぐることを得べき法案を提出して協贊を得た。買上價額は極めて低廉である。之に依て青島市街の大部を買上げた。其の上で港灣其の他必要なる經營施設を爲した上其の土地を公賣する。恰かも廣汎なる地帶收用を爲したと同樣である。獨逸政府は當初の買上價額と後の公賣價額との差額を得て之を膠州灣經營費の財源とした。目的の如何を問はず公賣した土地の賃貸及賣却は獨逸政府の認可を要する。而して公賣した土地に對しては拂下價額の百分の六を課税し、尙拂下人が其の土地を賣却するときは其の純益卽ち拂下價額と賣却價額との差額の三分の一を獨逸政廳に納付せしめた。（之を普通土地增價税と稱するのである）又二十五年間同一人の所有に屬するときには二十五年目に評價をして當初の拂下價額との差額の三分の一を納付せしめる。處が尙政府から拂下を受けながら土地を開發しないものがあるので、政廳は拂下後一定期間に開發しない土地は拂下價額の半額を以て政廳に買戻す規定を制定した。併し政廳に資金が無いので半額値段の買戻は殆ど實行しなかつた。千九百三年には未開發土地重課政策を採り未開發土地には特に拂下價額の百分の九を課することゝし尙三年を經ても開發しないときは百分の十二とし、順次三年毎に遞增して拂下價額の百分の二十四に至らしめることゝした。但し何時にても其の土地に建物を建築して開發するときは百分の六の普通課率に引下けることとして土地の開發を促進する政策を採つた。之が膠州灣に於ける土地政策の大綱である。土地增價徵收金收入は邦貨に換算して千九百三年度、二千二百五十七圓、千九百四年度二千九百四十九圓、千九百五年度、八

百三十四圓、千九百六年度、四千二百七圓、千九百七年度、六百二圓、千九百八年度零である。

附　記

本調査は專ら Yetta Scheftel, The taxation of land value, に依る

三　地方公共團體所有資金統一運用案

一

地方公共事業の振興發達を圖るが爲には、之に要する資金供給の途を開くの必要あり。之に關する從來の施設は未だ十分ならざるものあり。預金部低利資金の供給預金部資金の不足する場合に於ては一般歳計豫算に計上して貸出すの事例ありと雖、何れも特殊の事業災害[illegible]等の場合に限り、廣く一般地方公共事業に[illegible]獎勵抑制するの消極的監督機關たるに甘んじ、積極的に地方公共事業の助成促進を圖るの途を考慮せざるは適當に非ざるなり。

二

之を外國の事例に徴するに英國に於ては、多年重要なる地方公共事業に付ては、國に於て國債を發行して貸出資金を作り、保健省に於て起債を許可すると共に、之を公共事業債局に提議し、公共事業債委員は右貸出資金中より之を供給するの法規慣例を有す。

獨逸に於ては市町村貯蓄金庫は第一次に有力なる資金供給者たり。更に社會保險制度の普及に伴ひ各種社會保險の積立金は極めて豐富なる公共事業資金の淵源たり。外に各種不動産金融機關聯邦各國特殊銀行等より融通を受くるの途あるは言を俟たず、而も尚戰前に於て公共團體信用統一を策するものあり、公共團體金融の中樞機關として市町村銀行の設置を提唱するもの之なきに非ず、其の事行はれずして止みたりと雖、千九百八年以降主要都市の間に任意的資金仲介機關を設けて金融の便宜を圖りたり（ステンゲル國家學行政法辭典スチーアゾムロ普魯西市町村組織法及行政法要書）大戰に因り激增したる莫大なる地方債善後策としての此の地方信用統一策は現に當局者の考究せる所なるが如し（アンシユツツ政治學要書。）

三

明治四十二年以來郵便貯金を地方公共事業資金に供給せられ、其の效果著大なるものあり、本來地方零碎の資金より成る郵便貯金は性質上之を地方に供給するを相當とし、從つて低利資金地方供給額の增加に付ては出來る限り大藏當局者をして其の方策を講ぜしむべきものなりと雖、實際に於ては預金部資金は各種財政處置の淵源たるが故に、地方供給額は郵便貯金の一割前後に過ぎざるの現狀を改めしむること難し。

近時簡易保險積立金の貸出あり、將來に於ける健康保險其の他の社會保險制度の施行と共に、此の種保險積立金は地方公共事業資金の有力なる淵源たるべきも、現在に於ては尚謂ふに足らず、焦眉の急務たる地方振興事業乃至都市計畫施設の遂行を要する資金供給の途を開くの必要あること疑なし。

四

然るに我國地方公共團體の所有する基本財產の積立金其の他の資金を見るに其の總額二億三千八百萬圓の巨額に上るに拘らず、從來之が管理に付ては單に確實なる利殖の法を講ずるに止まり、更に進むで之を地方事業資金に活用するの工夫を講ぜず、當該公共團體は自己の事業費を要する場合に於て繰戾の方法を定めて運用を爲すことあるの外靜岡縣有低利資金統一運用の事例、府縣より管内市町村に貸出を爲すの事例（罹災救助基金教育資金等）あるに過ぎず、概ね之を國債其の他有價證券に換價管理し又は定期預金とするを見る、一方に於て地方公共事業資金の窮乏を痛感するに拘らず、他方に於て此の如く資金を死藏して恬然たるが如きは、地方當局者として洵に無策不見識なりと謂はざるべからず。

五

融通し得べき地方公共團體有資金の總額は別表の如く二億三千八百萬圓にして有價證券の形に於て管理するもの一億千五百萬圓預金貸付金保管金の形に於て管理するもの一億二千二百萬圓なり。其の利殖の割合は調査を缺くも五六分に過ぎざるべし、單に之を以て八分以上の高利地方債大正十年度末現在三千五百萬圓（三五、一五六、四一九圓）の低利借換を爲さしむるとするも地方財救上の利益少からざること明なり、更に進んで本案の如く統一運用の途を開かば地方公共事業の發達振興に資する所多大なるものあるべきは多言を要せざる所なり。

仍つて茲に日本勸業銀行を通して全國公共團體の資金を統一して運用するの實行案を具すること左の如し。

地方公共團體所有資金統一運用に關する訓令案

一、北海道府縣市町村水利組合其の他公共團體の所有に屬する基本財產積立金其の他資金は本則に依り統一運用を爲すこと。

二、資金の預入及貸出は日本勸業銀行をして之を爲さしむること。

（內務省は單に仲介を爲すに止まり、資金の預入及貸出は日本勸業銀行と當該公共團體との直接關係とすること、資金の預入及貸出は各地方に於ける日本勸業銀行支店又は代理店をして之を爲さしむること。）

三、資金の預入利率及貸出利率は內務大臣、日本勸業銀行總裁と協議して之を定むること、但し貸出利率と預入利率との差は五厘を超ゆることを得ざること。

（從來低利資金貸出の場合に於て日本勸業銀行に許與したる最低利鞘に依ること。）

四、本則に依る公共團體貸出殘額は日本勸業銀行に於て自由に運用し得ること、但し內務大臣の要求あるときは何時にても預入總額に達するまで公共團體に貸出を爲すの義務あること。

五、地方長官は管內公共團體の資金管理の權限を有するもの丶同意を求め、本則に依る預入見込額を內務省に報告すること。

六、地方長官は管内公共團體の所有に屬する資金は出得る限り有價證券と爲さしめず本則に依り預入を爲さしむること現在有價證券として保管するものに付ては機を見て漸次現金とし本則に依る融通の途を開かしむること。

七、地方長官は毎月管内公共團體の資金日本勸業銀行預入額を内務省に報告すること。

八、資金の貸出を受けむとするものは起債許可又は必要なる手續を經たる後地方長官を經由し内務大臣の承認を受くること。内務大臣は日本勸業銀行に移牒して貸出を爲さしむること。

九、地方長官並地方當局者の關係する各種公益團體の基本財産其の他の資金に付ても成るべく日本勸業銀行へ預入せしむること。

一〇、内務省は資金の預入及貸出の各地方別狀況を毎年一回地方長官を通じて公共團體に周知せしむること。

備考

（一）各公共團體資金の管理は地方長官市町村長等の執行機關の權限に屬し、統一運用の爲にする日本勸業銀行預入は從つて法規の制定議決機關の議決を必要とせず、從つて單に地方長官に對する訓令の形式を採り全國地方當局者をして資金統一運用の趣旨を諒解し協同せしむるの任意施設とするを以て足る。

（二）日本勸業銀行法に於ては同行より貸付を受けたる公共團體其の償還を怠りたるときは監督官廳に處分を請求し監督官廳は其の公共團體に償還を命ずべき旨の規定（第二十八條）存するが故に日本勸業銀行は本件仲介銀行たるに最も適當なると、同行は各地方の支店代理店に於て預入貸出を爲すの便宜多きを以て日本興業銀行其の他の機關に比し適當なりと認めらる。

（三）統一運用は毫も地方資金を中央に吸收するの趣旨に非ず、却て地方公共事業の振興を策せむとするものなり、從つて資金の預入貸付は日本勸業銀行支店代理店に於て取扱はしめ、地方の資金は先づ當該地方の需要に應ぜしむるを原則とす、地方資金を復興事業都市計畫事業資金に運用せしむる場合に於ても爲に地方の利益を阻害し地方事業資金を枯渇せしむるが如きことなき樣注意するを要す。

第一表

地方公共團體有財產總額（大正十二年一月刊行地方局地方財政概要に依る）

公共團體別	融通し得ざる財産價額	融通し得る財産(資金)	計	調査年次
道府縣	一四、五三六、九九四	一三七、七五九、七〇二	一五二、二九六、六九六	大正十一年十月一日現在
郡	二一、八七七、八三八	六、一二一、一八一	二七、九九九、〇一九	大正十年十月一日現在
市	三四、三六二、四三三	七、八九三、五六八	四二、二五六、〇〇一	大正十年三月三十一日現在
町村	二四七、一三一、三八二	八六、九三八、九〇一	三三四、〇七〇、二八三	同上
計	三一七、九〇八、六四七	二三八、七一三、三七二	五五六、六二二、〇一九	

備考　一、郡は廢止せられたるも郡有財産は府縣又は町村組合に引繼がれたるが故に其の儘計上したり。

二、融通し得ざる財産とは土地建物立木及其の他の財産を云ひ、融通し得る財産卽ち資金とは有價證劵預金貸付金又は保管金の形に於て存するものを云ふ。

第二表　地方公共團體有不融通財産種類別

公共團體	土地價額	立木價額	建物價額	其他財産價額	計
道府縣	七、四九五、九一三	—	一三九・九〇〇	六、九〇一、一八一	一四、五三六、九九四
郡	一二、六三六、七六三	—	六五九・三一〇	八、五八一、五六五	二一、八七七、八三八

市	三二、一四九、五八四	四九三、四一四	一、〇一三、三五四	七六〇、〇八一	三四、三六二、四三三
町村	二〇三、一五四、〇八三	一六、九一九、〇七八	一、九二一、一六五	一五、一三七、〇五六	二四七、一三一、三八三
設	二五五、四三六、五四三	一七、三五八、四九二	一三、七三三、七二九	三一、三七九、八八三	三一七、九〇八、六四七

備考 一、道府縣郡有財產に立木なきに非ず調査樣式に立木の欄を缺くが爲め計上し非ざるに過ぎず。

二、土地立木建物其の他財產價額は調査洩れのもの頗る多く殊に收益財產と公用又は公共用財產との區別を明に爲し居らざるが爲本表は殆んど實用の價値なきものなり（例之公營電氣事業諸設備の如きは全然計上しあらざるが如し）但し他に依るべきものなきを以て姑く之に依る。

第三表　地方公共團體有融通財產即資金種類別

公共團體	有價證券 諸公債證書	有價證券 諸株券	現金 預金	現金 貸付金	現金 保管金	穀物	計
道府縣	—	七四、〇五一、五四四	二〇、一〇四、二六七	三六、〇六〇、一三三	五、三三三、七五九	—	一三七、七五九、七〇三
郡	—	二、五五七、六七五	二、六七八、四七六	七三一、六七一	一三六、三六八	—	六、一三一、一八一
市	二、〇二九、六九二	三二一、二九九	—	—	五、五四二、七〇九	—	七、八九三、五八八

町村	二六、七三一、〇〇三	一〇、〇六九、六九三	―	―	四九、八五七、〇三三	二八〇、一八四	八六、九三八、九〇一
計	―	二五、七六一、九九三	―	―	二三、六七一、三九六	二八〇、一八四	二三八、七一三、三七二

備考　一、道府縣郡有財產と市町村有財產と調査樣式を異にする爲統一して細別することを得ず

二、公共團體有財產を當該團體の經費に充つる場合に於ては罹災救助基金法の如く特に貸出の規定あるものを除くの外起債の形式を採ることを要せず豫算式亦繰入金として計上するを以て罹災救助基金以外に於ては財產の貸付金の觀念なき筋合なりと雖本表の貸付金中には繰戾計畫ある財產の繰入費消を包含するが如し。

三、市町村基本財產の所謂現金とは用語甚不當なるも預金繰戾計畫ある費消繰入額及保管金を包含す

獨逸に於ける公共團體信用統一施設事例

一、千九百八年ミュンヘンに開催したる獨逸都市會議に際しフランクフルト、カッセル、ウイスバーデン三市の間に市有餘裕資金を以て相互に短期借入金に應ずるの契約を爲したるに淵源し翌千九百九年には人口八萬以上の都市にして之に參加するもの二十二に上れり、千九百十一年ポーゼンに

開催したる獨逸都市會議に於ては本件に付資金仲介所を設置し都市會議を構成する各都市は總て之に參加すること並に長期借入金にも應ずることに決定したり。

二、資金仲介所の定款に依れば其の事務所は之をデュッセルドルフに置く、(其の後之をシャーロッテンブルグに移す) 人口八萬以上の都市は之に加入することを得資金借入の必要ある都市及資金貸出の餘裕ある都市は其の金額期間等を仲介所に通知す、仲介所は之を綜合仲介し貸借關係は當該都市相互間の直接關係とす。

三、資金仲介所の事業成績を見るに千九百十二年十月より千九百十三年十月迄に於て短期資金借入申込百八件金額一億七百二十萬馬克に對し二千三百八十九萬馬克の供給を圖ることを得たり、餘裕資金の通知三十三件金額三千五百九十萬馬克なり。千九百十年四月以降千九百十三年十月迄累計短期借入申込二百五十六件金額二億五千四百八十馬克、之に對して供給を圖ることを得たる額一億二千九百十萬馬克なり、餘裕資金の通知百三十八件金額一億三千七百五十萬馬克なり。

四　地方事業費の融資方法

地方振興上緊要なる事業を經營するに先立つものは金であるが、政府低利資金の供給額を增加したいと云ふことは地方當局者多年の要望であり、毎度の會議にも力說せられ、例に依つて內務當局は大藏當局と交渉して居るのであらうが、幾何まで增額し得るやは疑問であつて、多少の增額を爲し得たにした所で、巨額の各地方の需要に及ばざること遠かるべきは逆睹するに難くはない。然るに卑見に依れば玆に極めて容易に巨額の資金を得るの途がある。未だ何人も之に言及しないは何の故か。

道府縣市町村其の他全國公共團體の財產總額は六億二千萬圓である。內土地建物立木等の不動產約二億七千萬圓を差引いて殘額三億五千萬圓の巨額の資金は當然之を地方事業費資金に活用すべきである。然るに此の巨額の資金に付て從來各地方團體が自己の事業に必要なる場合に自己の資金を運用することがあり、又予が先年開始實行した靜岡縣有低利資金等の例のある外、廣く地方團體の事業に融資することはない。大部分は單に之を國債其の他確實なる有價證券に換價保管するのであつて、之を死藏して居ると云つてよいのである。

地方團體有資金の國債所有高は予の推算に依れば一億五千萬圓に上る樣であり、大いに內輪に見積つても一億圓を超へる。一體大藏省は地方事業費に低利資金を供給し、大いに債權者顏をして居り、地方當局者亦大いに之を德として居る樣であるが、預金部の地方債應募額は一億圓に過ぎない差引勘定すれば貸は地方團體の側に在る譯である。

地方團體有資金の內政府の國債市價維持策の犧牲になつて、必ず國債を購入保管すべしとされて居るものは道府縣有小學校敎員恩給基金であり、尙一定の限度は國債とせよとの規定あるものは道府縣有罹災救助基金である。其の他の資金の運用方法は地方當局者の自由に爲し得る所である。

內務當局は宜しく全國地方を糾合して是等各種地方團體資金の所有國債其の他の有價證券を賣却し、資金の必要ある公共團體の事業公債に應募せしむべきである。之に依つて地方事業資金の運轉資金たり得るもの差向き二億圓乃至二億五千萬圓であろうか。三億五千萬圓の地方團體有資金の統一運用方策を樹て地方振興に緊要なる各種事業を促進奬勵するが爲、第一着手として右の如く二億乃至二億五千萬圓を得れば予は幾らか爲し甲斐ある仕事が出來ようかと思ふ。地方官會議の論客が毫も其の點に觸れず、內務當局亦之を知らざるか如きは何の故か。地方當局者として吾人は中央財政の御相伴をして心にもない緊縮整理を爲すが如きは甚だ迷惑であり且つ不必要な事であると思ふ都市經營施設就中道路交通機關の整備の如き、自働車の躍進的普及に伴ふ地方道路の開鑿の如き尙入學難に苦しむ地方中等敎育機關の擴張の如きは緊急差措き難い事業である。之を容易に斷行するの途は地方團體有資金の統一運用にあると思ふのであるが、內務當局は之を知らないのであるか知つても何爲す能はざるのであろうか。

五　地方事業資金論

內藏兩省の反省を促す

要　目

事業と資金――地方公共事業は生産的である――東京地下鐵道の經營――地方事業の發達助成――內藏兩省の態度――英國保健省の態度に傚へ――千九百十九年度保健省年報の一節――千九百二十年度保健省年報の一節――英蘭銀行總裁及地方債援助專門委員會の地方起債援助――一箇月內に詮議を了せざる起債は許可ありたるものと看做す規定の必要――國債ボイコット地方團體有資金を以て地方債に應募するの施設――英國公共事業債局の事績――十三億三千餘萬圓の地方事業資金供給

今日何事をなすにも先立つものは資金である。都市計畫事業と謂はず農村振興事業と謂はず時代の要求に應じて緊要なる地方公共の施設を遂行するには資金の問題が根本的であることは言を要しない。然るに或は漫然地方財政の緊縮整理を唱へ地方起債を抑壓せんとするが如きは誠に心無い事である。國債の募集が民間資金に壓迫を加へるので國債發行の打切を爲したからとて地方債を途連れとするは理由の無いことである。平素に於ては國債政策の爲に地方起債を目の讎とし、國債の競爭者として不當に之を制限して置いて、一朝國債打切を要する樣になると罪の無い地方自治體に迄非募債主義を强ゆる。地方債をして遂に我財界に地歩を占める遑無からしめるは勿論、地方公共事業を萎靡不振に陷らしめる。論より證據震災前に於て萬人異論なき東京の不滿足なる狀態に對し、後藤子の如きですら在職二年間何等緊要なる都市施設に着手するを得ないではないか。地方行政を現在の如く推移せしむるに於ては、地方公共の利福の增進は殆ど期待し難いと謂つても過言であるまい。

蓋地方起債の中には國債と同樣一般行政費の爲にする所謂不生產的使途に充てられるものもあるが、主要部分は事業資金である。交通運輸の施設產業振興の事業の如きは之に依つて生產增加の效果を擧げ得るのである。國債發行を抑制し民間企業資金を涵養するの理由は同樣に公共團體の生產的事業資金の調達に援助すべきが當然である。地方行政の主務當局者が徒らに大藏當局に追隨して叨りに地方公共事業の打切整理地方起債の制限を爲さんとするが如きは甚だ當を得ない事である。夫の耕地整理組合が經營する土木事業であれば之に關する起債は殆ど無制限に許可せられる。然るに市町村の施設する土木事業起債は容易に許可せられ無いが如きは不條理も甚しい事である。

例へば東京の地下鐵道經營の如きも、市内交通の現狀は地下鐵道の敷設に依るの外混雜を救治するの途は無い民間事業として爲さしめると市營でするとは便宜の事である。單に企業特許を得る丈に止まらず眞面目に工事に着手するのであれば民間會社に敷設せしめて可なりである。併し營利會社が採算上又は資金の都合上之に躊躇逡巡するならば東京市が自ら之に當ることは當然である。歐米大都市の實驗は東京地下鐵道事業が冒險的で無い事を十分に證明して居る。數年十數年に亙るべき工事である。交通量增加の趨勢に鑑みて、今日から着手すべきであるとすれば、市當局も政府當局も速に一大決心を爲すべきではあるまいか。而して此の如き事業を助成するの途は一に適當なる資金を供給するに在る。

國家の健全なる發達は專ら地方自治體の活動に待つことを要する。時代の要求に應じ緊要なる地方公共の施設を講ぜしめて國本を培養し民人の利福を增進するの途は、地方公共團體自身の資金を得て、地方公共團體の計算負擔に於て各地方に緊要なる事業を遂行せしめることに存する。先年來余が地方事業資金に充てる爲全國公共團體の所有する資金を統一運用すべしと主張するのは此の立場からするのである。

此の點に關して英國保健省の地方起債に對する遣り方の如きは、正に我當局者が採つて以て範とすべきであると思ふ。單に屁理窟を竝べて地方事業の進捗を阻害し、地方起債を抑止するを以て能事終れるかの如き觀ある我主務官廳の態度の如きは我地方行政の爲に功罪相償ふや否や頗る疑はしいものがある。玆に英國保健省年報から地方債に關する一二項を拔抄して主務當局者の參考に供する。

一體英國保健省の地方自治體に對する態度は、其の前身たる地方政務院の時代から引續いて監督事項は增加して來たが、水野博士の語を藉りれば英國の遺風たる地方自治の主義は少しも破壞しない。中央官廳の命令的監督を爲すが如きことは殆んど無く、單に指導誘掖に過ぎないのである。從つて地方行政に關して精確にして且信用し得べき助言を得んと欲せばホワイトホールに行けと稱せられて居る。(自治の精髓)、保健省が地方起債に對し如何に積極的に援助し便宜を圖つて居るかを窺へば、我內藏兩省の地方起債に對する態度乃至一般地方行政の監督とは雲泥の相違があることを發見するであらう。

千九百十九年度の報告書に曰ふ『本年度初に於ける未曾有の金融梗塞は自治體の事業たると民間事業たると問はず、資金の募集に非常なる困難を來した。爲に地方債公募に對し何等かの手段方法を講ずるの必要なること明になつた。恰かも其の際に當りエセックス、ケント及ミッドルセックス三縣に於て千九百九年住宅法に基き縣の被傭者に對する住宅供給を目的とする公益團體に資金を供給する爲縣債公募の計畫があつて、千八百八十八年地方行政法第七十條に基く地方政務院令に從ひ保健省に起債許可の申請を爲して來た。仍つて英蘭銀行（我日本銀行に當る）總裁の援助を得て三縣の縣債には同一の起債趣旨書及發行條件を作り同時に發行する樣協定を遂げて、各縣共に千九百二十年五月二十二日六分利附縣債を發行したのである。此の間保健省は金融市場の現狀に照して地方當局者が如何なる時期如何なる條件を以て地方債を公募すべきやに關し困難なる立場に在る點に付大藏大臣と商議を凝した。其結果大藏大臣はハアリーゴッシエン卿を委員長とする少數の專門委員を任命し、本問題就中其の住宅供給の財政關係に付援助せしめることゝし、府縣及都市當局者に對し右委員會を設置したので起債の計畫ある場合に於ては成るべく速に保健省に報告ずべき旨通牒する所があつた。爾後地方當局者は起債に關し右委員會の助言を利用することゝなつた。カーヂフ、クロイドン及ブラッドは六月十日、コーヴエントリー、リンカーン、ミッドルスボロー及サウスシールヅは七月十九日に各協同して協定條項に依る公債を公募した。二件共に六分利であるが任意償還及强制償還の期日に付ては差異がある。其の他の地方自治體の間にも協同公債公募の議が進行中のものもある。』

千九百二十年度の報告書に曰ふ『英蘭銀行並ゴッシエン卿を委員長とする專門委員會の援助を受け府縣債及都市債の發行に關する協調は本年度に於ても繼續し、地方當局者は成るべく同一條件を以て公募するの方針を採つた。此の協定の下に前年度報告書に記載したるエッセックスケント及ミッドルスセックス縣の公債の外左の通發行した。

種別	自治體	發行劵面額(邦貨換算)
六分利發行價額九十五圓五十錢	ブラッドフォード	二〇、〇〇〇、〇〇〇
第一回發行	カーデフ	一五、〇〇〇、〇〇〇
	クロイドン	一〇、〇〇〇、〇〇〇
同上		
第二回發行	シチーオブロンドン	三五、〇〇〇、〇〇〇
同上	コーヴエントリー	一〇、〇〇〇、〇〇〇
第三回發行	リンカーン	七、五〇〇、〇〇〇
	ミッドルスボロー	一二、五〇〇、〇〇〇

	サウスシールヅ	一〇、〇〇〇、〇〇〇
同　上	ブライトン	五、〇〇〇、〇〇〇
第四回發行	ブリストル	一五、〇〇〇、〇〇〇
	プリマウス	一〇、〇〇〇、〇〇〇
	ポーツマウス	一〇、〇〇〇、〇〇〇
	スワンシー	一〇、〇〇〇、〇〇〇
同　上	プートル	五、〇〇〇、〇〇〇
第五回發行	バーンマウス	六、五〇〇、〇〇〇
	イプスウイッチ	三、〇〇〇、〇〇〇
	ノーザンプトン	四、〇〇〇、〇〇〇
	ローザーハム	七、五〇〇、〇〇〇
	ストークオントレント	九、〇〇〇、〇〇〇
	ヲルヴーハムプトン	五、〇〇〇、〇〇〇
同　上	バーケンヘッド	一〇、〇〇〇、〇〇〇

第六回發行	ニユーキヤツスル	一〇、〇〇〇、〇〇〇
	ハツチンガム	一〇、〇〇〇、〇〇〇
	サルフオード	七、五〇〇、〇〇〇
第七回發行	バーミンガム	三〇、〇〇〇、〇〇〇
五分五厘利發行價額九十圓	リバープール	三五、〇〇〇、〇〇〇
計	(三一、二五〇、〇〇〇磅)	三一二、五〇〇、〇〇〇

住宅供給に要する地方債發行に關し英蘭銀行總裁並ゴツシエン卿及各委員が與へられたる援助に對し、保健省並地方自治體當局者は玆に深厚なる謝意を表す。』

大戰中は英國地方自治體は非募債主義を採つて來たのであるが平和克復後地方起債を認めることゝなつた。殊に大戰中家屋の建築を手控へしたのであるが、數百萬の出征軍人が歸還するので、動員解除後の住宅供給問題は焦眉の急務であつた。即政府は宏大なる住宅供給政策を樹立し、國庫補助の下に地方自治體をして住宅建設を爲さしめることにした。而も大戰後大不景氣失業者の續出金融の未曾有の梗塞狀態に對し地方起債は實に容易で無い。此の際に於て保健省が敏速に大藏當局と交渉し、英蘭銀行總裁其の他金融界の大立者を拉し來て地方自治體の起債に援助し便宜を與へた趣は右報告書に躍如たるものがある。而もエツセツクス、ケント及ミツドルセツクス三縣の起債申請に接するや電光石火の如く解決した鮮やかな手ぎはの如きは我内藏當局者の及びも附かない所である。有史以來の大災害に罹つて東京橫濱兩市の復興事業市債に對して我中央當局者が援助々言するに付何の成算あるか未だ聞くを得ないのである。一地方自治體の起債詮議に半年を空過し、許否に關し主義定見の存否を疑はしむるが如き稟請書類を唯机上に抑留して遷延又遷延國家社會民人の利福を阻止して顧みず、而も此の如きことが自己本來の職責に甚しく戻るものであることを覺らざるかの如き當局者の存することは遺憾に堪えないのである。此の如き當局者は果して地方行政の敵であるか味方であるか甚だ怪しい次第である。

勿論歷代當局者は事務の簡捷を訓示する、處理の敏速を圖ると稱する。併し百千の訓示も敏活處理と云ふも殆ど信賴するに足りない、余は結局左の如き規定を制定して地方行政監督上の弊害を除却するの外他に途が無いかと思ふ。

地方行政ニ關シ監督官廳ノ許可又ハ認可ヲ受クヘキ事項ニシテ當該公共團體ヨリ必要ナル事項ヲ具シテ申請ヲ爲シタル後一箇月ヲ經過スルモ何等ノ指令ニ接セサルトキハ當該公共團體ハ許可又ハ認可ヲ受ケタルモノト看做ス特別ノ事由アル場合ニ限リ監督官廳ハ右期間滿了前其ノ事由ヲ

具シテ一箇月ヲ超エサル期間許否ノ決定ヲ延期スル旨當該公共團體ニ通知スルコトヲ得

右の如き規定は歐米には類例に乏しくない。一例を擧ぐれば紐育市の建築法規に建築許可に關する書類提出後二週間内に指定を受けざる時は申請者は許可を得たるものとして建築に着手することを得る規定がある

內藏當局にして眞に地方行政の振興を念とし公共事業の遂行を助成奬勵するの意ありとすれば、地方公共團體に對する資金供給に一段の工夫を凝すべきである。地方の郵便貯金から成る低利資金は性質上其の全部を地方公共事業資金に充當して然るべきである。現在の供給額の程度では殆ど謂ふに足らぬ。余が曾て指摘した樣に地方公共團體の所有する各種資金を以て國債に應募し國債を購入して居る額は低利資金地方供給額に匹敵し又は之を凌駕する。國と自治體と債權債務を決濟すればバランスは自治體の側に殘存する。國が低利資金政策を考慮するに非ざれば地方自治體は宜しく一致して國債のボイコットを爲すべきである。地方公共團體の所有資金は擧げて之を相互の地方債の應募購入に充てることゝすべきである。一二億の資金は此の方法に依つて活用し得られることは曾て余の論じた所である。

嘗に三億一千萬圓の地方債公募に斡旋援助する丈では無い。英國には別に地方公共團體に資金を

供給するを任務とする公共事業債局 Public Works Loan Board がある。其の根據に關する千八百八十七年の國債及地方債法 National Debt and Local Loans Act, 1887 並千八百七十五年の公共事業債法 Public Works Loans Act, 1875 は未だ之を見るの機會を得ないが、幸ひ千九百二十一年度公共事業債局年報を友人岡田君から借用したので其の施設の大體を揣摩することが出來る。

英國地方行政に關しては千八百七十一年に地方政務院を設置し、大に自治體の發達に援助々言することゝなつたのであるが、三四年を經て多分千八百八十六年に公共事業債局を設置したのであらう。爾來約五十年間地方事業資金の供給調達を圖つて偉大なる成績を擧げて居るのである。其の資金の淵源は千九百二十一年度に於ては第一千八百八十七年國債及地方債法の規定に基き地方債資金 Local Loans Fund として國債委員會 National Debt Commissioners の供給する額第二内地移住に關する起債に關し國庫既定豫算から支出する額から成つて居る。其の額は千九百二十一年度に於て地方債資金三千四百七十八萬三十八磅(三億四千七百餘萬圓)内地移住(公共事業債)費二百六十六萬四千六百八十五磅(二千六百餘萬圓)である。前年度即千九百二十年度に於ては右金額は地方債資金五千五百八萬八千三十八磅(五億五千餘萬圓)内地移住公共事業債費六百五十五萬五千三百十磅(六千五百餘萬圓)であつた。

千九百二十一年度中並公共事業債局創始以來の地方公共團體貸付額償還額は左の通である。(單位磅)

區別	貸付高	償還高 元金	償還高 利子	債務免除又は猶豫	現在高
千九百二十一年度	五〇、五〇六、〇八八	三、一四五、九〇六	四、四六九、一一七		
千九百二十二年三月三十一日迄總計	二二七、六五二、八一六	一〇一、八四三、八七七	六八、九三六、一三四	二、一九四、〇一二	一二三、六一四、九二二

卽貸付總額二十二億七千六百餘萬圓、貸付現在高十二億三千六百餘萬圓千九百二十一年度の貸付高五億五百餘萬圓である。此の如くして始めて資本主義の今日に於て公共事業主體に相當なる活動を爲さしめ得るのであり、地方公共團體が其の職分を全うし得るのである。此の外尙前述の如く地方債公募に盡力すること三億一千萬圓である。地方起債に對し事業資金の調達供給に關し英國中央官廳の施設する所に比較すれば我內藏兩省の爲す所否爲すなき所は誠に心外千萬である。此の如くして尙地方行政の發達を念として居ると謂へやうか。地方行政の指導機關として任務を全うして居ると云へ樣か。地方自治體の當局者と共に內藏兩省の主務者の一考を煩はしたいのである。

六　災害免租地又は震災免租地に對する地租附加稅賦課に就て

一、大震火災に依つて黴の生えた先例や舊式思想が地方局の文書と共に一掃されたかと期待したが毫も先例改まらず、災後新に局議通牒となつて舊態依然たることは邦家の爲遺憾至極である。ダン〳〵新しい人材も要路に就かれるので、時代に應じて相當新味が見えるかと思つた所が、此の調子では期待が裏切られた感がする。

二、事案は災害に因つて收穫皆無となつた土地に付て、災害地々租免除法に依つて免租處分を爲した場合に、府縣市町村は其の土地に對する地租附加税を課せざることを得るか、又は之を減免することを得るかの問題である。

三、地方局議の第一點は地租附加税は府縣市町村内の有租地全體に課すべきもので、免租處分を受けた土地には課さないと云ふことは地租附加税の本質に反する。假に此の如き租税ありとせば、夫は法律に所謂地租附加税に非ざる特別税であるから特別税新設の手續を履むべきである。而も特別の事由なき限り此の如き特別税は許されないと云ふのである。

（註一）　災害の結果荒地處分を受けた場合は本租たる地租が消滅するから附加税は當然課し得ない。併し災害地々租免除法の免租處分は其の年分の地租を免除する丈であるから、本租其のものは存在する。（或は地價は存在すると云ふ）從つて地租附加税は課して妨げない。否課さなければならぬと云ふのが地方局議である。此の當否も多少疑はしいが姑らく之を爭はない。併し實際に於ては府縣市町村當局中災害地々租免除法の免除處分の場合にも荒地免租の場合と同樣本租は消滅する。從つて附加税は課すべきでないとして事實課さない事例が全國に相當多數ありと推測すべき理由がある。此の實際の場合は地方議會の議事に上らないので監督官廳も之を知らない。況や内務當局は之に氣附かないのである。

（註二） 府縣制第百十條市制第百二十一條町村制第百一條に依り府縣税市町村税を課することを得ない有租地に附加税を課さないことは敢て地租附加税の本質に戻らないと解するであらう。例之寺院祠宇佛堂境内地敎會所說敎所構内地の類である。

（註三） 最近の地方局回答が此の如き特別税は特別の事由あるに非ざれば許されないと云ふのは不條理である。此の如きものも土地に對する課税たることは疑はない。地方税制限法は地租附加税及反別割以外の土地課税を禁止して居るので、此の如き特別税は一切課することを得ずと云ふべきである。此の點に於て地方局回答は誤まつて居る。

四、地方局議の第二點は府縣制第百十三條市制第百二十八條町村制第百八條に特別の事情ある者に限り減免又は延期することを得とあるが、所謂特別の事情ある者とは其の者が納税し得ない事情即ち納税すべき資力なきことを意味する。災害地納税義務者が納税すべき資力なきときは之を減免延期し得るが、然らざる限り減免延期を爲すを得ないと云ふに在る。

（註一）法に特別の事情ある者とあり「モノ」と假名でないから、右の解釋が出ると云ふ者があるが、此の種の文字論は一顧の値もない。

（註二）災害の場合には災害の爲に納税資力を失ふ者があることは地方局も之を認める。然るに地租附加税の税源從つて納税資力は土地收益である。土地收益皆無のときは當然納税資力を失ふことは地方局は認めない。從つて、例へば大地主多額納税者の土地の如きは如何なる場合でも減免が出來ない、收益税であらうが税源が何であらうが納税延期減免は納税義務者の全資力全擔税力を問題とすべしと云ふの結論である。收益なき者にも收益なき者にも收益税を課すると云ふ不條理に陷つても彼等は悟らないのである。從つて減免すべき者は極めて貧窮なる者に限る結果となる。最も如何に貧窮でも其の土地丈は有するので納税資力ありと云ふべきであるが、地方局當局者は夫迄には局限しないらしい。

五、以上の局議を支持する理由としては災害地免租處分を受ける土地は府縣にとつては其の大部市町村にとつては其の全部に及ぶことがある。其の場合に地租附加税の如きを全部課さないか又は減免するときは當該府縣市町村は歲入の大部分を失つて財政經理が出來ないから少くとも實際上右局議を支持する必要があると云ふ。

六、元來地方財政に關して府縣市町村が如何に苦しんでも頑として耳を傾けない地方局としては珍らしい殊勝な心懸であるが、之は無用の親切である。災害地府縣市町村は必ずしも右局議に依つて財政上救はれては居らない。地租附加税の外に府縣税市町村税はある。災害に因つて收穫は皆無である。地主も小作人も塗炭の苦である。罹災救助の就業費種穀料の給與すらも之を爲した。然るに地租附加税は減免罷りならぬとは農村の事情に通ぜざるものである。農村には小作問題がある。災害凶作の場合には所謂小作爭議が頻發する。大中地主が小作人に對し小作料を減免し、小作爭議を未然に防止すべき必要があるに拘らず、地租附加税は例年通り之を徵收する。如何に温情ある地主と雖土地の收支決算を眼中に置かない譯に行かない。天下に非理も多いが此の如き非理は少ない。收益なき所に收益課税をするが如き税制上の不條理が又とあらうか。小作爭議の遠因を作るも止むを得ずと爲すのであらうか。

七、抑々災害地々租免除法は地租を豐凶に依つて動かさない定額税とした事に對する緩和策として舊幕以來我國税制上極めて重要なる問題である。今日地租附加税總額は一億二千萬圓に上り地租總額七千萬圓の二倍に近い。地租附加税に關して地租と同樣に災害地に對する減免の措置を講ずることは、之を農村振興の見地から將小作爭議防止の見地から見ても重大なる問題であつて、卓識ある爲政者の不問に附すべき問題ではない。

八、所が各府縣に於ける實際の取扱振は地方局の考へて居るが如きものではない。地方局議に從つて減免しないで居るものと考へるならば大間違である。

第一に災害地々租免除法に依り免租せられた場合は當然附加税を課すべからずと考へて課さない府縣市町村の實例が相當に多いことと前述の通である。水害の場合に於ては荒地免租の土地と災害免租の土地とが交錯することは普通である。荒地免租は附加税を課せず災害地免租は附加税を課すると云ふことは實際に不條理であり、且之に關する局議は斷じて全國に徹底して居らない。

第二に各府縣の府縣税賦課規則中に災害地々租免除法に依り免租せられたる者には地租附加税を課せずと規定して居る實例があつた記憶がある。(東京府市部の賦課規則は疑問の餘地を存せしめる規定をして居る。)局議は。之は地租附加税に非ず特別税であつて而も其の手續を經て居ないから其等の府縣の地租附加税は全體が違法課税であると見るのである。但し地方局が勝手に見る丈で行政裁判所は如何に見るかは未定である。當該府縣市町村では毫も疑念を懷いて居らない。

第三に災害に莅んで是等の土地の納稅義務者を特別の事情ある者として府縣參事會市町村會の議決を經て減免する手續を採る。或府縣では多少局議の趣旨を入れて納稅資力を失つた者と認定する範圍を定め例之地租五圓未滿又は十圓未滿を納むる者に限り減免することにした。一般的に減免する府縣參事會の議決を報告する每に大正二三年頃の地方局は將來御注意相成度と通牒するの例であつたが、各府縣は毫も將來注意しなかつたのである。

九、此の地方局議は災害地々租免除法制定以來の局議であつて、大正二三年頃吾人は極力其の不合理を論じて局議變更を主張したが、當時の赤池府縣課長は之を容れなかつたのである。其の後大正七年赤池靜岡縣知事の下に吾人は同縣下の水害地富士郡下其の他の免租地に對する縣稅減免に付同縣の先例（大正三年の水害に對する湯淺知事時代の事例が最近の重要なものであつた）に徵し、且條理に照し、災害地の狀況に鑑みて、斷じて地方局議と異なる方針を採る必要ありと考へ赤池知事の採擇を經て公文を以て事由及意見を詳具し局議變更を照會した。然るに地方局の老練なる吾人の友人先輩は、事理の如何に拘らず局議は動かし難いが、靜岡縣に於て實行する所には地方局は何等の文句をつけないと云ふので、不合理であるが事務上支障がないから、靜岡縣の公文照會は之を撤回した。局議を無視して實行したことは勿論である。多分其の後の災害にも同縣では同じ樣に局議を無視して居らうと思ふ。

十、恐らくは、知らぬが地方局計りであつて局議無視は全國災害府縣は大抵靜岡縣同樣であらう。局議が元來無理である。然るに關係者は全國局議に從つて實行して居ると誤信し上司亦其の說明に誤まられて先例を維持するのであらう。苟も心ある地方官であれば假令局議であらうが、實際に適しない不條理なものは陰に陽に之を實行しないで置く。從つて局議とは地方局內の議にして地方行政の方針に非ずとなつて來る。此の種の事例は尙澤山ある。海面埋立は所屬未定地であるから地元市町村の區域に編入の手續を要すとの見解の如きも之を無視して其の手續を履まない府縣の方が以前は慥かに多かつた。今日でも尙多いか精々伯仲する位であらう。一つ海面埋立件數と府縣別の編入手續を調ぶれば吾人の推測が當るか否かゞ直に判明しやう。一體內務本省は地方の實際に疎い。地方實際の取扱を系統的に常時明にする組織的調査を缺いで居る。古い屬官の記憶の中に地方實際の取扱があると思つて居る。机上で局議に從つて居るものと妄信して居る。先年多額納稅議員選擧に際し漁業や鑛業に關する稅を算入するか否かに付て、閣議を以て省議變更をする失態を演じたのも之が爲である。關係當局者の頭腦を一新しないと、地方の實際に通せざるものは地方局なりと笑はれる虞がある。

地方の實情に顧みず机上の局議を墨守するのは地方局の爲に採らない。心ある地方局の先輩友人諸君に敢て苦言を呈する次第である。

追記の一　震災被害地の地租免除等に關する特別法に依る免租地は、五年以內とする點に於て災害地免租地と差異がある丈で、理論上同一の取扱を爲すべきものと思はれる。之に關する地方局議の如何は吾人之を知らないが實際は附加稅を徵收しない樣である。地方局は如何に震災地免租地附加地を取扱ふか、尙納稅資力論を主張するか乃至見ざる聞かざる眞似をするか注意すべき問題である。

追記の二　本文を書いて後震災地の營業稅免除の問題が議會に起り、政府の不同意に拘らず衆議院を通過し、貴族院亦殆ど之を可決せんとする有樣であつたが、營業稅免除の結果府縣稅及市町村稅たる附加稅に及ぼす影響は、地方財政上忍び得られないことが明かになつた。即東京市丈でも二百餘萬圓の歲入減を來し、財政上補塡の方法が講じ難い。其の理由で震災地代議士其の他の絕大の努力に拘らず、免除法案は成立するに至らなかつた。地租の場合には本稅の免除に拘らず、附加稅は存在すると云ふ見解を採る內務當局も、營業稅所得稅の本稅の減免は當然附加稅の減免を來すと解する。蓋營業稅所得稅には地租の場合に於ける地價の如き固定した課税標準が存在しない。營業税所得税の減免は常に營業税所得税の課税標準の減少消滅に基因するから、附加税も當然其の影響を受けると云ふのである。之が形式的な法律解釋として一應理由があるかは知らないが、實質的に見て不權衡であり不公平である事は內務當局も認める所で相當改善の內議もあるらしいが其の解決は何時の事か知らない。

本文に述べた如く地租附加税に付て、災害地々租免除地には之を賦課せずと定めた場合は、內務當局は之を地租附加税に非ざる特別税と認める。從つて其の手續を履んでない（而も地方税制限法に依り地租附加税又は反別税に非ざる土地課税は許されない）のであるから、此の如き課税は違法賦課であつて取消さるべきものだと云ふ結論となるかの疑があるが、實際各地に行はれて居るもの殊に震災地に行はれて居る取扱は、單に內務當局の見解に從へば課税すべき筈のものが、唯賦課洩れであると云ふ形であのであるから。其の他の者に對する地租附加税は毫も違法の問題を生じないと思はれる。從つて內務當局には御隨意に机上空論の解釋を一任して置いて、地方財務當局者は宜しく地方の實際の必要及利害を考慮して適當に處置されるがよい。宜しく大ビラで所謂震災地及災害地々租附加税の課税脫漏を遂行して行くのが、民政當局者の採るべき途であらうと思ふ。

昭和二年七月十五日印刷
昭和二年七月二十日發行

都市行政と地方自治
定價三圓五拾錢

著者　菊池愼三

東京市神田區表神保町三番地
發行者　齋藤熊三郎

東京市神田區今川小路二丁目十四番地
印刷者　高倉嘉夫

發行所
東京市神田區表神保町三番地
崇文堂出版部
電話神田(25)一四八七番
振替東京七九三〇番

地方自治法研究復刊大系〔第265巻〕

都市行政と地方自治〔昭和2年初版〕

日本立法資料全集 別巻 1075

2019(平成31)年3月25日　復刻版第1刷発行　7675-6:012-010-005

著　者　菊　池　慎　三
発行者　今　井　　貴
　　　　稲　葉　文　子
発行所　株式会社信山社
〒113-0033 東京都文京区本郷6-2-9-102東大正門前
Ⓣ03(3818)1019　Ⓕ03(3818)0344
来栖支店〒309-1625 茨城県笠間市来栖2345-1
Ⓣ0296-71-0215　Ⓕ0296-72-5410
笠間才木支店〒309-1611 笠間市笠間515-3
Ⓣ0296-71-9081　Ⓕ0296-71-9082
印刷所　ワ イ ズ 書 籍
製本所　カナメブックス
用　紙　七 洋 紙 業

printed in Japan　分類 323.934 g 1075

ISBN978-4-7972-7675-6 C3332 ¥42000E

◆穂積重遠
法教育著作集
われらの法
全3集 【解題】大村敦志

■第1集 法 学
◇第1巻『法学通論(全訂版)』／◇第2巻『私たちの憲法』／◇第3巻『百万人の法律学』／◇第4巻『法律入門－NHK教養大学－』／◇正義と識別と仁愛 附録－英国裁判傍聴記／【解題】(大村敦志)

■第2集 民 法
◇第1巻『新民法読本』／◇第2巻『私たちの民法』／◇第3巻『わたしたちの親族・相続法』／◇第4巻『結婚読本』／【解題】(大村敦志)

■第3集 有閑法学
◇第1巻『有閑法学』／◇第2巻『続有閑法学』／◇第3巻『聖書と法律』／【解題】(大村敦志)

◆フランス民法
日本における研究状況
大村敦志 著

信山社

日本立法資料全集 別巻

地方自治法研究復刊大系

東京市政論 大正12年初版〔大正12年12月発行〕／東京市政調査会 編輯
帝国地方自治団体発達史 第3版〔大正13年3月発行〕／佐藤亀齢 編輯
自治制の活用と人 第3版〔大正13年4月発行〕／水野錬太郎 述
改正 市制町村制逐條示解〔改訂54版〕第一分冊〔大正13年5月発行〕／五十嵐鑛三郎 他 著
改正 市制町村制逐條示解〔改訂54版〕第二分冊〔大正13年5月発行〕／五十嵐鑛三郎 他 著
台湾 朝鮮 関東州 全国市町村便覧 各学校所在地 第一分冊〔大正13年5月発行〕／長谷川好太郎 編纂
台湾 朝鮮 関東州 全国市町村便覧 各学校所在地 第二分冊〔大正13年5月発行〕／長谷川好太郎 編纂
市町村特別税之栞〔大正13年6月発行〕／三邊長治 序文 水谷平吉 著
市制町村制実務要覧〔大正13年7月発行〕／梶康郎 著
正文 市制町村制 並 附属法規〔大正13年10月発行〕／法曹閣 編輯
地方事務叢書 第三編 市町村公債 第3版〔大正13年10発行〕／水谷平吉 著
市町村大字読方名彙 大正14年度版〔大正14年1月発行〕／小川琢治 著
通俗財政経済体系 第五編 地方予算と地方税の見方〔大正14年1月発行〕／森田久 編輯
市制町村制実例総覧 完 大正14年第5版〔大正14年1月発行〕／近藤行太郎 主纂
町村会議員選挙要覧〔大正14年3月発行〕／津田東璋 著
実例判例文例 市制町村制総覧〔第10版〕第一分冊〔大正14年5月発行〕／法令研究会 編纂
実例判例文例 市制町村制総覧〔第10版〕第二分冊〔大正14年5月発行〕／法令研究会 編纂
町村制要義〔大正14年7月発行〕／若槻禮次郎 題字 尾崎行雄 序文 河野正義 述
地方自治之研究〔大正14年9月発行〕／及川安二 編輯
市町村 第1年合本 第1号-第6号〔大正14年12月発行〕／帝國自治研究会 編輯
市制町村制 及 府県制〔大正15年1月発行〕／法律研究会 著
農村自治〔大正15年2月発行〕／小橋一太 著
改正 市制町村制示解 全 附録〔大正15年5月発行〕／法曹研究会 著
市町村民自治読本〔大正15年6月発行〕／武藤榮治郎 著
改正 地方制度輯覽 改訂増補第33版〔大正15年7月発行〕／良書普及会 編著
市制町村制 及 関係法令〔大正15年8月発行〕市町村雑誌社 編輯
改正 市町村制義解〔大正15年9月発行〕／内務省地方局 安井行政課長 校閲 内務省地方局 川村芳次 著
改正 地方制度解説 第6版〔大正15年9月発行〕／挟間茂 著
地方制度之栞 第83版〔大正15年9月発行〕／湯澤睦雄 著
改訂増補 市制町村制逐條示解〔改訂57版〕第一分冊〔大正15年10月発行〕／五十嵐鑛三郎 他 著
実例判例 市制町村制釈義 大正15年再版〔大正15年9月発行〕／梶康郎 著
改訂増補 市制町村制逐條示解〔改訂57版〕第二分冊〔大正15年10月発行〕／五十嵐鑛三郎 他 著
註釈の市制と町村制 附 普通選挙法 大正15年初版〔大正5年11月発行〕／法律研究会 著
実例町村制 及 関係法規〔大正15年12月発行〕自治研究会 編纂
改正 地方制度通義〔昭和2年6月発行〕／荒川五郎 著
都市行政と地方自治 初版〔昭和2年7月発行〕／菊池愼三 著
逐条示解 地方税法 初版〔昭和2年9月発行〕／自治館編輯局 編著
註釈の市制と町村制 附 普通選挙法〔昭和3年1月発行〕／法律研究会 著
市町村会 議員の常識 初版〔昭和3年4月発行〕／東京仁義堂編集部 編纂
地方自治と東京市政 初版〔昭和3年8月発行〕／菊池愼三 著
註釈の市制と町村制 施行令他関連法収録〔昭和4年4月発行〕／法律研究会 著
市町村会議員 選挙戦術 第4版〔昭和4年4月発行〕／相良一休 著
現行 市制町村制 並 議員選挙法規 再版〔昭和5年1月発行〕／法曹閣 編輯
地方制度改正大意 第3版〔昭和4年6月発行〕／狭間茂 著
改正 市町村会議提要 昭和4年初版〔昭和4年7月発行〕／山田民蔵 三浦教之 共著
市町村税戸数割正義 昭和4年再版〔昭和4年8月発行〕／田中廣太郎 著
改正 市制町村制 並ニ 府県制 初版〔昭和4年10月発行〕／法律研究会 編
実例判例 市制町村制釈義 第4版〔昭和4年5月発行〕／梶康郎 著
新旧対照 市制町村制 並 附属法規〔昭和4年7月発行〕／良書普及会 著
市町村制ニ依ル 書式ノ草稿 及 実例〔昭和4年9月発行〕／加藤治彦 編
改訂増補 都市計画と法制 昭和4年改訂3版〔昭和4年10月発行〕／岡崎早太郎 著
いろは引市町村名索引〔昭和4年10月発行〕／杉田久信 著
市町村税務 昭和5年再版〔昭和5年1月発行〕／松岡由三郎 序 堀内正作 著
市町村予算の見方 初版〔昭和5年3月発行〕／西野喜興作 著
市町村会議員 及 公民提要 初版〔昭和5年1月発行〕／自治行政事務研究会 編輯
改正 市制町村制解説〔昭和5年11月発行〕／挟間茂 校 土谷覺太郎 著
加除自在 参照條文附 市制町村制 附 関係法規〔昭和6年5月発行〕／矢島和三郎 編纂
地租法 耕地整理法 釈義〔昭和6年11月発行〕／唯野喜八 伊東久太郎 河沼高輝 共著
改正版 市制町村制 並ニ 府県制 及ビ重要関係法令〔昭和8年1月発行〕／法制堂出版 著
改正版 註釈の市制と町村制 最近の改正を含む〔昭和8年1月発行〕／法制堂出版 著
市制町村制 及 関係法令 第3版〔昭和9年5月発行〕／野田千太郎 編輯
実例判例 市制町村制釈義 昭和10年改正版〔昭和10年9月発行〕／梶康郎 著
改訂増補 市制町村制実例総覧 第一分冊〔昭和10年10月発行〕／良書普及会 編纂
改訂増補 市制町村制実例総覧 第二分冊〔昭和10年10月発行〕／良書普及会 編

以下続刊

信山社

日本立法資料全集 別巻

地方自治法研究復刊大系

改正 市町村制問答説明 明治44年初版〔明治44年4月発行〕／一木千太郎 編纂
改正 市制町村制〔明治44年4月発行〕／田山宗堯 編輯
旧制対照 改正市町村制 附 改正理由〔明治44年5月発行〕／博文館編輯局 編
改正 市制町村制〔明治44年5月発行〕／石田忠兵衛 編輯
改正 市制町村制詳解〔明治44年5月発行〕／坪谷善四郎 著
改正 市制町村制註釈〔明治44年5月発行〕／中村文城 註釈
改正 市制町村制正解〔明治44年6月発行〕／武知彌三郎 著
改正 市町村制講義〔明治44年6月発行〕／法典研究会 著
新旧対照 改正 市制町村制新釈 明治44年初版〔明治44年6月発行〕／佐藤貞雄 編纂
改正 町村制詳解〔明治44年8月発行〕／長峰安三郎 三浦通太 野田千太郎 著
新旧対照 市制町村制正文〔明治44年8月発行〕自治館編輯局 編纂
地方革新講話〔明治44年9月発行〕西内天行 著
改正 市制町村制釈義〔明治44年9月発行〕／中川健藏 宮内國太郎 他 著
改正 市制町村制正解 附 施行諸規則〔明治44年10月発行〕／福井淳 著
改正 市制町村制講義 附 施行諸規則 及 市町村事務摘要〔明治44年10月発行〕／樋山廣業 著
新旧比照 改正市制町村制註釈 附 改正北海道二級町村制〔明治44年11月発行〕／植田鹽惠 著
改正 市町村制 並 附属法規〔明治44年11月発行〕／楠綾雄 編輯
改正 市制町村制精義 全〔明治44年12月発行〕／平田東助 題字 梶康郎 著述
改正 市制町村制義解〔明治45年1月発行〕／行政法研究会 講述 藤田謙堂 監修
増訂 地方制度之栞 第13版〔明治45年2月発行〕／警眼社編集部 編纂
地方自治 及 振興策〔明治45年3月発行〕／床次竹二郎 著
改正 市制町村制正解 附 施行諸規則 第7版〔明治45年3月発行〕福井淳 著
改正 市制町村制講義 全 第4版〔明治45年3月発行〕秋野沆 著
増訂 農村自治之研究 大正2年第5版〔大正2年6月発行〕／山崎延吉 著
自治之開発訓練〔大正元年6月発行〕／井上友一 著
市制町村制逐條示解〔初版〕第一分冊〔大正元年9月発行〕／五十嵐鑛三郎 他 著
市制町村制逐條示解〔初版〕第二分冊〔大正元年9月発行〕／五十嵐鑛三郎 他 著
改正 市町村制問答説明 附 施行細則 訂正増補3版〔大正元年12月発行〕／平井千太郎 編纂
改正 市制町村制註釈 附 施行諸規則〔大正2年3月発行〕／中村文城 註釈
改正 市町村制正文 附 施行法〔大正2年5月発行〕／林甲子太郎 編輯
増訂 地方制度之栞 第18版〔大正2年6月発行〕／警眼社 編集 編纂
改正 市制町村制詳解 附 関係法規 第13版〔大正2年7月発行〕／坪谷善四郎 著
改正 市制町村制 第5版〔大正2年7月発行〕／修学堂 編
細密調査 市町村便覧 附 分類官公衙公私学校銀行所在地一覧表〔大正2年10月発行〕／白山榮一郎 監修 森田公美 編著
改正 市制 及 町村制 訂正10版〔大正3年7月発行〕／山野金蔵 編輯
市制町村制正義〔第3版〕第一分冊〔大正3年10月発行〕／清水澄 末松偕一郎 他 著
市制町村制正義〔第3版〕第二分冊〔大正3年10月発行〕／清水澄 末松偕一郎 他 著
改正 市制町村制 及 附属法令〔大正3年11月発行〕／市町村雑誌社 編著
以呂波引 町村便覧〔大正4年2月発行〕／田山宗堯 編輯
改正 市制町村制講義 第10版〔大正5年6月発行〕／秋野沆 著
市制町村制実例大全〔第3版〕第一分冊〔大正5年9月発行〕／五十嵐鑛三郎 著
市制町村制実例大全〔第3版〕第二分冊〔大正5年9月発行〕／五十嵐鑛三郎 著
市町村名辞典〔大正5年10月発行〕／杉野耕三郎 編
市町村吏員提要 第3版〔大正6年12月発行〕／田邊好一 著
改正 市制町村制と衆議院議員選挙法〔大正6年2月発行〕／服部喜太郎 編輯
新旧対照 改正 市制町村制新釈 附 施行細則 及 執務條規〔大正6年5月発行〕／佐藤貞雄 編纂
増訂 地方制度之栞 大正6年第44版〔大正6年5月発行〕／警眼社編輯部 編纂
実地応用 町村制問答 第2版〔大正6年7月発行〕／市町村雑誌社 編纂
帝国市町村便覧〔大正6年9月発行〕／大西林五郎 編
地方自治講話〔大正7年12月発行〕／田中四郎左右衛門 編輯
最近検定 市町村名鑑 附 官国幣社及諸学校所在地一覧〔大正7年12月発行〕／藤澤衛彦 著
農村自治之研究 明治41年再版〔明治41年10月発行〕／山崎延吉 著
市制町村制講義〔大正8年1月発行〕／樋山廣業 著
改正 町村制詳解 第13版〔大正8年6月発行〕／長峰安三郎 三浦通太 野田千太郎 著
改正 市町村制註釈〔大正10年6月発行〕／田村浩 編集
大改正 市制 及 町村制〔大正10年6月発行〕／一書堂書店 編
市制町村制 並 附属法 訂正再版〔大正10年8月発行〕／自治館編集局 編纂
改正 市町村制詳解〔大正10年11月発行〕／相馬昌三 菊池武夫 著
増補訂正 町村制詳解 第15版〔大正10年11月発行〕／長峰安三郎 三浦通太 野田千太郎 著
地方施設改良 訓諭演説集 第6版〔大正10年11月発行〕／鹽川玉江 編輯
戸数割規則正義 大正11年増補四版〔大正11年4月発行〕／田中廣太郎 著 近藤行太郎 著
東京市会先例彙輯〔大正11年6月発行〕／八田五三 編纂
市町村国税事務取扱手続〔大正11年8月発行〕／広島財務研究会 編纂
自治行政資料 斗米遺粒〔大正12年6月発行〕／樫田三郎 著
市町村大字読方名彙 大正12年度版〔大正12年6月発行〕／小川琢治 著
地方自治制要義 全〔大正12年7月発行〕／末松偕一郎 著
北海道市町村財政便覧 大正12年初版〔大正12年8月発行〕／川西輝昌 編纂

日本立法資料全集 別巻

地方自治法研究復刊大系

国税 地方税 市町村税 滞納処分法問答〔明治23年5月発行〕／竹尾高堅 著
日本之法律 府県制郡制正解〔明治23年5月発行〕／宮川大壽 編輯
府県制郡制註釈〔明治23年6月発行〕／田島彦四郎 註釈
日本法典全書 第一編 府県制郡制註釈〔明治23年6月発行〕／坪谷善四郎 著
府県制郡制義解 全〔明治23年6月発行〕／北野竹次郎 編著
市町村役場実用 完〔明治23年7月発行〕／福井淳 編纂
市町村制実務要書 上巻 再版〔明治24年1月発行〕／田中知邦 編纂
市町村制実務要書 下巻 再版〔明治24年3月発行〕／田中知邦 編纂
米国地方制度 全〔明治32年9月発行〕／板垣退助 序 根本正 纂訳
公民必携 市町村制実用 全 増補第3版〔明治25年3月発行〕／進藤彬 著
訂正増補 議制全書 第3版〔明治25年4月発行〕／岩藤良太 編纂
市町村制実務要書続編 全〔明治25年5月発行〕／田中知邦 著
地方學事法規〔明治25年5月発行〕／鶴鳴社 編
増補 町村制執務備考 全〔明治25年10月発行〕／増澤鐵 國吉拓郎 同輯
町村制執務要録 全〔明治25年12月発行〕／鷹巣清二郎 編輯
府県制郡制便覧 明治27年初版〔明治27年3月発行〕／須田健吉 編輯
郡市町村吏員 収税実務要書〔明治27年11月発行〕／荻野千之助 編纂
改訂増補鼇頭参照 市町村制講義 第9版〔明治28年5月発行〕／蟻川堅治 講述
改正増補 市町村制実務要書 上巻〔明治29年4月発行〕／田中知邦 編纂
市町村制詳解 附 理由書 改正再版〔明治29年5月発行〕／島村文耕 校閲 福井淳 著述
改正増補 市町村制実務要書 下巻〔明治29年7月発行〕／田中知邦 編纂
府県制 郡制 町村制 新税法 公民之友 完〔明治29年8月発行〕／内田安蔵 五十野譲 著述
市制町村制註釈 附 市制町村制理由 第14版〔明治29年11月発行〕／坪谷善四郎 著
府県制郡制註釈〔明治30年9月発行〕／岸本辰雄 校閲 林信重 註釈
市町村新旧対照一覧〔明治30年9月発行〕／中村芳松 編輯
町村至宝〔明治30年9月発行〕／品川彌二郎 題字 元田肇 序文 桂虎次郎 編纂
市制町村制應用大全 完〔明治31年4月発行〕／島田三郎 序 大西多典 編纂
傍訓註釈 市制町村制 並ニ 理由書〔明治31年12月発行〕／筒井時治 著
改正 府県郡制問答講義〔明治32年4月発行〕／木内英雄 編纂
改正 府県制郡制正文〔明治32年4月発行〕／大塚宇三郎 編纂
府県制郡制〔明治32年4月発行〕／徳田文雄 編輯
郡制府県制 完〔明治32年5月発行〕／魚住嘉三郎 編輯
参照比較 市町村制註釈 附 問答理由 第10版〔明治32年6月発行〕／山中兵吉 著述
改正 府県制郡制註釈 第2版〔明治32年6月発行〕／福井淳 著
府県制郡制釈義 全 第3版〔明治32年7月発行〕／栗本勇之助 森惣之祐 同著
改正 府県制郡制註釈 第3版〔明治32年8月発行〕／福井淳 著
地方制度通 全〔明治32年9月発行〕／上山満之進 著
市町村新旧対照一覧 訂正第五版〔明治32年9月発行〕／中村芳松 編輯
改正 府県制郡制 並 関係法規〔明治32年9月発行〕／鷲見金三郎 編纂
改正 府県制郡制釈義 再版〔明治32年11月発行〕／坪谷善四郎 著
改正 府県制郡制釈義 第3版〔明治34年2月発行〕／坪谷善四郎 著
再版 市町村制例規〔明治34年11月発行〕／野元友三郎 編纂
地方制度実例総覧〔明治34年12月発行〕／南浦西郷侯爵 題字 自治館編集局 編纂
傍訓 市制町村制註釈〔明治35年3月発行〕／福井淳 著
地方自治提要 全〔明治35年5月発行〕／木村時義 校閲 吉武則久 編纂
市制町村制釈義〔明治35年6月発行〕／坪谷善四郎 著
帝国議会 府県会 郡会 市町村会 議員必携 附 関係法規 第一分冊〔明治36年5月発行〕／小原新三 口述
帝国議会 府県会 郡会 市町村会 議員必携 附 関係法規 第二分冊〔明治36年5月発行〕／小原新三 口述
地方制度実例総覧〔明治36年8月発行〕／芳川顕正 題字 山脇玄 序文 金田謙 著
市町村是〔明治36年11月発行〕／野田千太郎 編纂
市制町村制釈義 明治37年第4版〔明治37年6月発行〕／坪谷善四郎 著
府県郡市町村 模範治績 附 耕地整理法 産業組合法 附属法例〔明治39年2月発行〕／荻野千之助 編輯
自治之模範〔明治39年6月発行〕／江木翼 編
改正 市制町村制〔明治40年6月発行〕／辻本末吉 編輯
実用 北海道郡区町村案内 全 附 里程表 第7版〔明治40年9月発行〕／廣瀬清澄 著述
自治行政例規 全〔明治40年10月発行〕／市町村雑誌社 編著
改正 府県制郡制要義 第4版〔明治40年12月発行〕／美濃部達吉 著
判例挿入 自治法規全集 全〔明治41年6月発行〕／池田繁太郎 著
市町村執務要覧 全 第一分冊〔明治42年6月発行〕／大成会編輯局 編輯
市町村執務要覧 全 第二分冊〔明治42年6月発行〕／大成会編輯局 編輯比較研究
自治要義 明治43年再版〔明治43年3月発行〕／井上友一 著
自治之精髄〔明治43年4月発行〕／水野錬太郎 著
市制町村制講義 全〔明治43年6月発行〕／秋野沆 著
改正 市制町村制講義 第4版〔明治43年6月発行〕／土清水幸一 著
地方自治の手引〔明治44年3月発行〕／前田宇治郎 著
新旧対照 市制町村制 及 理由 第9版〔明治44年4月発行〕／荒川五郎 著
改正 市制町村制 附 改正要義〔明治44年4月発行〕／田山宗堯 編輯

日本立法資料全集 別巻

地方自治法研究復刊大系

仏蘭西邑法 和蘭邑法 皇国郡区町村編制法 合巻〔明治11年8月発行〕／箕作麟祥 閲 大井憲太郎 譯／神田孝平 譯
郡区町村編制法 府県会規則 地方税規則 三法綱論〔明治11年9月発行〕／小笠原美治 編輯
郡吏議員必携三新法便覧〔明治12年2月発行〕／太田啓太郎 編輯
郡区町村編制 府県会規則 地方税規則 新法例纂〔明治12年3月発行〕／柳澤武運三 編輯
全国郡区役所位置 郡政必携 全〔明治12年9月発行〕／木村陸一郎 編輯
府県会規則大全 附 裁定録〔明治16年6月発行〕／朝倉達三 閲 若林友之 編輯
区町村会議要覧 全〔明治20年4月発行〕／阪田辨之助 編纂
英国地方制度 及 税法〔明治20年7月発行〕／良保両氏 合著 水野遵 翻訳
鼇頭傍訓 市制町村制註釈 及 理由書〔明治21年1月発行〕／山内正利 註釈
英国地方政治論〔明治21年2月発行〕／久米金彌 翻譯
市制町村制 附 理由書〔明治21年4月発行〕／博聞本社 編
傍訓 市町村制及説明〔明治21年5月発行〕／髙木周次 編纂
鼇頭註釈 市町村制俗解 附 理由書 第2版〔明治21年5月発行〕／清水亮三 註解
市制町村制註釈 完 附 市制町村制理由 明治21年初版〔明治21年5月発行〕／山田正賢 著述
市町村制詳解 全 附 市町村制理由〔明治21年5月発行〕／日鼻豊作 著
市制町村制釈義〔明治21年5月発行〕／壁谷可六 上野太一郎 合著
市制町村制詳解 全 附 理由書〔明治21年5月発行〕／杉谷庸 訓點
町村制詳解 附 市制及町村制理由〔明治21年5月発行〕／磯部四郎 校閲 相澤富蔵 編述
傍訓 市制町村制 附 理由〔明治21年5月発行〕／鶴聲社 編
市制町村制 並 理由書〔明治21年7月発行〕／萬字堂 編
市制町村制正解 附 理由〔明治21年6月発行〕／芳川顯正 序文 片貝正晉 註解
市制町村制釈義 附 理由書〔明治21年6月発行〕／清岡公張 題字 樋山廣業 著述
市制町村制釈義 附 理由 第5版〔明治21年6月発行〕／建野郷三 題字 櫻井一久 著
市町村制註解 完〔明治21年6月発行〕／若林市太郎 編輯
市町村制釈義 全 附 市町村制理由〔明治21年7月発行〕／水越成章 著述
市制町村制義解 附 理由〔明治21年7月発行〕／三谷軌秀 馬袋鶴之助 著
傍訓 市制町村制註解 附 理由書〔明治21年8月発行〕／鯰江貞雄 註解
市制町村制註釈 附 市制町村制理由 3版増訂〔明治21年8月発行〕／坪谷善四郎 著
傍訓 市制町村制 附 理由書〔明治21年8月発行〕／同盟館 編
市町村制正解 明治21年第3版〔明治21年8月発行〕／片貝正晉 註釈
市制町村制註釈 完 附 市制町村制理由 第2版〔明治21年9月発行〕／山田正賢 著述
傍訓註釈 日本市制町村制 及 理由書 第4版〔明治21年9月発行〕／柳澤武運三 註解
鼇頭参照 市町村制註解 完 附 理由書及参考諸令〔明治21年9月発行〕／別所富貴 著述
市町村制問答詳解 附 理由書〔明治21年9月発行〕／福井淳 著
市制町村制註釈 附 市制町村制理由 4版増訂〔明治21年9月発行〕／坪谷善四郎 著
市制町村制 並 理由書 附 直接間接税類別 及 実施手続〔明治21年10月発行〕／高崎修助 著述
市町村制釈義 附 理由書 訂正再版〔明治21年10月発行〕／松木堅葉 訂正 福井淳 釈義
増訂 市制町村制註解 全 附 市制町村制理由挿入 第3版〔明治21年10月発行〕／吉井太 註解
鼇頭註釈 市町村制俗解 附 理由書 増補第5版〔明治21年10月発行〕／清水亮三 註解
市町村制施行取扱心得 上巻・下巻 合冊〔明治21年10月・22年2月発行〕／市岡正一 編纂
市制町村制傍訓 完 附 市制町村制理由 第4版〔明治21年10月発行〕／内山正如 著
鼇頭対照 市町村制解釈 附理由書及参考諸布達〔明治21年10月発行〕／伊藤寿 註釈
市制町村制俗解 明治21年第3版〔明治21年10月発行〕／春陽堂 編
市町村制正解 明治21年第4版〔明治21年10月発行〕／片貝正晉 註釈
市制町村制詳解 附 理由 第3版〔明治21年11月発行〕／今村長善 著
町村制実用 完〔明治21年11月発行〕／新田貞橘 鶴田嘉内 合著
町村制精解 完 附 理由書 及 問答録〔明治21年11月発行〕／中目孝太郎 磯谷群爾 註釈
市町村制問答詳解 附 理由 全〔明治22年1月発行〕／福井淳 著述
訂正増補 市町村制問答詳解 附 理由 及 追輯〔明治22年1月発行〕／福井淳 著
市町村制質問録〔明治22年1月発行〕／片貝正晉 編述
傍訓 市町村制 及 説明 第7版〔明治21年11月発行〕／髙木周次 編纂
町村制要覧 全〔明治22年1月発行〕／浅井元 校閲 古谷省三郎 編纂
鼇頭 市制町村制 附 理由書〔明治22年1月発行〕／生稲道蔵 略解
鼇頭註釈 町村制 附 理由 全〔明治22年2月発行〕／八乙女盛次 校閲 片野続 編釈
市町村制実解〔明治22年2月発行〕／山田顕義 題字 石黒磐 著
町村制実用 全〔明治22年3月発行〕／小島鋼次郎 岸野武司 河毛三郎 合述
実用詳解 町村制 全〔明治22年3月発行〕／夏目洗蔵 編集
理由挿入 市町村制俗解 第3版増補訂正〔明治22年4月発行〕／上村秀昇 著
町村制市制全書 完〔明治22年4月発行〕／中嶋廣蔵 著
英国市制実見録 全〔明治22年5月発行〕／高橋達 著
実地応用 町村制質疑録〔明治22年5月発行〕／野田籐吉郎 校閲 國吉拓郎 著
実用 町村制市制事務提要〔明治22年5月発行〕／島村文耕 輯解
市町村条例指鍼 完〔明治22年5月発行〕／坪谷善四郎 著
参照比較 市町村制註釈 完 附 問答理由〔明治22年6月発行〕／山中兵吉 著述
市町村議員必携〔明治22年6月発行〕／川瀬周次 田中迪三 合著
参照比較 市町村制註釈 完 附 問答理由 第2版〔明治22年6月発行〕／山中兵吉 著述
自治新制 市町村会法要談 全〔明治22年11月発行〕／高嶋正載 著述 田中重策 著述